16	3	2	13
5	10	11	8
9	6	7	12
4	15	14	1

Maria Knebel

ANÁLISE-AÇÃO
Práticas das ideias teatrais de Stanislávski

Organização, adaptação e notas de Anatoli Vassíliev
Tradução e notas adicionais de
Marina Tenório e Diego Moschkovich
Revisão técnica de Natália Issáeva
Posfácio de Adolf Shapiro

editora■34

EDITORA 34

Editora 34 Ltda.
Rua Hungria, 592 Jardim Europa CEP 01455-000
São Paulo - SP Brasil Tel/Fax (11) 3811-6777 www.editora34.com.br

Copyright © Editora 34 Ltda., 2016
L'Analyse-action © Anatoli Vassíliev, 2006
Tradução © Marina Tenório e Diego Moschkovich, 2016

A FOTOCÓPIA DE QUALQUER FOLHA DESTE LIVRO É ILEGAL E CONFIGURA UMA
APROPRIAÇÃO INDEVIDA DOS DIREITOS INTELECTUAIS E PATRIMONIAIS DO AUTOR.

Título original:
L'Analyse-action

Imagem da capa:
Esquema de Stanislávski para o Otelo, de Shakespeare, 1930

Capa, projeto gráfico e editoração eletrônica:
Bracher & Malta Produção Gráfica

Revisão:
Diana Szylit, Cide Piquet, Danilo Hora, Beatriz de Freitas Moreira

1ª Edição - 2016 (1ª Reimpressão - 2020)

Catalogação na Fonte do Departamento Nacional do Livro
(Fundação Biblioteca Nacional, RJ, Brasil)

Knebel, Maria, 1898-1985

K724a   Análise-ação: práticas das ideias teatrais de Stanislávski /
Maria Knebel; organização, adaptação e notas de Anatoli
Vassíliev; tradução e notas adicionais de Marina Tenório
e Diego Moschkovich; revisão técnica de Natália Issáeva;
posfácio de Adolf Shapiro. — São Paulo: Editora 34, 2016
(1ª Edição).
328 p.

Tradução de: L'Analyse-action

ISBN 978-85-7326-641-2

   1. Ensaio russo. 2. Teatro russo. 3. Sistema de
Stanislávski. 4. Stanislávski, Konstantin (1863-1938).
I. Vassíliev, Anatoli. II. Tenório, Marina. III. Moschkovich,
Diego. IV. Issáeva, Natália. V. Shapiro, Adolf. VI. Título.

CDD - 792.02

ANÁLISE-AÇÃO
Práticas das ideias teatrais de Stanislávski

Nota à presente edição 7

Nota dos tradutores 9

Para começar, por Anatoli Vassíliev 13

SOBRE A ANÁLISE ATIVA DA PEÇA E DO PAPEL

Prefácio 19

Princípios gerais da análise pela ação 20

Circunstâncias propostas 32

Acontecimentos 37

Avaliação dos fatos 42

Supertarefa 46

Ação transversal 48

Ensaios através de *études* 50

Segundo plano 60

Monólogo interior 65

Visão 69

Caracterização 75

Atmosfera criativa 81

Conclusão 86

Aluna de Mikhail Tchekhov, por Maria Knebel 91

A PALAVRA NA ARTE DO ATOR

Prefácio 113

Palavra é ação 116

Análise pela ação 125

Avaliação dos fatos 143

Visão 148

Aulas de palavra artística 158

Monólogo interior 174

Técnica e lógica da fala 185

Pausa psicológica 205

Adaptações e invenções de jogo 211

Tempo-ritmo 216

Conclusão 230

ANEXOS

A) Quadro *A boiarda Morôzova*, de Súrikov 237

B) *O relógio do Kremlin*, de N. Pogôdin 238

C) *Páginas da vida*, de V. Rôzov,
   e *O relógio do Kremlin*, de N. Pogôdin 245

D) *A mãe*, de M. Górki 256

E) Monólogo de Tchátski
   no primeiro ato de *O mal de pensar* 259

F) Monólogo de Julieta em *Romeu e Julieta* 262

G) Maiakóvski descreve seu trabalho
   sobre o poema "A Sierguéi Iessiênin" 264

H) Exemplos de A. Tolstói e M. Shôlokhov 266

I) *Culpados sem culpa*, de A. Ostróvski 270

J) *Pequenos burgueses*, de M. Górki:
   a linha de Bessemênov 273

Diálogo com os tradutores franceses, por Anatoli Vassíliev 279

Sobre Maria Knebel, por Adolf Shapiro 297

NOTA À PRESENTE EDIÇÃO

O presente volume, intitulado *Análise-ação*, reúne dois livros publicados em vida por Maria Knebel, uma das mais importantes discípulas do diretor de teatro russo Konstantin Serguêievitch Stanislávski (1863-1938):

Sobre a análise ativa da peça e do papel (*O diéistvennom análize piési i roli*), publicado pela primeira vez em Moscou, pela editora Iskússtvo, em 1959, e reeditado com alguns capítulos adicionais em 1961, pela mesma editora. A presente tradução foi feita com base nesta segunda edição;

A palavra na arte do ator (*Slóvo v tvórtchestvie aktióra*), também publicado em Moscou, pelas editoras Iskússtvo e VTO, organizado por Nikolai Gortchakóv, baseado nas anotações do terceiro curso de Maria Knebel, "A ação verbal no sistema de Stanislávski", no Instituto Estatal de Artes Teatrais (GITIS), em 1954.

Os textos em russo foram estabelecidos por Anatoli Vassíliev com base nas edições originais.

NOTA DOS TRADUTORES

Este volume, intitulado *Análise-ação*, reúne duas famosas obras de Maria Knebel (1898-1985), atriz, diretora de teatro e pedagoga russa, discípula de Stanislávski: *Sobre a análise ativa da peça e do papel* (1961) e *A palavra na arte do ator* (1954), além de um capítulo sobre o ator e também discípulo de Stanislávski Mikhail Tchekhov (1891-1955), extraído de *Toda a vida* (1967), livro de memórias da autora.

A presente edição tem como base, com algumas modificações, a edição francesa, organizada e adaptada por Anatoli Vassíliev. O motivo dessa adaptação é que muitas passagens nos textos foram alteradas e modificadas pela autora à época de sua publicação original, no período soviético, por exigências ideológicas e de censura. Anatoli Vassíliev — aluno de Knebel que trabalhou profundamente com *études*, desenvolvendo sua teoria e prática, além de criar uma técnica verbal específica — recuperou as diretrizes de seu ensinamento, organizou e adaptou esses textos, permitindo ao leitor ocidental conhecê-los de forma mais ampla e clara. Com esse mesmo objetivo foi também inserido no livro o "Diálogo com os tradutores franceses", texto de autoria do próprio Vassíliev que trata, entre outros pontos, das possíveis diferenças de recepção e mentalidade entre o leitor contemporâneo ocidental e o ator-diretor educado na tradição russa. Um trabalho semelhante de elucidação e aproximação do leitor foi feito pela revisão de Natália Issáeva, colaboradora de muitos anos de Anatoli Vassíliev.

Quanto à tradução, a primeira coisa a ser dita é que não se trata de uma tradução acadêmica. Os dois tradutores estudaram a "análise ativa" na prática. Assim, quando começamos a traduzir este livro, tivemos muito claro que o texto deveria servir, em primeiro lugar, à prática teatral, deveria tomar o ponto de vista de quem faz teatro, de quem lida com a teoria em cena, de quem opera com ela. Neste sentido, devemos muito às aulas com Anatoli Vassíliev e às conversas com ele sobre aspectos a serem considerados na tradução de determinado termo ou do espírito da obra como um todo.

No caso de alguns termos — como "sentir-a-si-mesmo" [*samotchúvstvie*] e "experiência do vivo" [*perejivánie*], por exemplo — os possíveis afastamentos em relação a traduções já existentes em português de forma alguma se devem ao desejo de criar polêmicas. Tentamos passar o que está por trás de cada conceito e para isso muitas vezes usamos duas, três denominações para um mesmo termo. Sempre que nos pareceu necessário, deixamos entre colchetes a palavra original russa, indicando que se trata do mesmo conceito. Da mesma forma, sempre que julgamos adequado, as outras versões em uso na língua portuguesa são citadas nas notas de rodapé. Vale lembrar também que no trabalho prático os conceitos precisam ser atualizados constantemente, seja para si mesmo, seja junto com os parceiros, pois eles têm de fazer sentido no momento em que estão sendo usados, senão viram peso morto. Nestas horas o que vale não é o uso do "nome certo", e sim que os participantes saibam do que estão falando. O próprio Stanislávski, no prefácio a *O trabalho do ator sobre si mesmo*, ainda inédito em português, escreve: "Não tentem buscar raízes científicas para a terminologia. Possuímos nosso próprio léxico teatral, um jargão desenvolvido pela própria vida". Em seguida, conclui: "Se meu recurso funcionar, as palavras impressas deverão ganhar vida a partir do sentir dos próprios leitores. Assim, terei sido capaz de explicar a essência do nosso trabalho criativo e da própria psicotécnica".

Análise-ação começou a ser traduzido em 2012. Nestes anos voltamos diversas vezes ao texto, relendo-o e buscando soluções de terminologia em português, ao lado de Anatoli Vassíliev e Natália Issáeva, em Wroclaw, Moscou, Berlim e São Paulo. Finalmente o livro chega aos leitores. Esperamos que seja útil aos que fazem teatro.

Foram traduzidos por Diego Moschkovich, além do livro *Sobre a análise ativa da peça e do papel*, os anexos A, B, C, D, E, F, H, o prefácio de Anatoli Vassíliev e o posfácio de Adolf Shapiro. Foram traduzidos por Marina Tenório, além de *A palavra na arte do ator*, os anexos I, J, o capítulo "Aluna de Mikhail Tchekhov" e o "Diálogo com os tradutores franceses".

As notas da autora fecham com (N. da A.); as de Anatoli Vassíliev, com (N. do O.), e as dos tradutores, com (N. da T.). Algumas das notas do organizador, que esclarecem termos e conceitos do teatro ou do método de Stanislávski, foram reelaboradas ou complementadas pelos tradutores visando o público brasileiro.

Marina Tenório e Diego Moschkovich
São Paulo, junho de 2016

ANÁLISE-AÇÃO

PARA COMEÇAR

Anatoli Vassíliev

Leitor, não leia os prefácios! Comece direto por *Análise-ação*. Pule estas páginas inúteis, ou melhor, não. Escute o que vou dizer. Tudo isto foi há muito tempo, muito tempo mesmo, no nosso soviético ano de 1968, que, como o seu, representou uma virada: acabara o degelo econômico e começava a estagnação, da qual muitos iriam se lembrar com nostalgia na época da *perestroika*. Muito bem. No ano de 1968 eu fui admitido no GITIS,[1] não para a turma de A. V. Éfros, que havia sido "convidado a se retirar" por causa de suas *Três irmãs*, mas para o grupo de Andrei Aleksêievitch Popóv, ator brincalhão, leve e maravilhoso. Popóv também era assim como pessoa. Quem me avaliou em direção teatral foi a então diretora da cátedra, Maria Ôssipovna Knebel: "Para que você veio ao teatro? O que é teatro para você?". "Toda a vida", respondi, fazendo um trocadilho. Depois, constrangido, percebi: acertara seu coração.

Ao final deste livro, você lerá um capítulo sobre Mikhail Tchekhov, retirado de *Toda a vida*.[2] Que livro maravilhoso sobre teatro, que páginas especialmente russas, que obra mágica! Eu comecei a estudar direção teatral com Andrei Popóv, e nossa turma era grande, animada e rebelde. Então, bem quando começávamos a ficar amigos, nos dividiram em dois grupos, tudo em nome da ordem. Dominado pela sensação de derrota e protestando mentalmente, fui para a classe da velhinha. Agora eu já não gostava nem um pouco dela, e menos ainda dos que a circundavam: meus novos professores, meus colegas, os recém-formados e o programa de ensino — tudo se parecia muito com o ensino primário.

Sonhava com a liberdade que fora tomada de mim. Eu quis largar o GITIS. Lembro-me de como desci escadaria abaixo, passando pelo busto de

---

[1] GITIS, *Gosudárstvenni Institút Teatrálnogo Iskússtva* (Instituto Estatal de Artes Teatrais, pela sigla em russo), uma das mais importantes escolas de teatro da União Soviética, e depois, da Rússia. Maria Knebel começou a trabalhar na cátedra de direção teatral em 1948. (N. do O.)

[2] *Vsiá Jízn*, livro de memórias de Maria Knebel, publicado em 1967. (N. da T.)

Ilitch[3] enquanto tomava a decisão: abriria a porta para o jardim de álamos e fugiria para o mar, de onde eu havia voltado antes de entrar na faculdade de teatro.[4] Atrasava-me para as aulas, me vestia de modo chamativo, e uma vez usei, no lugar do cinto, uma pesada corrente de ferro! Andando com um casaco de couro rasgado, ficava nervoso com as improvisações bestas: "você é um pássaro migratório", ou "você é um pássaro doméstico". Eu não queria ser a droga de um pato, não queria ser crocodilo, colher flores nos prados, representar um cavalo alegre ou o sofrimento de um marido traído. Ainda mais depois das criações livres, instigadas por Popóv...

De melhor aluno, passei a renegado. Era a mediocridade tomando o espaço. Entre nós, claro, havia os que tinham talento, mas eu à época não me via como parte desse grupo. De aluno nota dez, tornei-me um nota zero, e ao final do segundo ano o conselho discutia a minha permanência no instituto. "Como você se veste!", criticava-me Maria Knebel. Eu usava então uma echarpe preta de seda sobre um casaco de couro em farrapos. "Parece um cabeleireiro sem gosto algum!" E então? Eu sonhava com o amor em cena e por isso construí uma cama e a cobri de veludo azul. Meus colegas de classe, um rapaz e uma moça, de pés nus (que absurdo para um soviético!), as solas dos pés grudadas, riam e choravam, amavam-se com as palmas das mãos e, dando as costas um ao outro, separavam-se por toda a vida. Eu quase fui expulso, mas no conselho Maria Knebel me defendeu do ódio dos comunistas-puritanos e da raiva de pessoas realmente vulgares. Comecei o terceiro ano.

Para um prefácio, ser curto é o ideal, e a história da minha vida estudantil é longa. Minha professora e mestra testava minha submissão. Começamos o terceiro ano fazendo *études*[5] sobre o *Ivánov*, de Tchekhov. Naqueles anos eu amava Tchekhov, e especialmente o *Ivánov*, os sofrimentos e o suicídio desse Hamlet moscovita — tudo de certo modo muito ao gosto de minha inúmeras crises de hipocondria. Os *études*, da maneira como eram ensinados por Knebel, requeriam concentração artística e uma abordagem

---

[3] Na entrada do GITIS há um busto, a que os alunos referem-se como "busto de Ilitch" (modo informal de referir-se a Vladímir Ilitch Lênin). O busto, no entanto, é de Anatoli Lunatchárski, que foi o primeiro Comissário do Povo para a Instrução. O Instituto levou seu nome até a queda de URSS. (N. da T.)

[4] Vassíliev serviu na Marinha soviética antes de entrar para o GITIS. Por isso, a referência à volta ao mar. (N. da T.)

[5] Na linguagem teatral, *étude* (estudo, em francês) designa uma maneira específica de estudar o papel por meio da ação prática, uma espécie de esboço. (N. da T.)

ainda não muito clara, mas científica e profissional. Para mim, foi uma alegria poder voltar ao que havia aprendido nos anos de minha primeira universidade, de química, onde tudo era construído a partir de um ponto de vista exato, regular, gramatical e, ao mesmo tempo, com um campo livre à improvisação. Hoje em dia não lembro mais se os meus *études* como ator funcionavam — com certeza ainda não: precisei de mais um ano para alcançar a organicidade. Foi uma verdadeira descoberta teatral quando me encontrei pela primeira vez em cena sem fazer absolutamente nada, e aquilo era a ação autêntica.

Como aluno de direção, eu amei os *études* imediatamente, ainda no primeiro ano com Popóv, mas o domínio e o controle dessa técnica me vieram apenas com Maria Knebel. De repente, na pele do ator, tornou-se claro para o diretor em que consistia a essência da arte teatral, o que era essa essência, quem era o portador dessas verdades: na arte do ator, foram-me revelados os segredos da direção teatral. No meu ano de protesto eu me enraivecia, brigava. Tinha inclusive o pequeno livro de "M. O. Knebel", *A palavra na arte do ator*. Eu riscara o K e escrevera um M, formando M. O. Mebel.[6] Eu ironizava: "Knebel à população", como "Móveis à população", e na página de abertura do livro escrevi: "Tólia, seja bonzinho. Sua professora", imitando a assinatura "M. O. Mebel". Eu só iria curar as feridas de minha vaidade atendo-me aos *études*, mas tudo isso ainda estava por vir, leitor! Quando eu brigava e defendia-me da cátedra quanto ao "tema rural", quando botei uma carroça em cena, quando enchi o palco de folhas de árvore e representei o vento e o bater de cascos de cavalo, ainda era um moleque de teatro. Depois, cresci.

Em fevereiro, no terceiro ano, no apartamento de Knebel, li minha encenação de *Os demônios*, de Dostoiévski, por umas cinco horas seguidas. Knebel ouvia, e eu não percebi em seu rosto nenhum sinal de cansaço ou tédio. Eu queria montar *Os demônios* com a turma, mas a história acabou nos afastando do lado sombrio, terrível da vida russa. Propôs-se então, para os *études*, uma peça do dramaturgo soviético Aleksei Arbúzov, *Contos do velho Arbat* [*Skázki stárogo Arbata*]. Eu já conhecia esse autor, era apaixonado por ele. Quando prestei os exames de admissão, escrevera uma encenação-teste sobre sua peça *Meu pobre Marat*.[7] Com prazer comecei meu tra-

---

[6] Ao se trocarem as referidas letras, o nome Knebel vira Mebel, que significa "móvel" em russo. (N. da T.)

[7] Aleksei Arbúzov (1908-1986) foi um dos mais importantes dramaturgos do período soviético, identificando-se plenamente com os princípios do realismo socialista. (N. da T.)

balho individual sobre as cenas dos *Contos*, quando de repente Knebel me nomeou representante de classe, entregando a mim a responsabilidade pela encenação da comédia com a turma toda. Era quase inacreditável: o primeiro caso no instituto de um mestre de curso que recusou a montagem do espetáculo de direção e a entregou a um aluno. Por quase um ano, fui o responsável pelas aulas de pedagogia e direção.

Ah, leitor, que mais, que mais? Um cartão-postal para Oleg Nikoláevitch Efrêmov,[8] recomendando que eu entrasse como estagiário no Teatro de Arte de Moscou. O sucesso da montagem de *Solo para relógio com badaladas*, o buquê de rosas comprado para Knebel em seu aniversário, dia 19 de maio, os ensaios gerais de *Vassa Jeleznôva* e *A filha adulta do jovem homem*[9] no teatro vazio, só para ela. Não, não leia o meu prefácio, leitor, e vá logo para estes dois textos fundamentais do teatro russo, estes dois manifestos de arte do teatro psicológico. A capacidade de agir falando e de falar agindo! Se minha experiência não é convincente, que minha mestra o convença. Que ela lhe ensine a organicidade, o silêncio, a ética e a ação como princípios do teatro.

Com gratidão à minha professora, e com gratidão a todos os que participaram do processo de criação deste livro, fico muito feliz que a ciência de minha mestra esteja em suas mãos. Leia, leitor. Estude, estudante.

---

[8] À época, Efrêmov era o diretor artístico do Teatro de Arte de Moscou (TAM). Ver também nota 24 no texto "Sobre Maria Knebel", p. 315 deste volume. (N. da T.)

[9] Tanto *Solo dliá tchassóv s boem* (Solo para relógio com badaladas), de Oswald Zagrádnik, quanto *Vsrôslaia dôtch molodogo tcheloviéka* (A filha adulta do jovem homem), de Víktor Slávkin, e *Vassa Jeleznôva*, de Maksim Górki, são considerados os espetáculos que lançaram Anatoli Vassíliev como diretor de teatro, em 1973, 1978 e 1979, respectivamente. (N. da T.)

SOBRE A ANÁLISE ATIVA DA PEÇA E DO PAPEL

Tradução de Diego Moschkovich

PREFÁCIO

O interesse pela herança artística de K. S. Stanislávski é tão grande em todos os cantos de nossa pátria, onde quer que se pratique a arte cênica, que é mesmo difícil imaginar qualquer grupo de teatro em que, de uma maneira ou de outra, não se experimentem na prática, em maior ou menor grau, os métodos de trabalho do sistema de Stanislávski.

No presente livro, gostaria de contar sobre o novo método de trabalho sobre a peça e o papel — o assim chamado "método da análise pela ação" —, ao qual Konstantin Serguêievitch chegou nos últimos anos de sua vida, sintetizando na teoria e na prática a experiência de seus longos anos de trabalho criativo.

É impossível olhar para essa parte do trabalho isolando-a do sistema de Stanislávski como um todo. E é precisamente por isso que considero imprescindível abordar uma série de elementos especialmente importantes do sistema.

A arte dramática é uma arte complexa, que guarda em si uma série de componentes. O mais importante deles é a *palavra*, que atinge diretamente o espectador e age sobre ele.

A ação verbal é a pedra angular da arte dramática, a base da arte do ator em cena.

A capacidade de dizer em cena o texto do autor está intimamente ligada à habilidade do ator de pensar e revestir seus pensamentos com as palavras fornecidas pelo autor. A luta contra a pronúncia mecânica e a conquista do autêntico pensar em cena são tarefas que devem adquirir cada vez mais importância no trabalho de cada grupo teatral. Isso me obrigou a tocar nas questões do "segundo plano", do "monólogo interior" e da "visão", inseparavelmente ligadas ao tema do presente livro. Encontram-se aqui reunidas as principais teses de artigos que escrevi no passado acerca da análise da peça e do papel pela ação.

Tentarei, ao final, sintetizar algumas conclusões.

Maria Knebel

PRINCÍPIOS GERAIS DA ANÁLISE PELA AÇÃO[1]

Para que o sistema de Stanslávski e, em especial, suas últimas descobertas no campo de um novo procedimento de ensaio — a análise da peça e do papel pela ação — possam ser aplicáveis na prática, é necessário compreender os motivos que o fizeram mudar a forma habitual de ensaiar.

Sabemos que o Teatro de Arte de Moscou introduziu o "trabalho de mesa" como a base dos trabalhos sobre uma peça, ou seja, antes de se ensaiar em cena, desmontava-se a peça à mesa.

Durante o trabalho de mesa, o grupo de intérpretes, sob a condução do diretor, submetia tudo a uma minuciosa análise: os motivos internos, subtextos, inter-relações, caráteres, ações transversais,[2] supertarefas[3] da obra etc. Tudo isso tornava possível aprofundar-se na obra dramática, definir suas tarefas conceituais e artísticas. O trabalho de mesa, acima de tudo, fez com que o ator adentrasse o mundo interior do herói da peça, algo fundamental para a criação do espetáculo.

Aperfeiçoando seu método de criação, desenvolvendo e aprofundando o sistema, Stanislávski notou uma série de facetas obscuras do período do trabalho de mesa.

Uma delas era a crescente passividade do ator, que, ao invés de buscar, desde o início, um caminho que o aproximasse do papel, começava a delegar essa responsabilidade ao diretor. De fato, durante um longo período do trabalho de mesa, o papel ativo é do diretor, que explica, narra e seduz, enquanto o ator acostuma-se com que o diretor resolve por ele todas as questões ligadas à peça e a seu próprio papel.

---

[1] O termo russo *diéstvenni análiz* é geralmente conhecido em português como "análise ativa", termo proposto por Eugênio Kusnet depois de voltar de um período de aprendizado com a própria Knebel na URSS. Nesta tradução, no entanto, por vezes utilizamos também a forma "análise pela ação", que traduz melhor a essência do termo russo. Para uma maior compreensão acerca da terminologia, ver o texto "Diálogo com os tradutores franceses", neste volume. (N. da T.)

[2] Ver capítulo "Ação transversal", no presente livro. (N. do O.)

[3] Ver capítulo "Supertarefa", no presente livro. (N. do O.)

Os intérpretes ficam, às vezes, muito contentes quando o diretor, logo nos primeiros ensaios de mesa, interpreta por eles todos os papéis. Nessa forma de trabalho, os atores inevitavelmente se tornam passivos e, sem raciocinar, seguem as indicações do diretor. Assim, inevitavelmente interrompe-se o processo criativo onde o ator é um criador consciente.

O sonho de um ator consciente atravessou toda a vida de Stanislávski, do início ao fim, como uma linha ininterrupta. O sonho de um ator-criador, que fosse capaz tanto de dar significado à peça por conta própria, como de agir ativamente dentro das circunstâncias propostas. Se durante uma primeira fase de seu trabalho artístico Stanislávski se alegrava com a docilidade dos atores, mais tarde percebeu que tal docilidade ameaçava reduzir a independência do ator, e que, na arte, a inércia desse profissional é um mal terrível.

Konstantin Serguêievitch declarou guerra à passividade do ator em qualquer forma que esta se manifestasse — fosse durante o trabalho sobre o papel ou durante as atividades do coletivo teatral, durante a criação do espetáculo ou mesmo durante o processo de sua execução. Ao aumentar o grau de exigência sobre o ator, Stanislávski conferiu também ao diretor tarefas que exigiam muito mais responsabilidade.

É completamente natural que no começo do trabalho sobre a peça o diretor esteja mais preparado que o grupo dos intérpretes. Mesmo porque, antes do início dos trabalhos, o diretor deve não apenas refletir sobre o conteúdo da peça, mas também sobre quem poderá interpretar tal ou qual papel e sobre quais possibilidades de montagem se encontram à sua disposição.

O diretor deve ter uma ideia de todo o futuro espetáculo; deve ser o organizador do processo inteiro de ensaios e deve saber que rumo dará ao coletivo com a criação de um determinado espetáculo. Mas essa preparação não significa que o diretor deva impor sua própria vontade criativa aos intérpretes. Ele deve saber cativar o coletivo e cada um dos atores, deve ser capaz de colocar o ator em condições tais que este, sentindo sua responsabilidade pessoal sobre o papel, torne-se o mais ativo possível.

Durante todos os períodos de sua vida artística, Stanislávski advertiu sobre a imposição da vontade do diretor ao ator. Alertava inclusive sobre a primeira leitura da peça, considerando que já nela poderiam haver tendências à imposição de entonações, adaptações de jogo[4] e cores.

Quanto mais culto o diretor, quanto maiores seus conhecimentos e sua experiência de vida, mais fácil será para ele ajudar o ator. No entanto, via

---

[4] Ver capítulo "Adaptações e invenções de jogo" no livro *A palavra na arte do ator*, neste volume. (N. do O.)

Princípios gerais da análise pela ação

de regra, o ator só recebe ajuda concreta quando o próprio diretor já estudou todas as molas internas da ação na peça, o caráter das inter-relações entre os personagens em colisão, seu mundo interior e a orientação de seus temperamentos, que são desvelados na realização da supertarefa.

Não há dúvida de que o diretor deve estar preparado para o primeiro ensaio, ou seja, que deve compreender claramente o que deseja descobrir na peça. No entanto, é também completamente natural que suas concepções enriqueçam-se ao longo do processo de trabalho, dependendo daquilo que os intérpretes trouxerem consigo. Claro que os intérpretes, durante esse processo, precisam tomar conhecimento da época em que se passa o drama, da fortuna crítica da peça, da iconografia do tempo em que a ação acontece, e assim por diante.

Konstantin Serguêievitch falava sobre a necessidade de que o diretor não apresentasse todo esse material aos atores nos primeiros dias de ensaio, mas só quando eles já conhecessem, em certa medida, os personagens aos quais deveriam dar corpo em cena. Dessa forma, eles poderiam conectar as informações recebidas aos personagens em estudo.

Mas acontece também de o diretor contar para os atores, logo no início do trabalho, sobre sua concepção, sobre a época e o estilo da obra. Ele fala corretamente e tem a impressão de ajudar os atores. Suas palavras, no entanto, ao serem lançadas em solo árido, tornam-se peso morto.

Stanislávski advertia sobre a iniciação precoce dos atores nos detalhes da concepção do diretor. Considerava que durante o período mais inicial do trabalho sobre o papel não era necessário sobrecarregar a imaginação dos atores, já que isso, em certa medida, inibe-os de buscar ativamente seus próprios caminhos.

Vladímir Nemirôvitch-Dântchenko, parceiro de Stanislávski, nos deixou um ensinamento estruturado a respeito do papel criativo do diretor no espetáculo. Dântchenko chamava o diretor de "ser de três faces", que reuniria em si três qualidades:

1) O diretor-tradutor, ator e pedagogo,[5] que ajuda o ator a criar o papel;

2) O diretor espelho, que reflete as qualidades individuais do ator;

3) O diretor organizador de todo o espetáculo.

---

[5] Apesar do termo "professor" ser o mais corrente em português, nos últimos anos a palavra "pedagogo" passou a ser utilizada para a formação teatral, em parte por influência russa, onde o papel do pedagogo é muito diferente daquele desempenhado pelo professor. Por esta razão, achamos melhor conservar o termo original. (N. da T.)

O público conhece apenas o terceiro tipo de diretor, porque é o único que lhe é visível: ele se revela diretamente em todo o tecido artístico do espetáculo.

Já as duas primeiras funções do diretor não aparecem ao espectador. Este, por sua vez, vê apenas o ator depois que todo o trabalho, generosamente concedido pelo diretor, já foi absorvido pelo intérprete.

Para que o diretor possa ser o tradutor do papel e da peça, são necessárias profundidade e integridade na orientação conceitual durante o trabalho.

Para ser diretor-ator-pedagogo é preciso, em primeiro lugar, sentir por si mesmo todas as nuances dos movimentos internos e externos do papel. É preciso ser capaz de colocar a si mesmo no lugar do intérprete sem esquecer a individualidade deste, amando e desenvolvendo suas qualidades artísticas.

Nemirôvitch-Dântchenko via tarefas pedagógicas no desafio de reconhecer a individualidade do ator, de incentivá-la, de refinar o gosto, de lutar contra os hábitos toscos e contra a pequena vaidade; na capacidade de pedir, insistir, exigir; de acompanhar com alegria e inquietude os menores crescimentos de tudo o que fosse vivo, autêntico e que aproximasse o ator da verdade do sentir-a-si-mesmo [*samotchúvstvie*] em cena.[6] Desenvolvendo em si mesmo essas qualidades, o diretor pode se tornar uma espécie de espelho polido que reflete os mínimos movimentos da psique do ator, assim como todos os erros, até os mais imperceptíveis.

Ao introduzir o novo método de ensaio, Stanislávski enfatizava que o diretor deveria possuir um tato pedagógico, de modo que só revelasse seus próprios conhecimentos sobre a peça quando eles fossem realmente necessários para o trabalho do ator. Konstantin Serguêievitch analisa esse procedimento, uma espécie de "astúcia pedagógica", cujo resultado é que o olhar

---

[6] Самочувствие [*samotchúvstvie*], "sentir-a-si-mesmo". Essa palavra corresponde a uma das noções mais fundamentais do sistema de Stanislávski; nas línguas latinas, é frequentemente traduzida como "estado" (em francês, por exemplo, *état*). Diferentemente dos tradutores franceses, optamos por "sentir-a-si-mesmo" a fim de evitar uma possível conotação passiva do termo (como ocorreria em "sentimento", no tradicional "estado" ou em "sensação de si", utilizada na edição francesa deste livro). A ideia é enfatizar que o *sentir-a-si-mesmo* denota sempre um certo "movimento".

Incluímos o termo original entre colchetes sempre que as palavras em questão forem consideradas terminologicamente importantes. (N. da T.)

De certa forma, é possível afirmar que a parte fundamental do sistema de Stanislávski é dedicada, primeiro, à criação de condições para a formação de um *sentir-a-si-mesmo* propício à arte e, segundo, à análise e ao trabalho sobre os elementos que o compõem. (N. do O.)

do diretor sobre o papel e a peça "não pressiona" o intérprete, mas corrige--o delicadamente, guiando suas buscas autônomas à unidade artística. A primeira premissa que o levou a essa mudança na prática dos ensaios foi a passividade do ator, contra a qual ele decidiu lutar.

Já a segunda, mas não menos importante, era a compreensão de que a antiga ordem dos ensaios confirmaria uma cisão artificial, contrária à vida, entre os aspectos psíquico e físico da existência cênica do intérprete dentro das circunstâncias propostas da peça.

Em cena, é importante mostrar verdadeiramente como um determinado personagem age, e isso só é possível mediante a fusão completa entre o sentir-a-si-mesmo psíquico e físico do ser humano. A vida física do ser humano existe como realização concreta do sentir-a-si-mesmo psicofísico; logo, em cena, o ator não pode se limitar a raciocínios psicológicos abstratos, assim como não pode realizar nenhuma ação física que esteja desconectada de uma ação psíquica. Stanislávski dizia que entre a ação cênica e a causa que a engendra existe uma ligação inseparável; entre a "vida do corpo humano" e a "vida do espírito humano" existe a união completa. Para ele, isso é fundamental no trabalho com a psicotécnica.

Tenho aqui um exemplo dado por Konstantin Serguêievitch para elucidar seu pensamento sobre a unidade e a inseparabilidade dos processos psicofísicos. Dizia ele:

> "Às vezes acontece que uma pessoa está calada, mas nós, olhando para ela, para o modo como se senta, anda ou fica parada, entendemos como ela se sente, qual é o seu sentir-a-si-mesmo, seu estado de humor, qual é a sua atitude em relação ao que acontece à sua volta. Assim, frequentemente, ao passar por pessoas sentadas em algum canto num parque, podemos, sem escutar nenhuma palavra, definir se estão discutindo negócios, se estão brigando ou falando sobre o amor.
>
> Entretanto, não podemos definir o que move uma pessoa apenas por sua conduta física. Por exemplo, podemos dizer que uma pessoa vindo em nossa direção está apressada para um compromisso importante, e que aquela outra procura alguém. Mas eis que esta última se aproxima e pergunta: 'O senhor não viu passar por aqui um menino baixinho de boné cinza? Enquanto eu entrava no mercado ele desapareceu'.
>
> Após ouvir a resposta 'não, não vi!', ele me deixa para trás e passa a chamar, continuamente: 'Vladímir!'.

Agora, depois de ter visto tanto o comportamento físico desse homem, a maneira como anda e como olha para os lados, quanto seu apelo, o *modo* como fala e como chama por Vladímir, vocês entendem perfeita e claramente o que acontece com ele, o que se passa em sua consciência.

Imaginem que um homem à procura do filho se aproxima de vocês na rua e lhes faz a mesma pergunta; no entanto, fala de forma afetada, arrastando as palavras, enfatizando-as de um jeito estranho. Vocês achariam que o homem estaria doente, ou simplesmente fazendo troça.

E se sua conduta física for incorreta, falsa? Poderia mesmo assim surgir em cena uma verdade genuína? Imaginem que o mesmo homem que procura seu filho na rua se aproxime de vocês e, pedindo que parem por um momento, tire um cigarro do bolso, se apoie num muro, e, fumando, calmamente lhes pergunte sobre seu filho. De novo vocês estranhariam, achariam que na verdade esse senhor não procura o filho, mas os parou pois precisa de vocês para alguma coisa.

Assim, o estado interior do homem, seus pensamentos, desejos e atitudes devem ser expressos tanto na palavra quanto num determinado comportamento físico.

É necessário ser capaz de decidir a cada momento como as pessoas se comportariam fisicamente quando movidas por um determinado pensamento: irão andar, sentar, permanecer em pé? E ainda: *como* andarão, *como* sentarão ou *como* ficarão em pé?

Imaginem que devemos interpretar em cena esse mesmo homem que procura seu filho na rua.

Se, sentados à mesa, começarmos a falar o texto desse homem, será muito difícil pronunciá-lo corretamente. O corpo calmo e sentado será um obstáculo para encontrar o sentir-a-si-mesmo [*samotchúvstvie*] de um homem que perdeu seu filho, e sem isso o texto soará morto. Não conseguiremos pronunciar a frase da maneira como ele a pronunciaria em vida.

Mas então eu digo: você está à procura de seu filho, que fugiu enquanto você fazia compras no mercado. Levante-se da mesa e imagine que isto aqui é a rua e estes, os transeuntes. Você precisa saber se eles por acaso viram a criança. Aja, tome uma atitude não apenas com a palavra, mas também fisicamente."

Princípios gerais da análise pela ação

O que compeliu Stanislávski a analisar profundamente a prática de ensaios vigente foi a cisão que existe entre o sentir-a-si-mesmo calmo de um ator sentado com um lápis na mão e a sensação real da vida psíquica e corporal do papel, sensação esta que o intérprete deve visar desde o primeiro minuto de seu encontro com o papel.

Stanislávski partia do fato de que a análise da peça à mesa é, basicamente, um exame da vida psíquica do papel. Sentado à mesa, o ator sempre olhava para o personagem como se estivesse de fora, por isso, quando precisava agir, essa *atividade física era sempre muito difícil*. Criava-se uma cisão artificial entre os lados psíquico e físico da vida do herói, dentro das circunstâncias propostas na peça.

Ao afirmar que a linha contínua das ações físicas,[7] ou seja, a *linha da vida do corpo humano*, ocupa um lugar importantíssimo na criação do personagem e faz brotar tanto a ação interna como a experiência do vivo,[8] Stanislávski enfatizava a importância de que os atores entendessem que *a ligação entre as vidas psíquica e física é inseparável, e, logo, também é impossível separar o processo criativo que analisa o comportamento interior do ser humano daquele que analisa seu comportamento exterior.*

É preciso que o intérprete saiba, desde o começo do trabalho com o diretor, que a peça será analisada por meio da ação, e que, depois de uma análise lógica da peça, chamada por Stanislávski de "exploração mental", o diretor lhe proporá que suba a um palco equipado e que execute suas ações

---

[7] Ver nota 81 no capítulo "Aulas de palavra artística" do livro *A palavra na arte do ator*, p. 165 deste volume. (N. da T.)

[8] Переживание [*perejivánie*], "experiência do vivo", "experiência", "vivência". A palavra, emprestada do coloquial *perejivánie* ("preocupar-se", "superar", "sofrer"), é composta do radical *jít* (viver) e de um prefixo que denota transição, transformação, transposição das fronteiras do meu próprio *eu*. Do *eu mesmo* em direção ao *outro*. Essa palavra transita entre diferentes campos semânticos, como *projivánie* (morada), *ôpyt* (experiência), *emôtsia* (emoção), entre outros. (N. da T.)

Dentro do sistema teatral de Stanislávski, *perejivánie* nos remete ao processo da experiência vivenciada no momento presente. O teatro como "a arte da experiência do vivo" [*iskússtvo perejivánia*] é precisamente a nova definição do teatro tal como imaginado por Stanislávski e pela escola russa. A sensação ou a vida que é experimentada aqui e agora são contrapostas ao teatro de representação, ou de imitação; trata-se de um teatro onde é necessário viver, e não parecer vivo. Nas línguas latinas, *perejivánie* é frequentemente traduzido de forma errada, como "reviver [uma experiência passada]". Neste livro, o termo é traduzido sempre como *experiência do vivo*, *experiência* ou simplesmente *vivência*. É importante frisar que ele não deve ser entendido nunca como o resultado ao qual o ator aspira, mas como a própria fonte da ação, aquilo que literalmente o põe em movimento. (N. do O.)

num espaço concreto. Todas as coisas de que o intérprete pode precisar no percurso da ação, todos os objetos cênicos pessoais, *tudo* o que possa ajudar o ator a acreditar na verdade do que acontece já deve estar preparado desde antes do início do trabalho.

Significaria isso que, depois da etapa dos *études*,[9] nos quais buscam a lógica e a sequência de seu comportamento psicofísico, os atores não voltam mais à mesa? Não, eles voltam após cada *étude*, para compreender o que acaba de ser encontrado, para verificar quão precisa foi a execução da concepção do dramaturgo, para compartilhar a experiência viva, adquirida no processo de trabalho, para receber do diretor respostas a perguntas candentes; e para poder entender, com ainda mais precisão, o texto do autor, descartar o falso e mais uma vez buscar na ação a fusão com o papel. O terceiro e talvez principal motivo que levou Stanislávski a falar sobre a análise da peça através da ação foi a importância crucial que ele conferia à palavra em cena.

Stanislávski considerava que a ação verbal era a principal ação do espetáculo, e via nela o modo fundamental de dar corpo às ideias do autor. Seu desejo era que em cena, assim como na vida, a palavra estivesse inseparavelmente ligada aos pensamentos, tarefas e ações da figura cênica.

Toda a história do teatro está ligada ao problema da fala cênica.[10]

Como consequência das montagens de obras dramáticas da escola realista russa, depois que o espetáculo realista conquistou seu lugar de direito nos palcos russos do país, os melhores atores passaram a dar primeira importância à "palavra cantada pelo coração";[11] palavras expressivas sobre as

---

[9] Ver o capítulo "Ensaios através de *études*", e a nota 5 no texto "Para começar", p. 14 deste volume. (N. do O.)

[10] Ver o capítulo "Técnica e lógica da fala", no livro *A palavra na arte do ator*, neste volume. (N. do O.)

Сценическая речь [*stsenítcheskaia riétch*], "fala cênica". O conceito *stsenícheskaia riétch* abrange um campo semântico enorme em russo. Para a edição francesa, os tradutores decidiram utilizar termos variados para transmitir seu significado: *parler scénique* (falar cênico), *discours scénique* (discurso cênico), *parole scénique* (palavra cênica) e *locution scénique* (locução cênica). Para a edição brasileira, no entanto, optamos por traduzir o termo como "fala cênica" (algumas vezes, como "o falar cênico"), por considerarmos que a noção de *fala* em português aproxima-se muito do russo *riétch*. (N. do O.)

[11] M. S. Schépkin, *Zápisi. Písma* [Anotações, cartas], Moscou, Iskússtvo, 1952, p. 237. (N. da A.)

quais escrevia Gógol: "... os sons da alma e do coração expressos pela palavra são, algumas vezes, mais expressivos que os sons da música".[12]

Schépkin[13] punha a palavra do autor em cena de acordo com a figura a ser criada em cena, considerando que, para algo se metamorfosear em figura cênica, é imprescindível, em primeiro lugar, uma pronúncia genuína do texto. Ele insistia ser necessário que os atores, em primeiro lugar, compreendessem os pensamentos enunciados no texto e estudassem seu percurso e desenvolvimento.

Outro intérprete do Teatro Máli, o ator Iúzhin, considerava necessário individualizar a fala do herói. Não poderia haver exigências idênticas quanto à simplicidade e à naturalidade da pronúncia do texto em cena — tudo depende de quem fala. "A mesma fala, natural e viva para Hamlet, não seria natural e viva para Tchátski", dizia.[14]

São muito interessantes as opiniões de Gógol acerca da sonoridade da palavra em cena. Ele dizia que a naturalidade e a veracidade da fala cênica dependem de como flui o trabalho durante os ensaios. É preciso, em suas palavras:

> "que tudo seja decorado por eles [os atores] coletivamente, e que durante os ensaios o papel entre por si mesmo na cabeça de cada um, de maneira que, quando estiverem cercados pelas circunstâncias, eles sintam, involuntariamente e apenas ao se deparar com elas, o tom verdadeiro de seu papel... Mas se o ator decora seu papel em casa, sozinho, sairá uma réplica empolada e mecânica, e essa réplica ficará com ele para todo o sempre, pois já será impossível quebrá-la... e toda a peça se tornará surda e estranha a esse ator."[15]

Stanislávski, observando e analisando a experiência dos melhores mestres do palco, assim como sua própria experiência de muitos anos, e considerando a palavra, segundo uma ótima expressão de Nemirôvitch-Dân-

---

[12] M. B. Zagórskii, *Gógol i teátr* [Gógol e o teatro], Moscou, Iskússtvo, 1952, p. 387. (N. da A.)

[13] Mikhail Schépkin (1788-1863) foi um grande intérprete das peças de Gógol. Deixou também muitas anotações dedicadas ao teatro. (N. do O.)

[14] A. I. Iúzhin, *Memórias. Anotações. Artigos. Cartas*, Moscou, Iskússtvo, 1951, p. 318. (N. da A.)

[15] *Gógol i teátr* [Gógol e o teatro], *cit.*, p. 388. (N. da A.)

tchenko, tanto o ápice como o princípio da criação, chegou à conclusão de que o maior perigo para o ator no caminho da ação orgânica em cena é uma abordagem demasiado direta do texto do autor. Esse foi o terceiro e decisivo fator para que Stanislávski mudasse a prática de ensaios.

Konstantin Serguêievitch frequentemente dizia que, quanto mais primorosa a obra dramática, mais ela nos contagia logo no primeiro contato. Os feitos dos personagens, suas inter-relações, emoções e pensamentos nos parecem tão claros, tão próximos, que involuntariamente começamos a achar: é só decorar o texto que, sem perceber, dominaremos as figuras criadas pelo autor.

Mas é só decorar o texto e tudo aquilo que antes era extremamente vivo na imaginação do ator torna-se, imediatamente, morto.

Como evitar esse perigo?

Stanislávski chegou à conclusão de que o ator só pode alcançar a palavra viva como resultado de um trabalho preparatório. Este trabalho, em suas palavras, deveria fazer com que as palavras do autor se tornassem as únicas necessárias ao ator para expressar os pensamentos do personagem.

Toda memorização mecânica do texto faz com que a palavra, segundo uma expressão do próprio Stanislávski, "assente-se no músculo da língua", ou seja, vire clichê, palavra morta.

Em sua opinião, no início do trabalho o ator precisa das palavras do autor não a fim de decorá-las, mas para conhecer os pensamentos colocados no texto pelo autor.

Dominar todas as motivações interiores do personagem, que o levam a dizer tal ou qual palavra, é um processo extraordinariamente complexo.

Em *O trabalho do ator sobre si mesmo*, Stanislávski escreve:

> "Acreditar na ficção alheia e passar a vivê-la sinceramente é ninharia para você? Mas você sabia que muitas vezes criar a partir de um tema alheio é mais difícil que criar a partir de nossa própria ficção?... Recriamos as obras dos dramaturgos, revelando o que nelas está encoberto sob as palavras; inserimos nosso subtexto num texto alheio, estabelecemos a nossa própria atitude em relação às pessoas e suas condições de vida; deixamo-nos atravessar por todo o material recebido do autor e do diretor, o reelaboramos mais uma vez em nós mesmos, damos-lhe vida e o completamos com a nossa imaginação. Criamos intimidade com esse material, entramos nele psíquica e fisicamente; concebemos em nós mesmos a "verdade das paixões", e, como resultado final de nossa obra,

Princípios gerais da análise pela ação

criamos uma ação produtiva de fato, estreitamente ligada à concepção íntima e profunda da peça; criamos personagens vivos, típicos, nas paixões e sentimentos da figura representada."[16]

Konstantin Serguêievitch buscava sempre novos caminhos para a conquista de um sentir-a-si-mesmo [*samotchúvstvie*] criador, através do qual uma concepção artística autêntica pudesse ser corporificada em cena de forma mais orgânica. Isso diz respeito, acima de tudo, à etapa inicial, que cumpre um papel decisivo em todo o trabalho posterior.

Stanislávski afirmava que, no melhor dos casos, se o ator começa o trabalho decorando o texto, poderá apenas informar seu papel ao espectador de maneira aceitável. Trata-se de algo natural, já que na vida falamos para alcançar uma *"ação verbal autêntica, produtiva e apropriada para determinado alvo"*. Na vida, expressamos nossos pensamentos com as palavras mais diversas. Podemos repetir muitas vezes um único pensamento, e sempre, dependendo de *para quem* o fizermos, encontraremos diferentes palavras adequadas à expressão de tal pensamento. Na vida sabemos que nossas palavras podem alegrar alguns, magoar outros, acalmar, ofender... e, dirigindo-nos às pessoas verbalmente, imbuímos as palavras de determinados significados. Na vida a fala expressa nossos pensamentos, nossas emoções e, por isso, ela movimenta e desperta reações nas pessoas que nos cercam. Em cena, no entanto, acontece uma coisa diferente. Não sendo movidos integralmente pelos pensamentos e emoções dos personagens da peça, se não acreditamos nas circunstâncias propostas, ditadas pelo autor, devemos pronunciar um texto alheio, de uma pessoa representada.

O que fazer então para que o texto do autor torne-se "nosso", orgânico, indispensável para que a palavra sirva de ferramenta para a ação?

Stanislávski nos propõe estudar o percurso dos pensamentos do personagem, de tal maneira que possamos expressá-los com nossas próprias palavras. Afinal, se soubermos precisamente sobre o que falar, mesmo não havendo decorado o texto, seremos capazes de expressar os pensamentos do autor com palavras próprias.

Stanislávski escreveu:

---

[16] K. S. Stanislávski, *Rabóta aktera nad soboi* [O trabalho do ator sobre si mesmo], em *Obras completas*, v. 2, Moscou, Iskússtvo, 1954, pp. 63-4. No Brasil, os dois volumes dessa obra foram traduzidos a partir da edição norte-americana, intitulada *A preparação do ator* e *A construção do personagem*. (N. da O.)

"Existem pensamentos e emoções que vocês podem expressar com suas próprias palavras. A coisa toda está aí, e não nas palavras. A *linha do papel* flui através do subtexto, não do texto. Mas os atores têm preguiça de escavar até as camadas profundas do subtexto, e por isso preferem deslizar pela palavra externa e formal, que pode ser pronunciada mecanicamente e sem gastar a energia necessária para atingir a essência interior."[17]

Stanislávski dizia que o segredo de seu procedimento era que ele, durante um período determinado, não permitia que os atores decorassem o texto do papel, salvando-os da memorização formal e inútil, mas forçava-os a encontrar o cerne do subtexto e seguir através de sua linha interna. Quando se memoriza o texto, as palavras perdem o seu significado real e se transformam numa "ginástica mecânica", numa "língua matraqueando sons decoradinhos". Mas quando o ator é privado das palavras alheias por um tempo, fica sem ter onde se esconder e, involuntariamente, segue pela linha da ação. Falando com suas próprias palavras, compreende a inseparabilidade da fala, das tarefas e das ações.

Sobre o período de ensaios por meio de *études* "com as próprias palavras", Stanislávski escreve:

"Foi o que os protegeu do hábito mecânico de pronunciar formalmente um texto verbal não vivenciado e vazio. *Eu guardei as maravilhosas palavras do autor para uma melhor utilização*: não para serem matraqueadas, mas para a ação e para a execução da tarefa principal.

Conhecendo fluentemente o percurso dos pensamentos do personagem, não seremos escravos do texto, chegaremos a ele somente quando for necessário para a expressão de pensamentos que já entendemos nos *études*. Amaremos o texto, já que as palavras do autor expressarão mais precisamente e melhor os pensamentos com os quais nos acostumamos no processo da análise pela ação."[18]

---

[17] K. S. Stanislávski, *Obras completas*, v. 4, Moscou, Iskússtvo, 1957, p. 217. (N. da A.)

[18] *Idem*, pp. 217-8. (N. da A.)

Princípios gerais da análise pela ação

CIRCUNSTÂNCIAS PROPOSTAS

A. S. Púchkin escreveu: "A verdade autêntica das paixões e a verossimilhança dos sentimentos nas circunstâncias supostas: eis o que nossa mente exige do escritor dramático".[19]

Stanislávski colocou esse aforismo de Púchkin na base de seu sistema, trocando a palavra "supostas" por "propostas". Para o ator dramático, as circunstâncias não se supõem, se propõem.

Mas o que são então as circunstâncias propostas?

> "São a fábula da peça, seus fatos, acontecimentos, a época, o tempo e o lugar da ação, as condições de vida, nosso entendimento da peça enquanto atores e diretores, nossas contribuições pessoais, as marcações, a montagem, o cenário, os figurinos, objetos cênicos, iluminação, sonoplastia, e tudo o mais que se propõe aos atores durante a criação."[20]

De maneira extraordinariamente ampla, Stanislávski inclui nas circunstâncias propostas tudo aquilo em que o ator deve acreditar. O mais importante neste capítulo sobre as "circunstâncias propostas", segundo me parece, é o que está ligado ao estudo da peça.

Tomemos como exemplo *O mal de pensar*.[21] Quais são as circunstâncias propostas dessa comédia russa de Griboiédov? Qual a sua conjuntura histórica?

A peça foi escrita entre 1822 e 1824, ou seja, na época em que já estava claro para todos os russos progressistas que o povo havia sido enganado

---

[19] B. P. Gorodetskii, *Púchkin i teátr* [Púchkin e o teatro], Moscou, Iskússtvo, 1953, p. 393. (N. da A.)

[20] K. S. Stanislávski, *Obras completas*, v. 2, Moscou, Iskússtvo, 1954, p. 62. (N. da A.)

[21] *Góre ot umá*, peça de Aleksándr Griboiédov publicada em 1823, também conhecida em português pela tradução literal do título francês, *A desgraça de ter espírito*. (N. da T.)

e traído em todas as suas expectativas. Fora largado mais uma vez sob o domínio de burocratas desalmados e de uma estúpida camarilha militar. Os melhores representantes da *intelligentsia* fidalga haviam entrado para organizações secretas e agora preparavam o levante de 14 de dezembro de 1825.

É preciso que o coletivo dos intérpretes saiba que Griboiédov, membro de uma organização secreta, esteve no exército russo em 1812, onde se alistara como voluntário; não por acaso, em 1826, foi preso sob a acusação de haver participado do levante de dezembro. Foi libertado apenas por falta de evidências. No entanto, sabe-se também que ele fora alertado sobre a prisão, de modo que conseguiu queimar todos os papéis comprometedores, e que os dezembristas, como medida de segurança, tentaram inocentá-lo, assim como fizeram com Púchkin.

Entender a época em que vivem os personagens representados na peça significa desvendar uma das mais importantes circunstâncias propostas.

Estudando a época, começamos a estudar também a situação que envolve os heróis.

A família Fámussov, assim como seus amigos e hóspedes, vivia numa Moscou que para nós, hoje, é muito difícil imaginar. Era a Moscou que estava sendo reconstruída após o incêndio de 1812. As casas eram construídas sem grandes luxos (os palácios eram exceção), mas eram espaçosas, com andares térreos pomposos, cheios de cômodos, e tinham sótãos apertados, de tetos baixos. A fachada era obrigatoriamente decorada com colunas e levava esculpido um frontão triangular. Atrás das casas geralmente havia um quintal para os serviçais e, muitas vezes, grandes jardins. As pessoas locomoviam-se por Moscou apenas a cavalo, em grandes carruagens ou charretes, ambas terrivelmente lentas. Se a atriz que atua no papel da velha Khlióstova imaginar o longo e tedioso caminho que teve de percorrer antes de chegar à sala de visitas de Fámussov, ela poderá então, com estas palavras,

> "Achas que é fácil, aos sessenta e cinco anos,
> Arrastar-me até ti, sobrinha?... Tortura!
> Uma hora inteira vindo da Pokrôvka, estou sem forças;
> A noite é o apocalipse!"[22]

transmitir o verdadeiro sentir-a-si-mesmo [*samotchúvstvie*] do personagem.

---

[22] Todas as traduções de trechos literários são de autoria dos tradutores, salvo quando indicado em nota. (N. da T.)

Nós, é claro, não conseguiremos esgotar toda a multiplicidade de circunstâncias propostas da comédia *O mal de pensar*.

É preciso imaginar não apenas a época, o cotidiano e as relações entre todos os personagens, mas também entender que, além de um presente, todos os personagens têm um passado e um futuro.

Stanislávski escreveu:

> "O *presente* não pode existir nem sem o *passado*, nem sem o *futuro*. Dizem que não podemos conhecer nem adivinhar o futuro. Entretanto, desejá-lo e imaginá-lo é algo que não apenas podemos, como devemos fazer [...].
> Se na vida não pode haver *presente* sem *passado* e sem *futuro*, num palco que reflete a vida não pode ser diferente."[23]

Como penetrar o *passado* de Tchátski? O estudo do texto da peça ajudará nossa imaginação.

Tchátski esteve fora por três anos. Foi embora de Moscou como um jovem apaixonado. Esteve no estrangeiro. Onde, exatamente, não sabemos, mas podemos imaginar que na Itália ou na França. Começo do século XIX. Os dois países viviam uma efervescência cultural. Fámussov talvez não esteja tão distante da verdade quando exclama, em resposta ao discurso raivoso de Tchátski: "Ah, meu deus, é um carbonário!".

Tchátski esteve em Petersburgo. Ficamos sabendo disso pelas palavras de Moltchálin:

> "Tatiana Iúrevna comentou,
> Ao voltar de Petersburgo,
> De vossa ligação com os ministros,
> E depois, da briga..."

Deixemos que a imaginação sugira ao ator por que houve uma desavença com os ministros e quais ligações Tchátski possuía em Petersburgo. Pode até ser que estivesse ligado às mesmas pessoas que o próprio Griboiédov.

Enfim o retorno a Moscou, onde ficara seu primeiro amor de juventude. Ele está cansado, com pressa, ele viajou

---

[23] K. S. Stanislávski, *Obras completas*, v. 4, Moscou, Iskússtvo, 1957, p. 235. (N. da A.)

"... quarenta e cinco horas, os olhos sem piscar,
mais de setecentas verstas[24] — ventos, uma tormenta..."

Ele está feliz por voltar, ainda mais pelo encontro com Sofia: o amor que sentia por ela amadureceu e se fortaleceu no exílio.

Se o ator sentir, acumular fantasias sobre esse passado de Tchátski, não entrará em cena vindo do nada, mas de uma vida viva, que alimentará sua imaginação. Somente assim soarão intensas e sinceras as seguintes palavras:

"Mal amanheceu — e já de pé! E eu a vossos pés."

Em seguida, entra o *presente* de Tchátski, que observamos no decorrer de quatro atos. Para que seja vivo, exuberante e convincente, o ator deve imaginar claramente para onde seu Tchátski desaparece após as palavras:

"Sumir de Moscou! Aqui não piso mais.
Corro, sem olhar, e vou buscar no mundo
Um lugar onde, ofendido, possa descansar...
Os cavalos! Tragam os cavalos!"

Qual o futuro de Tchátski? Aqui o ator precisa se fazer uma série de perguntas que necessariamente o ajudarão com o *presente* do papel. Por exemplo: poderia Tchátski cair em si, sossegar e, com o passar dos anos, tornar-se um "senhor de bem", um segundo Fámussov? Ou poderia entrar para o serviço público, tornando-se um segundo Moltchálin, apenas um pouco mais inteligente e mais nobre? Não, isso já é impossível! Ou talvez, com sua militância apaixonada, mergulhasse de cabeça nas atividades da organização secreta? Não o aguardaria o destino de um dos cento e vinte que foram mandados para a Sibéria depois dos acontecimentos de 14 de dezembro? Ou o destino do próprio Griboiédov, enviado, em "exílio honroso", a milhares de quilômetros da pátria para servir como embaixador na Pérsia, para acabar sendo linchado em consequência de uma revolta e de uma intriga política?

Sim, esse tipo de *futuro* é possível para Tchátski. E o vislumbre de tal futuro colore seus dias em Moscou, dias do *presente*, que, por sua vez, carregam rastros do passado.

Peguemos outro exemplo.

---

[24] Unidade de medida equivalente a 1,067 km. (N. da T.)

O passado, o presente e o futuro da donzela moscovita Sofia. Donzela mimada, filha única de um pai rico e de posses, Sofia cresceu sem mãe. Fámussov conseguiu que ela "aceitasse madame Rosier como uma segunda mãe". Esta, por sua vez, não fez o mínimo esforço para educar a menina e "picou a mula por quinhentos rublinhos a mais". No entanto, ensinou a Sofia "canto, dança, delicadezas e suspiros". Com a alma solitária e sedenta de amor, Sofia ligou-se a Tchátski, mas, ofendida com sua partida, fez de Moltchálin seu herói. É diante de Tchátski que se desenrola o *presente* de Sofia.

Seu *futuro* é fácil de imaginar. Ou murchará na casa de sua tia nas profundezas de uma aldeia rural em Sarátov ou ficará feliz em se casar, nem que seja com Skalozúb... ou pode até ser que perdoe Moltchálin algum dia... Tudo isso decorreria do *passado* e do *presente* de Sofia, nitidamente descritos por Griboiédov.

Mergulhando nossa imaginação no passado e no futuro dos heróis, estudando suas inter-relações, seu meio e sua época, entenderemos a imensa importância das circunstâncias propostas para recriar de maneira profunda e verdadeira a concepção do autor.

ACONTECIMENTOS

Como já dissemos, Stanislávski rejeitava categoricamente a memorização mecânica do texto do autor e exigia uma profunda análise de todas as circunstâncias que haviam gerado o texto em questão.

Stanislávski indica o caminho para penetrar de forma autêntica na essência da obra. Acredita, ainda, que a forma mais acessível de fazê-lo era por meio da análise dos fatos, ou dos acontecimentos, quer dizer, da fábula da peça.

Por isso, propunha começar a análise sistemática da obra dramática pela definição dos acontecimentos, ou, em suas palavras, dos fatos ativos [*diéistvennii*],[25] de suas consequências e interações.

Ao definir acontecimentos e ações, o ator involuntariamente se apropria de camadas cada vez mais amplas das circunstâncias propostas à vida da peça. Stanislávski insistia em que os atores aprendessem a decompor a peça a partir de acontecimentos maiores. Aconselhava-os a verificar toda e qualquer posição com exemplos de suas próprias vidas. Ele propunha que, definindo um acontecimento principal de sua vida, o ator observasse como, no decorrer desse tempo, haviam ocorrido também acontecimentos menores, que o moveram não por um mês ou uma semana, mas por um dia ou por algumas horas, até que outro acontecimento o distraísse e encobrisse o anterior.

Assim, na primeira análise da peça, Stanislávski aconselhava o ator a não parar nas minúcias, a não emperrar nos pequenos fragmentos, mas a encontrar o geral e, a partir dele, entender o particular:

— Pensem: o que aconteceu na casa de Fámussov com a chegada inesperada de Tchátski?[26] Quais as consequências trazidas pela notícia da chegada do inspetor geral?[27]

---

[25] Действенный [*diéistvennii*], ativo. Para maiores explicações sobre o uso dos termos *diéistvennii* e *aktívni*, ver o apêndice "Diálogo com os tradutores franceses", nesta edição. Palavras consideradas terminologicamente importantes vêm acompanhadas do termo original em russo, entre colchetes. (N. da T.)

[26] Referência à peça *O mal de pensar*, de Griboiédov. Ver nota 40 no capítulo "Análise pela ação", do livro *A palavra na arte do ator*, p. 133 deste volume. (N. do O.)

[27] Referência à peça *O inspetor geral*, de Nikolai Gógol, publicada em 1836. Ver no-

Todas essas perguntas nos levam a perceber tanto a lógica como a sequência das ações e dos acontecimentos. Mas compreender *o que* ocorre durante a peça não basta. Trata-se ainda de um entendimento racional. O importante é o processo seguinte, mais complexo: saber colocar a si mesmo no lugar do personagem.

Tanto o diretor como o ator devem possuir um pensamento imagético, devem dominar uma imaginação criativa atuante [*aktívni*].

Ao assimilar a peça, a concepção do autor, suas ideias e motivações, o ator deve se encontrar no centro dos acontecimentos e das condições propostas pelo autor. Deve existir entre objetos imaginados, no cerne de uma vida fictícia e imaginária.

Sem os frutos da imaginação criativa o ator não entra na vida fictícia. Mas que imaginação é essa? Stanislávski dizia que toda ficção imaginada deve ser fundamentada com precisão. Dizia que perguntar "quem, quando, onde, por quê, para quê e como" desperta a imaginação, gerando para o ator uma vívida percepção da vida inventada, fictícia.

Dizia também que em alguns casos a vida artificial é criada intuitivamente, sem trabalho mental e consciente. Com a imaginação ativa, no entanto, somos sempre capazes de acordar nossos sentidos e criar a vida imaginária que é necessária. Porém, o tema a ser fantasiado deve ser claro, já que é impossível fantasiar de maneira genérica.

Para que a imaginação desperte a vida orgânica no ser humano-artista, é preciso — dizia Stanislávski — que "toda a natureza do ator se entregue ao papel, tanto psíquica como fisicamente".[28]

É preciso tornar suas as ações do personagem. Apenas assim pode-se alcançar a sinceridade e a veracidade. É preciso colocar a si mesmo na posição do personagem, nas circunstâncias propostas pelo autor.

Para isso, é preciso executar, logo de início, as mais simples ações psicofísicas ligadas a um determinado acontecimento.

Ao ator é imprescindível, antes de mais nada, *"uma sensação real da vida do papel, uma sensação não apenas da vida psíquica, mas também do corpo".*

---

ta 41 no capítulo "Análise pela ação", do livro *A palavra na arte do ator*, p. 134 deste volume. (N. do O.)

[28] K. S. Stanislávski, *O trabalho do ator sobre si mesmo*, em *Obras completas*, v. 2, Moscou, Iskússtvo, 1954, p. 94. (N. da A.)

"Assim como a levedura estimula a fermentação, também a sensação da vida do papel provoca na alma do ator o aquecimento interior e a ebulição necessários para o processo criativo de conhecimento. Apenas quando o ator está nesse estado criativo é possível falar sobre uma abordagem da peça e do papel."[29]

O método de trabalho no qual o ator penetra apenas na vida psíquica do personagem acarreta erros enormes, uma vez que tal separação entre vida psíquica e vida física o impede de sentir a vida do corpo do personagem, empobrecendo-o.

O estado interno do ser humano, seus desejos, pensamentos e emoções, devem ser expressos tanto pela palavra como por uma atividade física definida.

Desde o início, o ator deve analisar a peça em ação.

Stanislávski dá a seguinte definição para seu método:

"[...] o novo segredo e a nova característica do meu procedimento de criação da 'vida do corpo humano' do papel consistem no fato de que, quando realmente corporificada em cena, a ação física mais simples obriga o ator a criar, seguindo os próprios impulsos, todo tipo de ficções imaginárias, de circunstâncias propostas e de 'ses'.

Se um trabalho tão grande de imaginação é necessário para uma única e simples ação, então, para a criação de toda uma linha da 'vida do corpo humano' do papel, é imprescindível uma longa e ininterrupta série de invenções e circunstâncias propostas — tanto do ator quanto da peça.

Só é possível entendê-las e obtê-las com a ajuda de uma análise detalhada, feita por todas as forças psíquicas da natureza criativa. O meu procedimento provoca naturalmente, por si só, uma análise assim."[30]

Se, no período de seus primeiros trabalhos, Stanislávski frequentemente perguntava aos atores: "O que você quer neste episódio?", mais tar-

---

[29] K. S. Stanislávski, *O trabalho do ator sobre o papel*, em *Obras completas*, v. 4, Moscou, Iskússtvo, 1957, p. 316. (N. da A.)

[30] *Idem*, pp. 340-1; e também K. S. Stanislávski, "Sobre as ações físicas", *Teátr*, nº 8, 1948, p. 16. (N. da A.)

Acontecimentos

de reformulou a questão: "O que você *faria* se tivesse acontecido isto ou aquilo?".

Se a primeira pergunta pode deixar o ator num estado contemplativo e um tanto passivo, no segundo caso o ator se torna ativo. Ele começa a se perguntar o que faria hoje, aqui, agora, nas presentes circunstâncias. Toma consciência das causas que o levam a realizar alguma ação; começa a agir mentalmente, e, agindo, ainda que com o pensamento, encontra o caminho para o sentir e para o subconsciente.

Conhecendo as ações realizadas por seu herói, o ator passa a conhecer o cerne do papel no desenvolvimento da linha do enredo da peça. Conhecer o desenvolvimento do conflito obriga-o a compreendê-lo ativamente, através da ação e da contra-ação, aproximando o ator da supertarefa[31] concreta do papel. Tratar o acontecimento como ponto de partida é o caminho mais rápido para atrair o ator ao mundo da peça em estudo.

Pode parecer que isso diz respeito apenas a uma dramaturgia que tem uma ação externa vividamente delineada, uma fábula externa. Nada disso. Também quando tudo se submete a um desenvolvimento interno oculto, a linha viva dos acontecimentos desvela os feitos dos heróis em estudo.

Quando não estudamos através dos acontecimentos, a partir do fluxo contínuo dos acontecimentos que alimentam a peça, acabamos por negligenciar a lei fundamental da dramaturgia: a lei da ação — pois numa peça os acontecimentos são o principal. Stanislávski disse num dos ensaios:

> "Olhem para uma época qualquer de suas vidas e lembrem qual foi o principal acontecimento daquele período. Dessa forma vocês entenderão imediatamente como tal acontecimento se refletia em seus comportamentos, atos, pensamentos e experiências, assim como nas relações com as pessoas."

Os acontecimentos, ou, como Stanislávski os chamava, os *fatos ativos*, compõem a base sobre a qual o autor constrói a ação.

O ator deve estudar profundamente toda a cadeia de fatos ativos.

Apenas isso, no entanto, é insuficiente: a ação não pode existir sem motivos que a gerem. É impossível imaginar a pergunta "O que estou fazendo?" sem a pergunta paralela: "Por que estou fazendo desta forma?". Ou seja, cada ação possui necessariamente motivações que a suscitam.

---

[31] Ver capítulo "Supertarefa", no presente livro. (N. do O.)

Estudando os acontecimentos da peça, a lógica e a sequência dos atos e ações dos personagens, o ator começa pouco a pouco a avaliá-los, começa a ganhar consciência dos motivos profundos por trás de seus feitos.

Em cada peça, há personagens que almejam determinadas coisas, e outros que almejam outras. Há embates, há luta.

Definir as causas desses embates, compreender os objetivos e motivos do comportamento desse ou daquele personagem da peça é tarefa fundamental no período inicial de ensaios. Devemos entender os acontecimentos básicos sem nos deixar distrair pelos detalhes, que podem nos desviar do caminho. Precisamos entender em que consistem a ação e a contra-ação, ou seja, definir o conflito dramatúrgico tendo por base uma análise pela ação.

Stanislávski escreveu:

"O que realmente significa avaliar os fatos e acontecimentos da peça? Significa encontrar neles seu sentido interior oculto, sua essência espiritual, seu grau de importância e influência. Significa cavar sob os fatos e acontecimentos externos para encontrar ali outros acontecimentos, escondidos nas profundezas, que frequentemente são a causa dos fatos externos. Significa observar como um acontecimento se desenvolve na alma e sentir o grau e o caráter de sua influência, observar a linha das aspirações de cada personagem, os embates entre estas linhas, suas intersecções, entrelaçamentos e divergências. Em suma: significa conhecer o esquema interior que define as relações entre as pessoas. Avaliar os fatos significa encontrar a chave que decifra muitos mistérios da 'vida do espírito humano' do papel, escondidos sob os fatos da peça."[32]

---

[32] K. S. Stanislávski, *Statí. Riétchi. Bessiêdi. Písma* [Artigos. Discursos. Conversas. Cartas], Moscou, Iskússtvo, 1953, p. 587. (N. da A.)

AVALIAÇÃO DOS FATOS

Stanislávski exigia dos atores a habilidade de penetrar a essência dos fatos escolhidos pelo dramaturgo.

Mas definir os fatos é pouco. O ator precisa ser capaz de se colocar no lugar do personagem e olhar para os fatos e acontecimentos a partir de seu próprio ponto de vista. Para apreciar os fatos com sensações próprias, sobre a base de uma relação pessoal e viva com os acontecimentos, o ator deve formular para si, internamente, a seguinte questão, e resolvê-la: "Quais pensamentos, desejos, aspirações, características, qualidades e defeitos inatos meus, pessoais, vivos e humanos, poderiam fazer com que eu, enquanto ser humano-ator, me relacione com as pessoas e os acontecimentos da peça da mesma forma como o faz o personagem representado por mim?".

Tentemos acompanhar o processo de "avaliação dos fatos" partindo de um exemplo.

Para isso, utilizaremos um dos episódios do papel de Sofia em *O mal de pensar*, de Griboiédov.

A peça começa com um acontecimento cuja avaliação desempenha um papel determinante para a caracterização interna de Sofia: *o encontro romântico secreto com Moltchálin*.

Como Sofia pôde apaixonar-se por Moltchálin? Como pôde preferi-lo a Tchátski, seu companheiro de brincadeiras na infância?

Desde o primeiro momento de sua existência em cena, a atriz deve saber *o que* expor de Sofia, deve saber como isso se relaciona com os fatos e acontecimentos, caso contrário, não conseguirá "ser", "existir" e "agir" dentro das circunstâncias propostas. E, apenas após entender Sofia como ser humano e olhado para o que acontece na peça com os olhos desta, a atriz poderá encontrar em si mesma traços que a aproximem da personagem dramática. A imaginação da atriz deve buscar uma abordagem psíquica, levando em conta as circunstâncias dadas pelo autor.

Conhecemos algumas possibilidades de entendimento do papel de Sofia, de acordo com a interpretação de nossas grandes atrizes.

Stepánova,[33] por exemplo, no espetáculo do Teatro de Arte de Moscou, com a sensibilidade para as questões sociais inerente a seu talento, criou no papel de Sofia uma típica mulher da Moscou "dos Fámussov", capaz de desmascarar astuta e maldosamente todos que "não sabem dar nem um 'piu' de forma simples".

Sua Sofia, dura e poderosa, precisa em primeiro lugar de adoração, de um "marido-menino, um marido-servo, saído diretamente de um séquito de pajens".

Ela dedica a sua vida, de forma astuta e consequente, à decisão de se casar com Moltchálin.

Sua pobreza não a incomoda; ela acredita no potencial de Moltchálin para se tornar insubstituível a Fámussov, Khlióstova e a outras pessoas de seu meio.

Tchátski a incomoda com seu amor desnecessário, e ela tenta a cada réplica insultá-lo e humilhá-lo. Não deseja lembrar o passado que os liga, e é inteligente a ponto de entender que Tchátski é uma pessoa hostil ao meio social em que vive. Por isso, luta ativamente contra ele, com todos os meios de que dispõe. Propositadamente, espalha fofocas sobre a sua loucura: "Ah, Tchátski! Como o senhor gosta de fazer brincadeiras..." — e se diverte com o efeito produzido, observando como a fofoca, tal qual uma bola de neve, vai crescendo à medida que desce colina abaixo, até atingir Tchátski.

Conhecemos também uma outra solução cênica para a figura de Sofia: a atriz Michúrina-Samôilova[34] atuava neste papel de uma maneira completamente diferente.

De natureza quente e apaixonada, algum dia amara Tchátski da mesma forma como ele a ama hoje. Mas Tchátski se fora. Por muito tempo. Ei-la sozinha, largada, tentando sufocar seus sentimentos. Tendo sobrevivido à separação da pessoa amada e sem receber nenhuma notícia, faz todo o possível para esquecê-lo. Inventa um amor fictício por Moltchálin simplesmente porque gosta de pensar que há alguém por perto, alguém para quem ela é mais cara que tudo no mundo. Nisso encontra calma e consolo.

Sofia não se livrou de seus sentimentos por Tchátski. Eles estão vivos, são inquietantes, incomodam e exigem outro alento, outro ideal de amor,

---

[33] Angelina Stepánova (1905-2000), atriz do Teatro de Arte de Moscou, formada no Terceiro Estúdio de Evguéni Vakhtângov. Atuou pela primeira vez no papel de Sofia no próprio Teatro de Arte, durante a temporada de 1924-1925. (N. do O.)

[34] Vera Michúrina-Samôilova (1866-1948), atriz do teatro Alexandrínski, em São Petersburgo. (N. do O.)

Avaliação dos fatos

que consiga apagar de seu coração o homem que partira por vontade própria.

Numa das cenas do primeiro ato, Michúrina-Samôilova interrompia bruscamente a criada Liza:

"Ah, se alguém ama alguém,
Pra que a razão buscar, e ir-se tão longe?"

Nas palavras desse monólogo-resposta, ouvia-se tanta dor na vaidade feminina ofendida que parecia que os anos de separação não haviam conseguido curá-la. Quando Sofia falava sobre Moltchálin,

"Aquele que amo não é disso:
Moltchálin, pelos outros, é capaz de esquecer...",

não parecia se dirigir a Liza, mas sim a Tchátski, provando mentalmente que amava outro, melhor e mais digno.

O encontro com Tchátski deixava-a completamente abalada, e com muita dificuldade encontrava em si as forças necessárias para conversar com ele no tom desenvolto das conversas da alta sociedade.

A réplica "Por que Deus trouxe Tchátski para cá?" ecoava trágica em sua voz, e na cena da declaração, no terceiro ato, quando Tchátski a faz confessar "de quem é, afinal, que ela gosta", Michúrina-Samôilova brigava teimosamente com ele e consigo mesma, escondendo seu real impulso por trás de réplicas sarcásticas e afiadas. Ao dizer, sem querer, "Ele está fora de si", observava desconcertada como as palavras que acabara de dizer num ímpeto se juntavam e adquiriam força real.

"Toda a simpatia de Sofia por Moltchálin é, em essência, apenas um prisma que refrata seu amor autêntico e profundo de menina por Tchátski", escreve Vera Michúrina-Samôilova. "[...] O único amor de minha Sofia é Tchátski."[35]

"Em *O mal de pensar*", escreve V. K. Küchelbecker,[36] "toda a trama consiste exatamente nas contradições entre Tchátski e os outros persona-

---

[35] V. A. Michúrina-Samôilova, *Sessenta anos na arte*, Moscou/Leningrado, Iskússtvo, 1946, p. 104. (N. da A.)

[36] V. K. Küchelbecker (1797-1846), escritor e poeta, amigo de Púchkin e Griboiédov. Tomou parte ativa no levante dos dezembristas em 1825 e morreu na Sibéria, exilado. (N. do O.)

gens... Apresenta-se Tchátski e apresentam-se todos os outros papéis. Todos são postos juntos, e mostra-se como necessariamente ocorrerá o encontro entre tais antípodas."[37]

Tanto na abordagem de Stepánova quanto na escolha de Michúrina-Samôilova está corporificada a concepção do diretor. Stepánova o faz de uma maneira bem menos disfarçada, enquanto Michúrina-Samôilova como que humaniza sua Sofia. No entanto, talvez justamente por isso esta Sofia seja muito mais horrível, já que é mais capaz de sentir. Evidentemente, na busca dos traços que as aproximassem da figura dramática, ambas as atrizes treinaram diferentes qualidades psicofísicas, valendo-se de diferentes analogias para despertar em suas almas as sensações necessárias, de acordo com suas concepções.

É preciso notar que a "avaliação dos fatos" é um processo criativo que leva o ator ao conhecimento do cerne da obra, e que exige dele a habilidade de levar sua experiência pessoal à compreensão de cada detalhe da peça.

A "avaliação dos fatos" requer do ator uma amplitude de horizontes e a habilidade de examinar cenas menores a partir da avaliação do todo:

> "Ainda que o verdadeiro drama se expresse na forma de um determinado acontecimento, este serve apenas como pretexto. Pretexto que torna possível encerrar as contradições que alimentavam o drama já muito antes do acontecimento, e que se escondem na própria vida. Vida que vinha de longe, preparando gradualmente o próprio acontecimento. Encarado pela perspectiva do acontecimento, o drama é a palavra final, ou, em última instância, o ponto de virada decisivo de toda e qualquer existência humana."[38]

---

[37] M. V. Nétchkina, *A. S. Griboiédov e os dezembristas*, Moscou, GIKhL, 1947, p. 219. (N. da A.)

[38] Saltikov-Schedrín, *Sobre literatura e arte*, Moscou, Iskússtvo, 1953, p. 109. (N. da A.)

SUPERTAREFA[39]

Não poderíamos passar batido por uma das premissas mais importantes dos princípios estéticos de Stanislávski.

Frequentemente utilizamos em nossa terminologia as palavras "supertarefa" e "ação transversal".

Mesmo que não tenhamos, de forma alguma, a pretensão de revelar o sistema de Stanislávski em toda a sua extensão, devemos enfatizar a todo o tempo que, para uma compreensão clara sobre o método de análise da peça e do papel através da ação, é necessário o estudo de todos os elementos da criação cênica. Por isso, julgamos ser adequado *lembrar* o que Stanislávski queria dizer quando falava sobre a supertarefa e a ação transversal.

Antes de tudo, citemos o próprio Stanislávski: "A supertarefa e a ação transversal são a medula vital, a artéria, o nervo, o pulso da peça [...] a supertarefa (o querer), a ação transversal (o aspirar) e sua execução (o agir) criam o processo artístico da experiência do vivo [*perejivánie*]".[40]

Como entender isso?

Escreve Konstantin Serguêievitch:

> "De agora em diante, convencionemos chamar este objetivo fundamental, principal, que engloba tudo, que atrai para si todas as tarefas sem exceção, que provoca a ignição criadora dos motores da vida psíquica e dos elementos do sentir-a-si-mesmo do ar-

---

[39] Сверхзадача [*sverkhzadátcha*], "supertarefa". *Supertarefa* e *super-supertarefa* [*sverkh-sverkhzadátcha*] são neologismos criados por Stanislávski. Correspondem à ideia de um alvo essencial, uma tentativa de definir o alvo da ação artística superando uma abordagem demasiado estreita. Habitualmente, traduz-se o termo por *superobjetivo*. Trata-se de um erro, pois mistura dois conceitos distintos do sistema de Stanislávski: *tarefa* [*zadátcha*] e *alvo*, *objetivo* [*tsel*]. Decidimos, portanto, para o que antes era conhecido por *superobjetivo*, usar *supertarefa*. Já para o que era conhecido por *objetivo*, preferimos adotar o termo *alvo*, por sua concretude e caráter ativo. (N. do O.)

[40] K. S. Stanislávski, *Obras completas*, v. 4, Moscou, Iskússtvo, 1957, pp. 151 e 154. (N. da A.)

tista-papel; convencionemos chamá-lo de *supertarefa da obra do autor*."[41]

A supertarefa deve ser consciente, partindo do intelecto e da mente criativa do ator; emocional, excitando nele toda sua natureza humana; e, por fim, volitiva, emanando de seu ser psíquico e físico. A supertarefa deve despertar a imaginação criativa do artista, deve excitar sua fé, excitar toda a sua vida psíquica.

Uma única supertarefa bem definida, obrigatória a todos os intérpretes, despertará em cada um deles sua própria atitude, suas respostas psíquicas individuais.

> "Sem as vivências [*perejivánie*] subjetivas de cada criador a supertarefa é seca, morta. É necessário buscar ressonâncias na alma do artista para que tanto a supertarefa quanto o papel tornem-se vivos, pulsantes, para que brilhem com todas as cores da autêntica vida humana."[42]

São muito importantes, na busca pela supertarefa, a precisão ao defini-la, ao nomeá-la e ao escolher as palavras ativas com as quais expressá-la, já que sua designação incorreta pode levar os intérpretes a um caminho falso.

Um dos exemplos apresentados por Stanislávski diz respeito à sua prática artística pessoal. Ele conta como interpretou Argan em *O doente imaginário*, de Molière. No começo, definiu a supertarefa da seguinte forma: "Quero estar doente". Porém, apesar de todas as suas tentativas, ele se distanciava cada vez mais da essência da peça. A alegre comédia de Molière se transformava numa tragédia, justamente porque houve uma definição incorreta da supertarefa. Mais tarde, ele entende o erro e começa a procurar uma nova definição para a supertarefa: "quero que pensem que estou doente". Tudo se encaixou. Imediatamente se configuraram as inter-relações corretas com os médicos-charlatães e imediatamente o talento cômico e sarcástico de Molière ecoou.

---

[41] K. S. Stanislávski, *Obras completas*, v. 2, Moscou, Iskússtvo, 1954, pp. 332-3. (N. da A.)

[42] *Idem*, p. 335. (N. da A.)

AÇÃO TRANSVERSAL

Tomemos um exemplo de *O mal de pensar*. Se a supertarefa de Tchátski for definida pelas palavras "quero a liberdade, aspiro à liberdade", então toda a vida psicológica do herói e suas ações devem ser direcionadas à materialização dessa supertarefa. Daí sua cruel reprovação de tudo aquilo e de todos aqueles que o impedem de aspirar à liberdade, de desmascarar e lutar contra todos os Fámussov, Moltchálin e Skalozúb.

É essa ação única, direcionada à supertarefa, que Stanislávski chama de *ação transversal*.

Konstantin Serguêievitch diz que "a linha da ação transversal unifica e permeia todos os elementos, direcionando-os a uma supertarefa comum — da mesma forma que um fio unifica e permeia um colar de contas".[43]

Se o ator não trespassar o fio único da ação transversal por todos os seus feitos, sua interpretação do papel nunca será considerada uma vitória séria no campo do teatro.

Quando o ator substitui a ação transversal por ações menores, não essenciais, a derrota artística quase sempre o espera.

Imaginemos que um ator, atuando no papel de Tchátski, diga: "Tenho muitas vontades. Quero descansar em casa depois de ter viajado, quero rir das pessoas que considero idiotas, quero casar com Sofia, quero tirar meu velho amigo da influência da esposa etc.".

O que acontecerá? O papel se esfacelará em ações pequenas e isoladas, e, não importa quão bem forem executadas, não restará nada da supertarefa inserida pelo autor na obra dramática.

Lutando contra esse fenômeno, bem frequente no teatro, Stanislávski diz:

> "Por isso os fragmentos do papel, que isoladamente são belos, não causam nenhuma impressão e não satisfazem como um

---

[43] K. S. Stanislávski, *Obras completas*, v. 2, Moscou, Iskússtvo, 1954, p. 338. (N. da A.)

todo. Quebre uma estátua de Apolo em pequenos pedaços e exiba cada um deles isoladamente. Dificilmente os fragmentos impressionarão o espectador."[44]

Numa obra artística orgânica, cada ação transversal possui uma contra-ação que a reforça.[45]

Fámussov, Skalozúb, Moltchálin, os convidados da casa de Fámussov e a mítica princesa Maria Aleksêievna representam a contra-ação da ação transversal de Tchátski, e, assim, a fortalecem.

Stanislávski diz: "Se não houvesse na peça nenhuma contra-ação transversal e tudo se arranjasse por si só, aos intérpretes e personagens não restaria nada a fazer no palco. A própria peça se tornaria inativa e, portanto, não cênica".[46]

---

[44] *Idem*, p. 340. (N. da A.)

[45] Cf. Anexo A, neste volume. (N. do O.)

[46] K. S. Stanislávski, *op. cit.*, p. 345. (N. da A.)

Ação transversal

ENSAIOS ATRAVÉS DE *ÉTUDES*

Para poder realizar a análise ativa através de *études* com o texto improvisado é preciso que, durante o período inicial, o ator faça o que Stanislávski chamava de "exploração mental".

É já nesse processo de "exploração mental" que o ator começa a enxergar no esqueleto da obra um tecido orgânico. Em geral, depois dessa análise ele percebe claramente o que seu herói faz durante a peça, a que aspira, contra quem luta, com quem se une e como se relaciona com os outros personagens.

Tendo realizado uma "exploração mental" profunda, o coletivo de atores-colegas pode passar ao processo de ensaio pela ação.

Vale lembrar que, para iniciar os *études*, devemos nos orientar não apenas pelos acontecimentos maiores, principais, mas também pelos menores, secundários.

Isso é necessário para que, na transição para os ensaios através de *études*, o ator não deixe passar nenhuma das tarefas, externas ou internas, que o autor conferiu ao seu personagem; é necessário para que, durante o *étude* de um fragmento determinado, o ator compreenda claramente a função que este ou aquele tema do *étude* cumpre na peça e quais objetivos deve perseguir naquele momento.

Uma análise detalhada dos acontecimentos, ações e temas permite ao intérprete não se distanciar da peça durante o *étude*, apropriando-se de cada episódio em ação, colocando-se nas circunstâncias propostas do papel.

Mas como saber se todos os intérpretes entenderam os objetivos a que aspiram seus heróis e o caminho que deve ser percorrido? Konstantin Serguêievitch recomenda um exercício muito útil para isso: cada intérprete deve narrar a linha de seu papel ao longo de toda a peça. Esse exercício revela imediatamente o quanto o intérprete entende não apenas das palavras que o autor colocou na boca do herói, mas também das ações desse herói, seus alvos e suas relações com os outros personagens. Durante esse "relato", compreende-se todo o material da peça, sua linha fundamental, transversal. Narrar a linha do papel é bastante difícil. O ator só conseguirá fazê-lo quando tiver adquirido uma percepção clara da peça toda, quando não apenas ele, mas todos os intérpretes puderem se orientar nas sequências de seus atos.[47]

Assim, compreendida a lógica das ações e a sequência dos acontecimentos, tendo definido o que acontece durante a peça, é preciso passar ao mais trabalhoso e mais importante dos processos: colocar-se no lugar do personagem, transferir-se para a situação e para as circunstâncias propostas da peça.

É preciso tomar para si as ações do personagem, já que apenas com nossas próprias ações podemos viver verdadeira e sinceramente. Assim, é necessário, conhecendo os acontecimentos fundamentais da peça, as ações dos personagens e o percurso correto de seus pensamentos, executar as ações do outro partindo de si próprio, mesmo que ainda não se tenha decorado o texto do autor. Fazer um *étude* e falar com suas próprias palavras, improvisadas! Desse modo, dizia Stanislávski, num primeiro momento, os atores começarão a sentir a si mesmos no papel. E, mais tarde, sentirão o papel em si mesmos.

O ensaio através de *études* faz com que o ator sinta a necessidade de conhecer todos os detalhes de sua existência física num determinado episódio, o que, claro, está intimamente ligado ao conjunto das sensações psicológicas. O que então diferencia este método da maneira anterior de ensaiar? O fato de que, ao analisar a peça à mesa, o intérprete não via importância na existência física do herói, pois esta não se materializava. Com o novo método de trabalho, o intérprete apropria-se dos acontecimentos desde os primeiros passos do trabalho sobre o papel, sem separar o psicológico, interior, do físico, exterior.

Se antes analisávamos a peça e o papel desde um ponto de vista especulativo, através do raciocínio e como que "de fora", no novo método de ensaios, realizando *études* diretamente sobre os temas da peça, sobre as situações que a compõem, a análise é feita de maneira real e ativa. É como se o ator fosse imediatamente colocado nas condições de vida do personagem, no mundo da própria peça.

É preciso que o ator perceba o episódio ensaiado não apenas racionalmente, mas com todo o seu ser. Stanislávski escreve:

> "Mergulhem neste processo e vocês entenderão que ele é *uma análise interna e externa* de si mesmo, de seres humanos nas condições de vida do papel. Tal processo não tem nada a ver com a

---

[47] Cf. Anexo B, neste volume. (N. do O.)

exploração fria e racional do papel, realizada frequentemente pelos artistas no estágio inicial da criação.

O processo de que falo é executado simultaneamente por todas as forças racionais, emocionais, psíquicas e físicas de nossa natureza..."[48]

Claro, para isso são necessárias condições propícias. Assim, na transição para os ensaios através de *études*, é necessário dar ao intérprete elementos que o aproximem da peça: o palco de ensaio deve ser similar àquele em que acontecerá o espetáculo. Da mesma forma, os acessórios, o espaço e os objetos de cena devem ser mais ou menos os mesmos.

É necessário ensaiar com figurinos semelhantes aos da época da peça. Afinal, o sentir-a-si-mesmo de um ator será completamente diferente se ele vestir um paletó contemporâneo ou um traje de época.

É preciso que o diretor resolva o lugar e o tempo da ação, já que o intérprete deve ser colocado imediatamente nas condições com as quais terá de se acostumar.

Enfim, o palco está pronto, assim como os acessórios imprescindíveis; vestiram-se os figurinos apropriados e o ator entra em cena para o primeiro ensaio-*étude*.

É muito importante que durante o *étude*, assim como durante todo o processo de trabalho, exista uma atmosfera de grande interesse criativo e de apoio ao intérprete. Não é segredo que, frequentemente, no período inicial do trabalho com os *études*, o ator tenha muita dificuldade em lidar com um incômodo e uma espécie de grande constrangimento físico causados por este trabalho; às vezes, o texto improvisado sai desajeitado e árido. Se no momento dessa busca tão complexa os colegas de trabalho não contribuírem para a atmosfera criativa necessária, mas, ao contrário, trocarem impressões e comentários em voz alta sobre o *étude*, não apenas rebaixarão o significado do método, mas poderão também, por um bom tempo, impossibilitar o intérprete de se aproximar do papel de forma criativa.

Definitivamente, as palavras com que o intérprete operará não têm a menor relevância. *O importante é que essas palavras lhe sejam sugeridas pelas ideias do autor, localizadas no fragmento concreto sobre o qual se realiza o* étude.

---

[48] K. S. Stanislávski, *O trabalho do ator sobre o papel*, em *Obras completas*, v. 4, Moscou, Iskússtvo, 1957, pp. 340-1. (N. da A.)

Preciso advertir logo que, mesmo se a peça e o papel forem bem assimilados no processo da "exploração mental", fazer um *étude* não é tão simples. Na primeira etapa, a própria dificuldade de se assimilar todo o material de uma vez atrapalha: o intérprete ainda tenta se lembrar de muita coisa, e é preciso que, imediatamente após o ensaio-*étude*, o coletivo retorne à peça e à análise da cena que acaba de ser interpretada. É imprescindível que os atores possam controlar com a peça tudo o que foi feito no *étude*. Esse controle com a peça é também necessário porque, se durante o período da "exploração mental" o ator não chegou fisicamente à posição do personagem, no *étude* ele se sentiu no lugar do outro, *agiu* a partir da pessoa do personagem.

Durante o controle, o ator é capaz de identificar imediatamente o que foi feito certo e o que foi feito errado, quais novidades pôde descobrir e onde foi superficial. Logo de partida surge uma multiplicidade de perguntas que o diretor deve responder e às quais precisa dar uma direção adequada.

Stanislávski escreveu:

> "[...] apenas para entrar em cena como simples seres humanos, e não como atores, vocês precisam saber: quem são vocês, o que aconteceu com vocês, quais as condições em que vivem, como passam o dia, de onde vieram e muitas outras circunstâncias propostas que têm influência sobre suas ações. Falando de outro modo, o conhecimento da vida e de nossa relação com ela se faz imprescindível, mesmo que seja apenas para entrar em cena adequadamente."[49]

Acho necessário enfatizar mais uma vez que os intérpretes devem realizar todos os *études* apenas com o próprio texto improvisado.

Isso significa que, no trabalho com o método dos *études*, o ator é colocado em uma condição tal que, até o último minuto, substitui as palavras do autor por suas próprias, mantendo obrigatoriamente, porém, os pensamentos do autor. Não poderia ser diferente: quando fazemos um *étude* sobre um determinado episódio da peça, temos um bom conhecimento tanto dos temas da peça como um todo, quanto dos temas de nosso papel. Conhecemos todas as situações e relações, tudo aquilo que descobrimos durante o processo

---

[49] K. S. Stanislávski, *Artigos. Discursos. Conversas. Cartas*, Moscou, Iskússtvo, 1953, p. 624. (N. da A.)

da "exploração mental". Um texto que não tenha sido sugerido pelos temas do episódio sobre o qual se fez o *étude* afasta o intérprete da peça, ao invés de aproximá-lo.

No final das contas, num *étude* construído corretamente, o sentir-a-si-mesmo psicofísico exigirá uma ação verbal ditada pelo conteúdo da peça como um todo.

Existe ainda uma particularidade muito importante do trabalho através de *études*.

Já dissemos que, imediatamente após a realização do *étude* com o texto improvisado, é necessário que os atores releiam mais uma vez o episódio ou a cena, confrontando com o texto do autor tudo o que acaba de ser feito no *étude*.

Durante essa análise de controle, é bom chamar a atenção do ator não apenas para a correspondência lógica entre o texto improvisado e o texto do autor, mas também para a construção léxica, a estrutura gramatical que ele usou para expressar as ideias de determinado personagem em determinada cena. É importante aguçar a atenção do intérprete também nesse ponto, pois a fala é sempre individual, é parte inseparável do caráter da pessoa.

Também é preciso chamar a atenção do intérprete para o fato de que o autor não preenche o texto com pausas por acaso, e que se um mesmo personagem às vezes desenvolve seu pensamento de maneira prolixa, e outras de maneira condensada, tudo isso é causado por motivos psicológicos.

Shakespeare deu a Otelo uma fala riquíssima, cheia de figuras e com uma profundidade espiritual enorme, inerente ao sentimento de mundo de sua época. O estudo do caráter da fala de Otelo ajuda a entender a essência da figura shakespeariana. Já Ostróvski distingue a Anfussa de *Lobos e cordeiros* [*Volki i ovtsi*] com palavras vazias, interjeições e intermináveis "O quê? Como!" que caracterizam o mundo de uma pessoa sem língua, sem pensamentos e sem palavras.

Mas e se a peça for em verso, se for escrita com uma inquietude psíquica capaz de fazer com que o personagem fale não em prosa, mas em versos? Então, ao abordar os *études* com o texto improvisado, o ator deve sentir uma vibração poética que, no futuro, o aproxime do verso. Tudo bem que, num primeiro momento, seu texto seja tosco. Isso não deve atrapalhá-lo.

O *étude* tem o objetivo de aproximar o ator o máximo possível do texto do autor. Quando, depois do *étude*, o ator volta ao texto original, absorve sedentamente as palavras com as quais o autor expressou suas ideias. Comparando o léxico do autor às palavras que acaba de pronunciar, ele começa a entender todos os seus desvios em relação ao estilo do que está escrito.

Durante o *étude*, a palavra vem ao ator involuntariamente, resultado de uma percepção interior correta daquilo que o dramaturgo concebeu. A comparação do texto improvisado com o texto original serve precisamente para verificar o quanto o ator avançou no domínio do material.

É preciso esclarecer completamente o que quer dizer "apropriação do texto do autor". Para Stanislávski e seus discípulos, defensores fiéis do método da análise ativa, a necessidade de os atores conhecerem integralmente o texto do autor não está em questão. Trata-se de uma verdade irrefutável, algo fundamental a todos os atores. A questão é como chegar ao texto do autor: não através da memorização mecânica, mas organicamente, para que ele se torne a única expressão possível do conteúdo interior do personagem criado pelo autor.

Alguns inimigos do método dos *études* contestam, dizendo que, ao improvisar durante os *études*, o ator ignora o estilo do autor da peça, ignora a forma na qual sua obra foi lapidada. Acredito que o método da análise ativa, e por consequência os ensaios através de *études*, não distanciam de forma alguma o ator do estilo da peça; ao contrário, o impelem a esse estilo. O estilo está, antes de tudo, na própria pessoa, em sua visão de mundo, em suas relações com os que a cercam, em seu caráter e em seu léxico. Isso, é claro, não esgota todas as particularidades que definem o estilo, mas para nós, na arte dramática, é mister buscar as particularidades de estilo, em primeiro lugar, na própria pessoa.

Com o método da análise ativa, ao fazer um *étude* de acordo com a concepção do autor, o ator penetra no mundo das sensações internas do herói e, simultaneamente, estuda suas formas de expressão. Ele necessariamente se apropria de uma série de aspectos referentes ao gênero do texto, típicos da obra em questão.

Quando a "exploração mental" preparatória é séria e profunda, tudo aproxima o ator do estilo do autor. Afinal, o objetivo do *étude* é justamente penetrar profundamente na essência da obra.

Estudando o léxico do autor, nos apropriamos aos poucos do caráter dos seres criados pelo autor. Ao apreender durante o *étude* tanto o conteúdo como a forma da peça, o ator trabalha organicamente, em si mesmo, a percepção íntima do estilo, aproximando-se, desde o início, da particularidade do autor.[50]

* * *

---

[50] Cf. Anexo C, neste volume. (N. do O.)

Ensaios através de *études*

Feito o *étude*, tudo está claro para os atores, e pode-se passar ao texto exato do autor.

Controlando o *étude* realizado com a peça, voltando ao texto original do autor, o intérprete não apenas se convence de que ele, no texto reproduzido, entendeu corretamente certas partes da concepção dramatúrgica, como também se apropria inadvertida e organicamente de algumas passagens do texto. Por vezes, na repetição de um *étude* o intérprete já utiliza o léxico do autor.

A transição para a mesa depois do *étude* e o retorno ao texto possibilitam ao ator uma autoavaliação, por meio da qual ele entende tanto seus erros como seus acertos dentro do papel.

Com que imenso júbilo criativo o ator compreende o texto depois de fazer um *étude* corretamente, depois de transmitir, tanto por ações como por palavras, todos os pensamentos do autor!

Acontece então um verdadeiro encontro artístico entre ator e autor, um alegre encontro que, futuramente, dará frutos em cena.

É indiscutível que, durante o processo de ensaios por *études*, erros são não só possíveis, mas bem frequentes. Erros causados, na maior parte das vezes, por uma apropriação insuficiente da sequência de construções lógicas concebida pelo dramaturgo e do subtexto da peça.

Extraio um exemplo de minha própria prática.

Ensaiava com os estudantes do GITIS *Os ciganos* [*Tsigánie*], de A. S. Púchkin. Analisamos o poema inteiro. Passamos aos *études*. Chegamos ao momento do encontro secreto de Zemfira com o jovem cigano, encontro que acaba sendo fatal para ambos: Aleko, num ímpeto de raiva, mata tanto seu jovem rival quanto Zemfira.

O *étude* corre de maneira apaixonada, a avaliação dos fatos é viva, orgânica. Os estudantes que não participam do *étude* elogiam os companheiros. Sua parte preferida foi quando o estudante que interpretava o jovem cigano, desejando salvar a amada, atirou-se com coragem na direção de Aleko, oferecendo seu próprio peito ao golpe do punhal. Decidiu sacrificar-se, contanto que Zemfira continuasse viva. Aleko enfia-lhe a faca e, em seguida, quando Zemfira se joga para defender o amado, mata-a também.

Aparentemente, tudo certo.

O estudante que interpretara o jovem cigano conta, empolgado com o sucesso do *étude*, que o que mais lhe agrada no papel é o amor do jovem, que se contrapõe ao sentimento egoísta de Aleko. Assim que recebeu o papel, relata, começou a imaginar como morreria, defendendo Zemfira.

Eu havia muito adquirira o hábito de, não importando o sucesso do *étude*, imediatamente sentar-me à mesa para verificar com o texto do autor o percurso do *étude*. Também daquela vez não deixamos esse hábito de lado. Lemos:

1ª VOZ — Está na hora.
2ª VOZ — Espere!
1ª VOZ — Está na hora, querido.
2ª VOZ — Não, não! Espere, aguardemos o dia.
1ª VOZ — Já é tarde.
2ª VOZ — Como seu amor é tímido. Um minuto!
1ª VOZ — Você me mata.
2ª VOZ — Um minuto!
1ª VOZ — E se meu marido acorda sem mim...?
ALEKO — Acordei. Aonde vão? *Não se apressem, ambos*; estão bem aqui no túmulo.
ZEMFIRA — Meu amigo, *fuja, fuja...*
ALEKO — Espere! Aonde vai, belo jovem? Deite! *(enfia-lhe a faca.)*

Destaquei no texto o que os estudantes deixaram passar.

1) Se tivessem prestado atenção nas palavras de Aleko "Aonde vão? Não se apressem, ambos", teriam entendido que a primeira reação de Zemfira e do jovem cigano é fugir. Fogem *ambos*.

2) Depois das palavras de Zemfira "Meu amigo, fuja, fuja", Aleko diz: "Espere! Aonde vai, belo jovem?".

Portanto, o jovem cigano *tenta fugir sozinho*.

Não é o cigano quem deseja salvar Zemfira, mas sim Zemfira quem quer salvar o jovem cigano. No *étude*, o aluno que fazia o papel do cigano se empolgou com imagens muito impactantes, mas que não partiam da concepção de Púchkin.

A comparação do *étude* com o texto de Púchkin revelou o erro. A partir daí, o texto do autor foi memorizado com facilidade pelos estudantes, organicamente, e quando se repetiu o *étude* todas as ações foram executadas de acordo com a concepção do autor.

Às vezes encontramos ainda um outro fenômeno que freia o trabalho. O ator, repetindo duas ou três vezes um *étude*, começa a fixar o seu próprio texto improvisado. Assim que o *étude* se torna repetição e deixa de ser a busca por um conhecimento novo e mais profundo do personagem, deve-se interromper imediatamente os exercícios, que levam a um caminho falso.

Ensaios através de *études*

O *étude* é necessário como uma etapa do processo de conhecimento e análise do papel e da peça. Se o ator se orienta pelo que aconteceu antes, não é preciso mantê-lo artificialmente numa etapa já percorrida.

Como já dissemos, a análise detalhada da peça por seus acontecimentos, ações e temas prepara o ator para os ensaios através de *études*.

O volume do material escolhido é sempre diferente, dependendo da dificuldade da peça, da dificuldade do episódio.

É importante que o fragmento esgote um acontecimento ou uma virada na ação cênica da peça.

Quero expor, a título de exemplo, a análise feita por Stanislávski da cena coletiva que abre o primeiro ato de *Otelo*.

Recordemos o conteúdo da cena: Iago e Rodrigo falam sobre seu ódio ao mouro. Iago sente-se ofendido por Otelo, que não o nomeou seu lugar-tenente. Convence Rodrigo a fazer barulho às janelas de Brabâncio, pai de Desdêmona. Iago sabe que Desdêmona não está em casa, que ela e Otelo casaram-se escondidos de Brabâncio.

Rodrigo faz barulho e começa um escândalo. Brabâncio aparece à janela e Rodrigo diz que Desdêmona fugiu. Verificando a ausência da filha, Brabâncio chama a criadagem, oficiais e cidadãos para saírem em busca de Otelo.

Qual é o acontecimento fundamental dessa cena? O rapto, ou a fuga de Desdêmona?

A análise da cena por Stanislávski nos dá uma percepção completa do fragmento, preparado de modo que o ator esteja apto a fazer um *étude*:

> "Entender, ainda sonolento, o que está acontecendo. Esclarecer o que ninguém sabe direito. Interrogar um ao outro, discordar e brigar se as respostas não satisfizerem, concordar, opinar sobre o assunto.
>
> Ao ouvir o barulho vindo da rua, procurar a janela para olhar e entender o que está acontecendo. Não entender de imediato. Forçar uma resposta. Olhar quem é que faz o barulho e escutar o que gritam os escandalosos da noite. Identificar quem são. Num deles, reconhecer Rodrigo. Ouvir e tentar entender o que estão gritando. Não acreditar de cara que Desdêmona possa ter tomado uma atitude insana. Provar a todos que se trata de intriga ou bobagem de bêbados. Brigar com os escandalosos por não o deixarem dormir. Ameaçá-los e expulsá-los. Convencer-se aos poucos de que dizem a verdade. Comentar as primeiras impressões com

os vizinhos, expressar sua reprovação ou pedir desculpas pelo acontecido. Ódio, maldições e ameaças ao mouro! Resolver como agir na sequência. Pensar sobre todas as possíveis saídas da situação. Defender os seus, criticar ou elogiar os outros. Tentar descobrir a opinião dos oficiais. Apoiar Brabâncio em sua conversa com os escandalosos. Incitá-lo à vingança. Escutar a ordem de busca. Correr para cumpri-la o mais rápido possível."[51]

Agora precisaremos nos deter numa série de elementos fundamentais do sistema de Stanislávski, sem os quais não poderíamos falar sobre o método da análise ativa. Já falamos antes desta condição incontornável: é impossível examinar o método isolando-o do sistema como um todo.

---

[51] K. S. Stanislávski, *op. cit.*, pp. 547-8. (N. da A.)

Ensaios através de *études*

SEGUNDO PLANO

Vladímir Nemirôvitch-Dântchenko trouxe uma contribuição excepcional para a elaboração e para a definição teórica e prática do "segundo plano".

Na vida, muitas vezes, não abrimos nossas experiências e pensamentos ao olhar externo.

Nemirôvitch-Dântchenko acreditava que era dever do ator saber levar à cena esses pensamentos não ditos, essa linha interior. Não através da ação externa, mas pelo caminho da psicotécnica, que ele chamava de "segundo plano" da figura cênica.

No entendimento de Nemirôvitch-Dântchenko, o "segundo plano" é a bagagem interna, espiritual, com que o ser humano-herói chega à peça. Consiste na totalidade das impressões de vida do personagem, de todas as circunstâncias de seu destino pessoal, e abarca todas as nuances de seus sentimentos, suas percepções, pensamentos e emoções. Um "segundo plano" bem desenhado torna precisas, vívidas e significativas todas as reações do ator aos acontecimentos da peça, esclarece os motivos de seus atos e nutre as palavras por ele proferidas de um significado profundo.

Nemirôvitch-Dântchenko levava os atores a penetrarem no processo psíquico do ser humano-herói da mesma forma que o faz a literatura realista.

Com que profundidade, com quanto conhecimento sobre a vida de seus personagens Lev Tolstói nos leva a seu mundo interior, desnudando-o, forçando-nos a experienciar, junto de seus heróis, suas preocupações, alegrias, sofrimentos e sonhos! Lembremo-nos de Anna Kariênina a caminho da estação de trem!

Para todos os transeuntes, trata-se de uma fina senhora, aparentemente sóbria e calma, que vai para a estação por alguma razão pessoal. Mas, na verdade, Anna repassa toda a sua vida, reavalia-a, diz adeus em pensamento a seus parentes e amigos próximos e escolhe a morte como única saída, a solução para se livrar de todos e de si mesma.

Voltemo-nos para A. P. Tchekhov, escritor maravilhoso, que com profundidade e sutileza surpreendentes revela o mundo interior de seus personagens.

No conto *Angústia*, o velho cocheiro Iona enterrou, há alguns dias, seu próprio filho. Nesse cocheiro comum, os passageiros veem só o que é imediatamente evidente aos olhos: o chapéu polvilhado com neve, as mãos metidas nas luvas grandes, o movimento mecânico das rédeas. Não ocorre a ninguém que no peito de Iona há uma "angústia colossal que não conhece barreiras. Bata no peito de Iona e ela transborda, engolindo todo o mundo. Mesmo assim ninguém consegue enxergá-la. Ela se escondera num casulo tão pequeno, que não poderia ser encontrada nem mesmo à luz do mais claro dia...".

O artista viu aquilo que a maioria das pessoas não perceberia e nos conduziu a este mundo de existências interiores com tamanha força expressiva, que somos capazes de sentir a desgraça de Iona quase fisicamente.

Imaginemos que numa das peças de Tchekhov há o papel de Iona. O ator teria de imaginar todas as circunstâncias de vida que engendraram essa angústia infinita, devoradora de tudo. Esse seria o "segundo plano" de Iona. Já a vida externa correria discreta e imperceptível: os trenós gastos, o cavalo magro que relincha debilmente, os passageiros, alheios ao fato de que Iona acaba de enterrar o próprio filho.

O escritor põe a nu os processos espirituais dos personagens, antes escondidos dos olhos dos outros. O ator recria-os em sua alma. O espectador, percebendo a profundidade dos pensamentos e sensações dos personagens, acredita na autenticidade do que acontece em cena.

Stanislávski e Nemirôvitch-Dântchenko exigiam dos atores um mergulho profundo no mundo interior da figura a ser criada. Falavam que o espectador às vezes ri ao acompanhar o comportamento do ator que não alcança o "segundo plano", e que às vezes pode até chorar se as circunstâncias da peça forem atingidas. No entanto, assim que o espetáculo termina, passa rapidamente a pensar em outras coisas, enquanto todas as recordações do espetáculo se apagam.

Mas se o espectador sente um profundo "segundo plano" por trás do comportamento externo, acaba dizendo a si mesmo: "Ah, eu sabia!". Essa adivinhação do que move o ator por trás do comportamento aparente é o que há de mais precioso em sua arte, e é precisamente isso que "nos leva do teatro à vida".[52]

---

[52] V. I. Nemirôvitch-Dântchenko, *Artigos. Discursos. Conversas. Cartas*, Moscou, Iskússtvo, 1952, p. 332. (N. da A.)

Segundo plano

Nem sempre o sentido do que acontece coincide com o sentido direto das palavras pronunciadas pelos personagens. Às vezes o verdadeiro motivo que move a ação da cena está escondido atrás das palavras.

É preciso conseguir que a vida interior do ator no personagem seja ativa, e não uma mera imersão contemplativa e débil. O "segundo plano" *não é um estado, mas sim um processo de ação*. De cena em cena, de ato em ato, o personagem necessariamente passa por mudanças, mudanças que não dizem respeito apenas aos aspectos externos de sua vida. A cada minuto de seu tempo em cena o herói muda também internamente: distancia-se de algo, supera o que era velho e acumula o novo.

Se quisermos que cada papel da peça seja preenchido com uma verdade autêntica, devemos exigir de todos os atores a acumulação de carga psíquica, quer interpretem papéis grandes ou pequenos.

Isso cria a intensidade dinâmica que caracteriza a arte da experiência do vivo [*perejivánie*].

O problema do "segundo plano" está intimamente relacionado a outro problema muito importante no sistema de Stanislávski. Falo da comunicação [*obschênie*].

O ator não pode alcançar um autêntico e orgânico sentir-a-si-mesmo se não enxergar o que acontece ao seu redor, se não escutar as réplicas dos parceiros, se atirar suas falas ao ar em vez de responder a uma pessoa específica e concreta.

Frequentemente se encara a comunicação em cena de forma simplória. Pensa-se que é preciso dizer todas as réplicas olhando nos olhos do parceiro. Não raro, isso cria uma verossimilhança apenas aparente.

Na vida, o processo da comunicação é extraordinariamente complexo e variado. Por exemplo, pode acontecer da seguinte forma: algumas pessoas, ao se encontrarem, conversam, discutem. Se uma delas, no entanto, estiver esperando por uma notícia que pode vir a qualquer momento, pela chegada de alguém querido ou, ainda, se estiver se preparando para a realização de algo muito importante, também irá rir e discutir como os outros, mas, ao mesmo tempo, todo o seu ser estará dominado pela espera, concentrado num objeto alheio à conversa. Esse é o verdadeiro "objeto" da comunicação do ator.

No terceiro ato de *As três irmãs*, na cena do incêndio, Masha, que até então falara muito pouco, volta-se repentinamente para as irmãs: "[...] não me sai da cabeça... É simplesmente revoltante! Está martelando em minha cabeça, não consigo mais ficar quieta. Estou falando de Andrei... hipotecou a casa no banco e a mulher pegou todo o dinheiro, mas a casa não é só dele, e sim de nós quatro!". As palavras de Masha soam inesperadas a todos que a cercam, mas não a ela. Para que essa fala soe verdadeira, o pensamento sobre Andrei deve realmente "martelar" na cabeça da atriz durante toda a série de episódios que a antecede.

Ao ensaiar *As três irmãs*, Nemirôvitch-Dântchenko dizia: "Cada figura carrega consigo algo não dito, dramas, sonhos e experiências ocultos: toda uma vida que não é expressa em palavras. Essa vida estoura em alguns lugares, em certas frases, em determinadas cenas. Aí, então, aparece o sofisticado entusiasmo artístico que compõe o teatro".[53] Há casos, no entanto, em que o ator tenta descobrir o "segundo plano" de forma demasiado direta, unilateral. Quando trabalhei no papel de Charlotta, no *Jardim das cerejeiras*, Vladímir Ivânovitch me alertou sobre o perigo da descoberta unilateral da solidão e da inquietude dessa mulher. Ele disse, na ocasião, que Charlotta tem medo de admitir para si mesma que não tem um lar, o quanto é indiferente para os outros, e teme responder às perguntas amargas que a realidade põe na sua frente. Ela faz de tudo para espantar os pensamentos enlouquecedores, e tenta, à sua própria maneira, encontrar alguma fonte de alegria. Charlotta deve entregar-se com sinceridade às suas mágicas e ilusões: a excentricidade é sua natureza, sua forma de participação na vida.

Mas em algum lugar das profundezas do ser de Charlotta se esconde, se abriga um pensamento obsessivo: "[...] sempre sozinha, sozinha, sem ninguém e... quem sou eu, para que existo... não sei". Se esse pensamento viver em Charlotta, acumular-se nela, ao final se tornará insuportável e, ainda que só por um segundo, emergirá do fundo de sua alma. Tchekhov aborda essa situação no segundo ato: Charlotta, ofendida pela falta de atenção de Epikhôdov, ironiza todos amargamente, principalmente a si própria. O mesmo ocorre no quarto ato, na bagunça da partida, quando ela, já velha, precisará novamente trocar de família e buscar uma casa para trabalhar. Charlotta deve provocar risos com mais frequência do que lágrimas, e disso resultará a impressão de um destino humano injusto e amargo.

O ator precisa saber qual é seu objeto principal em cada cena.

No primeiro ato de *As três irmãs* o objeto principal de Tusenbach é Irina. O que quer que esteja fazendo — discutindo, filosofando, bebendo ou tocando piano —, seus pensamentos e desejos se concentram em ficar sozinho com Irina. Hoje, em especial, no dia do aniversário dela, quando Irina lhe é particularmente próxima e cara, deseja ficar a sós com ela para que

---

[53] *Idem*, p. 322. (N. da A.)

Segundo plano

possa lhe dizer o que sente. Eis porém o quarto ato, a cena da despedida. Como antes, não há para Tusenbach ninguém mais caro que Irina, mas seu objeto principal será outro. Os pensamentos sobre o duelo que se aproxima, a ideia de que "talvez eu esteja morto dentro de uma hora", dão outra cor à atitude de Tusenbach em relação a Irina, em relação às magníficas árvores no jardim, ao lado das quais poderia ter vivido uma vida maravilhosa. O pensamento sobre o duelo inunda sua cabeça e seu coração para além de sua vontade.

Mas ocorre também de o objeto principal do personagem acontecer "agora", *neste* encontro, *nesta* conversa, na forma como os eventos *deste* dia terminarão. E, então, todo o resto que preenche o ser desse personagem se move, passando involuntariamente ao plano de fundo.

Um "segundo plano" bem trabalhado, bem fantasiado, com um ator que "vê" o mundo interior do personagem, preenche o papel com um conteúdo profundo, e ajuda a encontrar o objeto correto no processo de comunicação, evitando o clichê. A acumulação da "carga psíquica" do personagem deve começar já no início do trabalho sobre o papel. Nesse processo, desempenham um papel importante a capacidade de observação e o mergulho profundo na concepção dramatúrgica do autor. Um dos meios mais eficazes para que possamos acumular essa "carga interna" é pelo monólogo interior.

MONÓLOGO INTERIOR

Sabemos que os pensamentos enunciados são apenas parte dos pensamentos que passam pela mente de uma pessoa. Destes, muitos não são pronunciados. Quanto mais concisa for uma frase motivada por grandes pensamentos, mais carregada e poderosa ela será.[54]

É possível limitar-se em cena às palavras propostas pelo autor?

Se estivéssemos falando da vida real, o herói da peça, ao escutar seu colega, discordaria, concordaria, necessariamente lhe ocorreriam todo tipo de pensamentos. Poderíamos acreditar na possibilidade de atingir o alvo apenas com a criação da "vida do espírito humano", aspirando à presença orgânica do personagem nas circunstâncias propostas, mas rejeitando o monólogo interior? Claro que não.

Para que esses pensamentos não ditos possam transparecer, no entanto, é necessária uma profunda penetração no mundo interior do herói. É preciso que *o ator em cena saiba pensar como o personagem por ele criado*.

Imaginar os monólogos interiores é imprescindível. Não é necessário preocupar-se em escrevê-los, mas é preciso mergulhar no fluxo de pensamento do personagem em criação, para que tais pensamentos tornem-se familiares ao intérprete e, com o tempo, apareçam por conta própria, involuntariamente, durante a ação.

É um erro pensar que o processo de apropriação do monólogo interior seja rápido e fácil.

A carga psíquica que o ator deve trazer para a cena, como já falamos, requer uma imersão no mundo interior do personagem. O ator deve aprender a lidar com a figura a ser criada não como "literatura", mas como uma pessoa viva, compartilhando com ela processos psicofísicos próprios do ser humano.

O ator alcançará a autêntica presença orgânica dentro das circunstâncias propostas da peça apenas quando conseguir trabalhar em cena, para

---

[54] Cf. Anexo D, neste volume. (N. do O.)

além das palavras pronunciadas, as palavras e pensamentos que permanecem não ditos — como acontece a todos na vida.

Nemirôvitch-Dântchenko dizia que, enquanto *o que* se diz depende do texto, a maneira *como* se diz depende do monólogo interior.

Tomemos como exemplo o terceiro ato de *Noiva sem dote*, de Ostróvski.[55]

A intérprete do papel de Larissa deve esperar a hora de pronunciar as palavras: "Vós proibis? Pois então eu cantarei, senhores!".

Poderia ela permanecer passiva durante essa cena? Claro que não.

Larissa, silenciosamente, compara Karándishev, com suas palhaçadas e sua vaidade covarde, a Parátov.

Ela está em silêncio, mas internamente não está calada. Pensa no quão desprezível é seu noivo e sobre a pequenez dos movimentos de sua alma; pergunta-se que pecados terá cometido para merecer tal festa, em que se vê obrigada a aguentar essa vergonha atroz. Pensa também em Parátov, compara-o a Karándishev, contrapõe um ao outro, e secretamente admite que mesmo agora seria capaz de mudar tudo...

Os atos de uma pessoa podem ser repentinos, mas, se o "solo da alma" ainda não está pronto, eles não têm como se concretizar, quer se trate do assassinato de Desdêmona ou da crise de loucura de Larissa, que se manda com Parátov pelo Volga. Para que Larissa possa dizer esse único e fatal "Vamos!", é preciso que tenha pensado e repensado mil vezes, mil vezes imaginado as possibilidades de fuga, mil vezes dito a si mesma essa ou outras palavras semelhantes. Sem isto, suas palavras permanecerão estranhas e mortas, privadas do calor da emoção humana viva.

O monólogo interior ocupa um lugar muito importante nas obras de nossos escritores clássicos e contemporâneos.

Nos romances de Tolstói, por exemplo, podemos encontrar monólogos interiores com uma frequência bem grande: em Anna, em Lévin, em Kitty, em Pierre Bezúkhov, em Nikolai Rostóv, em Nekhliúdova e no moribundo

---

[55] Aleksándr Ostróvski (1823-1886) é autor de uma série de peças geniais, que entraram para a história do teatro russo. Em *Noiva sem dote* (*Bespridánnitsa*: sem tradução em português), Larissa, uma moça cuja família empobreceu, tenta fugir de sua sorte miserável casando-se com um homem rico. Mas apenas Karándishev, um funcionário público de baixo escalão, faz-lhe uma proposta. A cena aqui comentada por Maria Knebel mostra-nos a festa de noivado, em que aparecem os antigos cortejadores da moça. Dentre eles, Parátov, um senhor riquíssimo, que pede que Larissa cante, mas Karándishev, já na qualidade de noivo, a proíbe de fazê-lo. (N. do O.)

Ivan Ilitch.[56] Em todos esses personagens os monólogos não pronunciados são parte da vida interior de cada um.

Examinemos, por exemplo, o capítulo de *Guerra e paz* no qual Sônia rejeita o pedido de casamento de Dôlokhov. Ele escreve um bilhete para Rostóv, o amado de Sônia, e o convida para sua despedida no Hotel Inglês.

Ao chegar, Rostóv encontra Dôlokhov como crupiê de um jogo de cartas. Rostóv é então arrastado para um jogo onde perderá, aos poucos, uma enorme quantia de dinheiro.

Tolstói descreve com uma força extraordinária o monólogo interior de Nikolai Rostóv:

> "Mas por que ele está fazendo isso comigo? [...] ele sabe o que essa perda significa para mim. Não é possível que deseje a minha perdição. Afinal, era meu amigo. Afinal, eu gostava dele... Mas não tem culpa; o que pode fazer, se tem tanta sorte? Eu também não tenho culpa [...] Não fiz nada de ruim. Por acaso matei alguém, ofendi, desejei algum mal? Então por que essa desgraça horrível? E quando começou?"[57]

Notem que Rostóv diz todos esses pensamentos para si. Nada é falado em voz alta.

Ao receber o papel de Rostóv, o ator deve imaginar por conta própria uma dezena de monólogos interiores, para que possa preencher o papel com um conteúdo invisível nos momentos em que o personagem não fala.

Schépkin, ator russo, dizia:

> "Lembre-se de que em cena não há silêncio absoluto, a não ser em ocasiões muito específicas, onde a própria peça o requer. Não há. Você deve responder a toda palavra ouvida com seu olhar, com cada músculo de seu rosto, com todo o seu ser: você deve fazer um jogo mudo, por vezes mais eloquente do que as próprias palavras. E deus o livre de olhar para o lado sem motivo ou de se deixar distrair por algum objeto estranho... Seria o fim! Essa olha-

---

[56] São enumerados personagens de romances e novelas de Lev Tolstói, a saber: *Anna Kariênina, Guerra e paz, Ressurreição* e *A morte de Ivan Ilitch*. (N. do O.)

[57] Lev Tolstói, *Guerra e paz*, tradução de Rubens Figueiredo, São Paulo, Cosac Naify, 2011, p. 701. (N. da T.)

dela poderia matar a pessoa viva em você num único instante, excluí-lo do rol de personagens da peça, e teríamos de jogá-lo pela janela imediatamente, como um monte de lixo inútil..."[58]

---

[58] M. S. Schépkin, *Anotações. Cartas*, Moscou, Iskússtvo, 1952, p. 356. (N. da A.)

VISÃO[59]

Quanto mais o ator for capaz de enxergar ativamente os fenômenos vivos da realidade por trás das palavras do autor, de despertar em si mesmo as representações daquilo que fala, mais fortemente agirá sobre o espectador. O ator consegue conquistar nossa atenção quando vê aquilo sobre o que precisa falar, aquilo de que precisa convencer o parceiro em cena, com suas imagens psíquicas, convicções, crenças e emoções. A esfera de imagens e associações que podem ser reveladas ao espectador depende total e completamente daquilo que está inserido na palavra, do que emerge por trás dela na imaginação do artista, do modo como é dita.

Enquanto na vida sempre enxergamos aquilo sobre o que falamos, e a menor palavra ouvida já nos remete a uma imagem concreta, em cena traímos essa qualidade fundamental de nossa psique.

Quando, na vida, falamos sobre algo que nos aconteceu, tendemos sempre a fazer com que o ouvinte enxergue o quadro que ficou impresso em nossa consciência. Sempre desejamos que a imagem transmitida seja parecida com a original, ou seja, com as imagens provocadas por este ou aquele acontecimento.

Não podemos esquecer que a imaginação é um elemento fundamental do processo criativo. Partindo do material do autor, é o poder da imaginação que nos torna capazes de criar imagens análogas em força às impressões de vida ali presentes.

O processo de visão possui dois períodos. O primeiro é a acumulação de imagens. O segundo, a comunicação, ou a capacidade de envolver o parceiro com as próprias imagens.

---

[59] Ver também o capítulo de mesmo nome em *A palavra na arte do ator*, neste volume. Видение [*vídenie*], "visão". Assim como a palavra portuguesa *visão* e suas semelhantes latinas (*vision*, em francês, e *visión*, em espanhol), a palavra russa видение [*vídenie*] possui uma multiplicidade de significados. Mesmo assim, graças a um possível deslocamento da sílaba tônica em russo, os significados podem ser distinguidos com maior facilidade. Видение [*vídenie*] é o conjunto de representações e imagens psíquicas, enquanto видение [*vidênie*] relaciona-se aos fenômenos paranormais ou alucinógenos. A palavra que Maria Knebel introduz como título do presente capítulo, claro, faz referência à образное видение [*ôbraznoe vídenie*], "visão imagética", em tradução literal. (N. do O.)

Escreve Stanislávski:

"A natureza nos fez de tal modo que, quando nos comunicamos oralmente, primeiro enxergamos com nosso olhar interno aquilo sobre o que desejamos falar, e só então falamos sobre o que foi visto. Se escutamos, primeiro percebemos auditivamente o que nos foi dito, e em seguida enxergamos o que foi escutado.

Escutar, em nossa língua, significa ver aquilo sobre o que se fala. Falar significa desenhar imagens visuais.

A palavra, para o ator, não é apenas som, mas um estimulador de imagens. Por isso, durante a comunicação oral em cena, não falem tanto aos ouvidos, mas sim aos olhos."[60]

Numa conversa com seus alunos, Stanislávski disse:

"— Minha tarefa enquanto ser humano que diz algo a alguém, que tenta convencer alguém de algo, é conseguir que a pessoa com quem me comunico veja o que quero através dos meus próprios olhos. Isso também é importante a cada ensaio, a cada espetáculo: fazer com que o parceiro veja os acontecimentos assim como eu os vejo. Se possuirmos esse alvo interior, seremos capazes de agir através das palavras. Se não, o quadro torna-se crítico: falaremos as palavras do papel apenas por falar, e elas acabarão por acomodar-se no músculo da língua.

Como escapar de tal perigo?

Em primeiro lugar, como já disse, não decorem o texto enquanto não tiverem estudado nos mínimos detalhes o *seu conteúdo*. Só então o texto será necessário. Em segundo lugar, é preciso decorar uma outra coisa: no papel, é preciso memorizar a *visão*, o *material das sensações interiores* tão necessário para que a comunicação aconteça."[61]

Conferindo enorme importância à visão, Stanislávski aconselhava que a imaginação do ator fosse desenvolvida de diferentes maneiras. Dizia que

---

[60] K. S. Stanislávski, *O trabalho do ator sobre si mesmo II*, em *Obras completas*, v. 3, Moscou, Iskússtvo, p. 88. (N. da A.)

[61] Anotação feita por mim em uma das aulas do Estúdio de Ópera e Drama, em 1936. (N. da A.)

era preciso acumular imagens para momentos específicos do papel e que, a partir dessa acumulação de imagens, podia-se criar uma espécie de "filme" do papel.

Esse "filme" será sempre novo, já que as imagens visuais se enriquecem a cada dia e fornecem ao ator os impulsos necessários para que tanto a ação como o texto tornem-se vivos e orgânicos.

Mas como se acumulam as imagens necessárias? Por meio de um processo de trabalho individual do ator, e que deve acontecer principalmente fora das horas de ensaio.

O ator, quando se encontra com pessoas diferentes, quando vai a museus e exposições, quando escuta música e lê poesia, acumula material para seu papel. Assim, pode criar, em sua imaginação, a bagagem interna inerente ao personagem, com seus traços vitais e individuais.

O trabalho do ator sobre a visão é uma espécie de preparação do material interno com base no qual construirá o papel. De certo modo, esse trabalho se assemelha ao trabalho de um escritor.

Os cadernos de notas e os diferentes tipos de anotações de qualquer escritor que estudemos podem nos dar uma ideia da importância do trabalho preparatório.

Precisamos, assim como os escritores, acumular todo o material necessário ao papel e compartilhar com os espectadores apenas uma pequena parte daquilo que sabemos.

O ator comunica-se com seu colega. É por meio dessa comunicação que ele é capaz de cativá-lo com suas próprias visões.

O que significa ouvir? Significa entregar ao parceiro minha postura em relação ao assunto, o meu interesse. O que significa convencer, explicar? Significa transmitir as minhas visões ao parceiro: é preciso que não apenas vocês, mas também o parceiro veja aquilo que vocês veem. Não se pode contar algo de maneira genérica, não se pode convencer alguém de algo "em geral".

Infelizmente, o conceito de visão que temos está mal desenvolvido. Com frequência, no trabalho prático do ator, nos deparamos com o fato de que ele, tentando ver algo, fecha-se em si mesmo e perde a ligação viva com o parceiro. Isso acontece quando, durante o trabalho preparatório, as imagens desenhadas pelo ator em sua imaginação não são suficientemente vívidas e precisas. Assim, na cena, em vez de contagiar o parceiro com as visões que tem dessas imagens, o ator precisa ocupar-se em completá-las.

Se a imaginação está bem treinada com determinadas visões, basta apenas lembrá-las para que o conhecido sentir-a-si-mesmo criativo apareça. As imagens visuais fortalecem-se pela repetição reiterada, e a imaginação está

Visão

sempre completando-as com novos detalhes. O desejo de criar um subtexto ilustrado estimula inevitavelmente a imaginação do ator e enriquece o texto do autor.

Tomemos como exemplo o monólogo de Tchátski, extraído do primeiro ato de O *mal de pensar*.

Aturdido com sua chegada a Moscou depois de uma longa ausência e com o encontro com Sofia, Tchátski quer saber de seus velhos conhecidos. Porém, não consegue esperar pelas respostas de Sofia às suas perguntas. Em seu cérebro as lembranças irrompem, pululam, precisamente pululam, e ele, sem dó, com toda a sua aguçada inteligência sarcástica, desenha retratos dos "velhos conhecidos" da forma como ficaram em sua memória. Ele deseja saber se algo mudou enquanto estava fora ou se tudo "continua como sempre".

Tchátski deseja papear com sua amiga de infância sobre essas pessoas enfadonhas, das quais fugiu num determinado momento e às quais o destino o trouxe de volta. Porque, quando se

> "[...] viaja e volta para casa,
> *até o fumo da pátria é doce e agradável.*"[62]

Suas perguntas não têm fim.[63]

Esse monólogo é a parte mais difícil do papel para todos os intérpretes de Tchátski.

O ator deve ver os retratos sobre os quais Tchátski fala. Em vez disso, na maioria das vezes, contenta-se com vislumbres que qualquer leitor de Griboiédov teria, e que, embora também sejam visões, são ora nítidas, ora turvas, e geram imagens que, infelizmente, dissipam-se muito rápido. O ator deve ver as pessoas dos retratos de modo que a memória sobre elas torne-se *sua lembrança pessoal*, da qual compartilhará com o público apenas uma pequena parte.

Konstantin Serguêievitch afirmava que, quando olhamos para Tchátski como um ser humano vivo (e não como um personagem teatral), entendemos que ele vê as pessoas das quais fala no monólogo da maneira como as deixara há três anos.

---

[62] Cita-se o famoso verso de Gavrila Derjávin (1746-1816), um dos mais importantes literatos russos do século XVIII. Nesse verso, o próprio Derjávin cita o provérbio latino "*et fumus patriae dulcis est*". (N. do O.)

[63] Cf. Anexo E, neste volume. (N. do O.)

O ator que não vê absolutamente nada por detrás do texto simplesmente simula o interesse por essas pessoas, mas no fundo permanece indiferente, pois na sua imaginação não existe nenhum "velho conhecido".

Nós falamos muito sobre o fato de o músico possuir seus exercícios particulares, que o permitem treinar diariamente. O ator dramático, no entanto, faz de conta que não sabe que precisa trabalhar em casa, fora do horário de ensaio.

O trabalho sobre a visão do papel treina a imaginação de tal modo que gera frutos gigantescos, inigualáveis. Delinear mentalmente as pessoas que vivem na época dos Fámussov. Delineá-las de forma precisa, repetidas vezes, cada vez com mais detalhes. Delinear séries de episódios de suas vidas, sua aparência externa, suas inter-relações e — antes de mais nada — precisar *sua própria posição em relação a elas*. Tudo isso desperta a imaginação, que não se limita mais aos desenhos das pessoas-retrato, mas inclui as figuras de milhares de habitantes da Moscou dos Fámussov, que Tchátski rechaça com todo o seu jovem e fervoroso coração.

Nemirôvitch-Dântchenko falava sobre essa etapa de trabalho ativo da imaginação: "Vocês devem falar como se tivessem estado lá [...] e como se tivessem realmente visto todo o ocorrido. Pode até ser que algum dia vocês sonhem com esses fatos, *de tão forte que a imaginação age durante o trabalho sobre um fragmento*".[64]

Imaginemos agora um ator que vê *turvas* as figuras sobre as quais quer conversar com Sofia: ele não treinou as visões necessárias, mas entende que não será capaz de dizer seu monólogo efetiva e convincentemente sem enxergar a brilhante galeria de retratos da Moscou da época dos Fámussov.

Esse ator, diante da tarefa de ver tudo aquilo sobre o que fala, inevitavelmente gastará todas as suas forças na realização dessa tarefa e se fechará para o parceiro. Estará subjugado por um problema técnico, que não possui nada em comum com as ações do personagem Tchátski.

Para poder "incutir suas visões no parceiro", para contagiá-lo com as imagens de sua imaginação, é preciso antes juntar e organizar o material necessário à comunicação. É preciso conhecer os fatos sobre os quais se deve falar, as circunstâncias propostas sobre as quais se deve pensar, e, com a visão interior, criar as imagens correspondentes.

Quando o artista começa a trabalhar dessa forma, quando começa a realmente "acumular visões" durante o processo de trabalho, percebe que,

---

[64] V. I. Nemirôvitch-Dântchenko, *Artigos. Discursos. Conversas. Cartas*, Moscou, Iskússtvo, 1952, pp. 236-7 (grifo meu). (N. da A.)

Visão

no início, a imagem que surge é nebulosa. Mas basta fazer a si mesmo uma série de perguntas concretas, como: "quantos anos tem?", "como é seu rosto?", "como está vestida" etc., que a imaginação, utilizando-se de toda a sua reserva de experiência vivida, começa a sugerir os mais diferentes detalhes, e as visões se concretizam.

Ao realizar esse trabalho tão simples, sem perceber entramos no processo: o fruto de nossa imaginação se torna mais próximo de nós, e sentimos o desejo de reencontrá-lo mentalmente, de buscar novos detalhes cada vez mais.

O objeto sobre o qual trabalha nossa imaginação torna-se nossa lembrança pessoal, a valiosa bagagem, o material sem o qual a criação é impossível.[65]

Quanto mais observamos e conhecemos a vida, mais fácil e frutífero é o trabalho da nossa imaginação.

Na arte do teatro esse ponto é decisivo, pois, como resultado de seu trabalho, o ator aparece diante do público como um ser humano vivo desta ou daquela época, e a menor inverossimilhança no seu comportamento interior ou exterior faz com que o espectador sensível fique desconfiado.

---

[65] Cf. Anexo F, neste volume. (N. do O.)

CARACTERIZAÇÃO[66]

Quando falamos sobre a criação de um personagem, não podemos deixar de abordar a questão da caracterização.

Uma caracterização aleatória, não trabalhada, gruda-se ao herói como um rótulo. A caracterização é um problema importantíssimo da vida psicológica do personagem, e não equivale a um amontoado de aspectos da personalidade externos e aleatórios.

Stanislávski falava sobre a ligação indissolúvel entre o mundo interno de um ser humano e toda a sua aparência exterior, na vida.

O ator Khmelióv, por exemplo, quando trabalhava um personagem, esforçava-se para vê-lo em cada detalhe de sua vida. Precisava saber tudo sobre aquele cuja imagem iria corporificar em cena: como anda, como fala, como se movimenta, que jeito tem, como é seu sorriso, como dobra o colarinho da camisa, qual o tamanho da falange de seus dedos. Khmelióv não conseguia ensaiar enquanto não soubesse tudo sobre seu papel, do cheiro da pele ao timbre da voz. Gastava uma grande quantidade de força, tempo e energia psíquica "pintando o quadro" da pessoa que representaria. Como resultado desse trabalho colossal, Khmelióv impressionava com a surpreendente originalidade de suas criações, fosse Ivan (de *Ivan, o Terrível*, de A. Tolstói), Kóstilev (*Ralé: no fundo*, de Górki) ou o barão von Tusenbach (*As três irmãs*, de Tchekhov). Quando o assistíamos, não conseguíamos parar de pensar o quanto a pessoa representada por Khmelióv se parecia a alguém que já havíamos visto ao longo de nossa vida.

Muitas vezes, no entanto, o ator limita-se a caracterizar o papel com um enfeitezinho externo, sem perceber que, com isso, limita a nossa percepção do personagem. É uma característica prejudicial, já que não apenas dei-

---

[66] Характерность [*kharákternost*], que foi traduzido tanto no título como no capítulo como "caracterização", é um termo que pertence, em russo, exclusivamente ao vocabulário teatral (não possui outras acepções nos dicionários de língua russa). Significa a totalidade dos traços característicos de uma determinada pessoa. A *caracterização* relaciona-se não apenas à simples descrição física, mas também designa aquilo que faz de cada personagem um ser único, individual. Na tradição russa, por *kharákternost* entende-se, antes de mais nada, algo que se materializa graças a um processo específico. (N. do O.)

xa de revelar o herói em toda a sua complexidade e profundidade, como ainda enfraquece sua imagem.

A caracterização é um conceito muito mais sutil do que se costuma pensar no teatro. Ela não se resume a fazer um personagem míope, manco ou corcunda. Para se caracterizar a figura, importa muito mais o modo como fala, como escuta e qual é a natureza de sua comunicação com os outros. Há pessoas que não nos olham, é difícil captar seu olhar. Outros, ao ouvir, desviam o olhar desconfiadamente. Um terceiro ainda abre os olhos, entregue. O caráter humano revela-se precisamente nas particularidades da comunicação: nelas, nosso conteúdo interno se revela.

Para que possamos encontrar a caracterização inerente a cada figura concreta, é preciso desenvolver nossa capacidade de percepção, acumulando em nossos "cofrinhos artísticos" as mais ecléticas observações da vida. O ator deve desenvolver em si mesmo a capacidade de observação.

Tomemos um exemplo de *Almas mortas*. Ao ator que interpretar Sobakêvitch, Gógol fornece um material que impressiona por sua vividez:

> "Tchítchikov lançou um olhar de esguelha para Sobakêvitch, e desta vez ele lhe pareceu bastante parecido com um urso de talhe médio. [...] Sua tez era afogueada, quente, da cor das moedas de cobre de cinco rublos. É de conhecimento geral que no mundo existem muitas dessas faces, na feitura das quais a natureza não quis dar-se muito trabalho, não usou nenhum dos instrumentos finos, tais como lixas, brocas e quejandos, mas simplesmente desceu a machadinha com toda a força: uma machadada, e saiu o nariz, outra, e resultaram os lábios; com dois movimentos de verruma grossa, fez os olhos, e soltou o resultado, sem lixá-lo, para o mundo, dizendo 'Vive!'. Esta imagem troncuda e solidamente construída era também a de Sobakêvitch. Conservava geralmente a cabeça baixa, não mexia o pescoço de todo, e, por força dessa imobilidade, raramente olhava para o interlocutor, mas sempre para o canto da estufa ou para a porta. Tchítchikov relanceou-lhe mais uma olhadela, enquanto passavam para a sala de jantar: um urso! Um urso sem tirar nem pôr!"[67]

---

[67] N. Gógol, *Almas mortas*, tradução de Tatiana Belinky, São Paulo, Abril Cultural, 1979, p. 110. (N. da T.)

Outro exemplo de *Almas mortas*. Vejam como Gógol descreve Pliúshkin:

> "Ao lado de uma das construções, Tchítchikov percebeu logo um vulto que começou a discutir com o mujique que acabava de chegar com a carreta. Durante algum tempo, não conseguiu distinguir a que sexo pertencia o vulto, se era um camponês ou uma camponesa. A sua roupa era de um gênero muito indeterminado, muito parecido com um roupão feminino; na cabeça trazia uma carapuça, dessas que são usadas pelas servas domésticas, mas a voz da personagem pareceu-lhe um tanto roufenha demais para uma mulher. 'Ah, é mulher', pensou consigo mesmo, e logo acrescentou: 'Ih, não é, não!' 'Mas é claro que é mulher!', disse ele por fim, examinando-o melhor. [...]
>
> Abriu-se a porta lateral e entrou a mesma despenseira que havia visto no quintal. Mas só agora ele percebeu que se tratava não de uma despenseira, mas antes de um despenseiro [...]
>
> Já tivera oportunidade de encontrar toda sorte de pessoas, até mesmo algumas que nós e o leitor jamais teremos ocasião de conhecer; mas uma personagem como essa ele ainda não havia visto.
>
> Seu rosto não apresentava nada de especial; era quase igual ao de muitos velhotes magros, só o seu queixo é que era muito proeminente, projetava-se tanto para a frente, que ele era obrigado a cobri-lo com o lenço a todo o momento, para não babar em cima dele; os olhinhos miúdos ainda não se tinham apagado e corriam por baixo das sobrancelhas cabeludas como ratos, quando, pondo o focinho pontudo para fora das tocas escuras, orelhas empinadas e bigodes em riste, sondam os arredores, a ver se não há algum gato ou algum garoto travesso escondido por perto."[68]

Involuntariamente isso me lembra de Leonídov[69] no papel de Pliúshkin: era trágico e engraçado, ingênuo e rançoso. Absorvera tão bem as características gogolianas de Pliúshkin, que não deixou passar nem um detalhe. Apropriou-se tanto delas, que nem um movimento sequer, nenhuma entonação nos parecia forçada.

---

[68] *Idem*, pp. 133-6. (N. da T.)

[69] L. M. Leonídov (1873-1941), ator do Teatro de Arte. Entre seus papéis de maior destaque encontram-se Dmítri Karamázov, Lopákhin, Peer Gynt e Otelo. (N. da T.)

Algumas características, claro, não estão nas peças. Às vezes, é um personagem que revela, em sua fala, algo sobre o jeito deste ou daquele personagem. Às vezes, é o autor que o caracteriza sinteticamente na lista dos personagens da peça.

Aqui, é fundamental a imaginação do ator, sua capacidade de observar e de criar a caracterização a partir do conteúdo interno do papel.

Não é suficiente apenas ver determinados traços característicos do personagem. É preciso saber tornar seus os traços percebidos em diferentes pessoas, educá-los em si mesmo.

Khmelióv causava riso em muitos de seus colegas quando, durante seu trabalho sobre Kariênin, estalava os dedos repetidamente, tentando captar o gesto característico do personagem como descrito por Tolstói. Sem ligar para os risos, ele continuava pacientemente seu trabalho até que fosse capaz de se apropriar do gesto de maneira que passasse a senti-lo como seu. Esse gesto ajudou-o a encontrar a imagem de Kariênin, a sentir-se como Kariênin.

Konstantin Serguêievitch sempre contrapunha à caracterização *representada* a caracterização *experimentada*, e fazia com que as características físicas do personagem fossem resultantes de seu conteúdo interno. Partindo da individualidade original de cada ser humano, o ator procurava a corporificação específica de um determinado personagem.

No início dissemos que o *étude* permite que o ator sinta, logo de cara, a natureza física da cena, de determinado episódio. No *étude*, ele analisa como determinada pessoa age e pensa em determinadas circunstâncias propostas.

Do mesmo modo, é muito importante ajudar os intérpretes a enxergar a caracterização não apenas nos aspectos externos e físicos — no andar, nos gestual —, mas também, e antes de tudo, na maneira precisa como o personagem *se comunica*, como percebe, pensa e reage àquilo que o cerca.

Com a nova ordem de ensaios, naturalmente aparece também a questão da marcação de cena.

Sabemos que geralmente a marcação de cena fica a cargo do diretor. Todas as questões que os intérpretes formulam sobre sua entrada em cena se limitam, sobretudo, a quem está onde, por onde entra, para onde vai e assim por diante. A ordem radicalmente nova de ensaios força o intérprete a tornar-se coautor das marcações de cena.

No processo de ensaio através do *étude*, depois que o palco já está equipado, depois de criada a disposição necessária de objetos, figurinos e acessórios, o ator involuntariamente passa a se mover no espaço cênico de acordo com as tarefas ditadas pela ação, graças ao autêntico sentir-a-si-mesmo cênico.

Em seguida, durante as análises pós-*études*, analisa-se criticamente todas as marcações surgidas no exercício. É preciso manter o que for útil e livrar-se do inútil e inorgânico. Claro, não se pode transportar mecanicamente as marcações geradas num *étude* para o espetáculo. O trabalho criativo de escolha das marcações ainda aguarda o diretor. No entanto, seu caráter já é definido ao longo do processo dos ensaios por *études*, e pode ser mantido no espetáculo.

Trata-se de um tema muito interessante e profundo, este da marcação de cena no processo da análise ativa.[70] Embora eu não tenha como desenvolvê-lo no presente livro, cumpre dizer que, durante o período da marcação, os frutos dos ensaios-*études* são fortemente sentidos. Habituados à livre movimentação no espaço e à autoanálise do próprio comportamento físico, os atores tomam parte no processo espontaneamente, e com boa vontade.

Enfim, termina a fase dos *études*. Passa-se ao período sobre o qual Stanislávski dizia: "Não dá mais para diferenciar onde vocês terminam e onde começa o papel".

A transição aos ensaios com o texto exato do autor realiza-se organicamente e aos poucos. Algumas vezes acontece de termos cenas que já são ensaiadas com o texto exato do autor, enquanto outras ainda estão sendo trabalhadas através dos *études*. É importante que esse processo de transição seja imperceptível para os intérpretes.

Se durante o processo de análise ativa os intérpretes dominarem aquilo que se encontra inserido na peça, sentirão claramente como o texto autoral enriquece o ator, como lhe permite sentir a forma precisa como o autor concebeu sua obra.

Todo o trabalho do ator durante o processo da "exploração mental", todo o complicado processo de conhecimento através das análises-*étude*, a volta à peça durante as análises pós-*étude*, a imersão no papel, a acumulação de visões e de ilustrações para o subtexto da peça — tudo isso leva o ator a, inconscientemente, se apropriar do texto do autor.

O diretor deve acompanhar com todo o rigor e exigência se há precisão no que é dito. Deve-se lutar aferradamente contra o texto "aproximado", contra o "falei do meu jeito". Deve-se exigir do intérprete que não reproduza o texto de forma mecânica, mas que o conheça profundamente; que o re-

---

[70] Ver capítulo "Análise pela ação", no livro *A palavra na arte do ator*, neste volume. (N. do O.)

produza em total conformidade às entonações do autor, expressas através de cada detalhe da estrutura das frases, contando inclusive as vírgulas e os pontos-finais.

No que diz respeito à apropriação do texto autoral, deve-se lidar com os intérpretes individualmente. Alguns possuem excelente memória e irão apropriar-se do texto inclusive durante a fase em que a peça ainda é controlada por *études*. Para outros, no entanto, a apropriação do texto é um processo bastante longo.

Se durante o processo da análise ativa os intérpretes já tiverem compreendido as concepções do dramaturgo, podem e devem decorar o texto, pois não se tratará mais de uma memorização mecânica, e sim de uma apropriação natural.

Muito frequentemente ouvimos a pergunta: mas quando passaremos ao trabalho de precisão rigorosa do texto? Alguns vulgarizadores do novo método de trabalho por *études* acham que a precisão do texto autoral não é importante. Se o ator se lembra do que está escrito, bom; se não lembra, que diga a mesma ideia com suas próprias palavras.

O trabalho do ator sobre o texto autoral deve acontecer ao longo de todo o processo de preparação do papel. É muito difícil dizer a hora em que se deve passar à memorização exata das palavras, mas acho que não é preciso estabelecer datas. Quando o trabalho corre de forma natural, e não mecanicamente, o texto improvisado dá lugar ao texto autoral. O diretor, tendo desenvolvido uma sutil percepção do coletivo, deve ser capaz de sentir o quanto ele está preparado para a próxima etapa de trabalho.

O método da análise da peça e do papel através da ação conduz o ator à pronúncia orgânica das palavras, principal tarefa e objetivo da arte cênica. Não podemos esquecer que todo o material conquistado pelo ator deve ser moldado pela palavra perfeitamente dita.

ATMOSFERA CRIATIVA

Ao trabalhar com o método da análise ativa, é especialmente importante que os alunos compreendam o quão frutífero é esse método, e que, durante os ensaios, criem a atmosfera criativa necessária. No início, os ensaios através de *études* podem causar constrangimento ou displicência exagerada em alguns atores. Pode ser também que os colegas que observam o trabalho do outro assumam uma atitude irônica, em vez de instaurar um interesse criativo cúmplice, como deveriam. Comentários feitos fora de hora, risos e sussurros são capazes de arruinar o sentir-a-si-mesmo criativo dos atores por um longo tempo, causando danos irreparáveis. O ator que realiza o *étude* pode perder a fé no que faz e, ao perdê-la, começa inevitavelmente a andar pela trilha da representação, da interpretação forçada.

O interesse profundo de cada um dos participantes no exercício que se está realizando — no *étude* — é precisamente o que se chama de atmosfera criativa, sem a qual o caminho para a arte é impossível.

O complexo processo de criação do personagem não se resume apenas ao ensaio com o diretor e o grupo. Esse processo ultrapassa os limites da sala de ensaio. O ator deve estar completamente tomado pelo papel durante todo o período de trabalho sobre a peça.

Stanislávski muitas vezes fazia uso de uma expressão análoga: "estar grávido do papel", dizia. O ator gesta a figura cênica dentro de si da mesma forma que uma mãe gesta um bebê. Não para de pensar sobre seu personagem durante todo o processo de trabalho sobre o papel. Em casa, no metrô, na rua e durante todo o seu tempo livre, está sempre buscando as respostas para as perguntas que o dramaturgo lhe propõe.

Todo mundo sabe como, frequentemente, acontece de uma melodia qualquer de que gostamos nos perseguir implacavelmente, e, sem conseguirmos nos conter, começamos a cantarolá-la sem parar. A mesma coisa deve acontecer ao papel, que deve perseguir implacavelmente o ator, o qual deve ficar obcecado por ele. E que imensa felicidade artística experimenta o ator quando os traços ainda difusos do já amado personagem emergem em seu cérebro; quando, de repente, novos traços de seu caráter iluminam-se diante de seus olhos, quando lhe é revelada toda a estrutura de pensamentos e atos da figura criada.

Quando o ator chega para o ensaio trazendo o resultado desse imenso trabalho interior, é imprescindível que o diretor e os outros companheiros tratem o nascimento desse novo ser humano com extremo cuidado e meticulosidade. E isso só é possível se existe nos ensaios uma atmosfera criativa autêntica.

Quantos atores jovens podem, nos dias de hoje, gabar-se de estarem obcecados pelo papel, gabar-se deste trabalho titânico, similar ao realizado pelos gloriosos mestres de nossos palcos quando trabalhavam sobre os papéis que lhes trouxeram reconhecimento e glória?

É com muita admiração e reverência que penso nesses mestres que, *tendo já criado* personagens inesquecíveis, continuam a viver pensando neles. Não posso me conter em falar sobre um que me é especialmente caro.

Há muitos anos tive a oportunidade de ir a Ialta, onde O. L. Knipper-Tchekhova[71] descansava. Fiz-lhe uma visita. Ela estava de cama e sonolenta, pálida, pois acabava de sair de um período de forte convalescência. Assim que eu entrei ela me disse:

— Sabe, como me proibiram de ler, fico aqui deitada pensando sobre Masha.

Não entendi de cara sobre quem ela estava falando, mas, de fato, se tratava de um de seus papéis mais brilhantes: a Masha de *As três irmãs*, de Tchekhov. Ela então começou a me contar sobre a personagem como se contasse sobre alguém infinitamente próximo, e revelava-me seu mundo interior com incrível profundidade e delicadeza. Vivia mentalmente cenas inteiras, pronunciando de vez em quando algumas falas esparsas. Saí de lá abalada pela memória criativa dessa grande artista, e tocada pelo fato de Olga Leonárdovna haver mantido uma ligação tão viva e imediata com o papel que criou.

Será que preciso dizer mais? Se um papel já criado deixa na memória rastros tão profundos, imaginem o quanto é preciso amar e acalentar *um papel que ainda está em gestação*!

Não consigo separar o amor ao papel, a obstinação artística durante o período de gestação do personagem, da atmosfera criativa que cerca o ator, tanto no processo de criação quanto ao longo da corporificação do papel.

---

[71] Olga Leonárdovna Knipper-Tchekhova (1868-1959) foi a mais famosa das atrizes do Teatro de Arte de Moscou. Integrante do primeiro elenco do teatro, Olga estreou na primeira montagem de *A gaivota* no papel de Arkádina. Casou-se com Anton Tchekhov e representou todas as personagens principais em suas peças. (N. da T.)

No entanto, se até agora falei sobre a atmosfera dos ensaios, não é menos importante discorrer sobre a atmosfera da coxia durante o espetáculo.

Conheço muito bem o entusiasmo e a excitação extraordinários que acompanham cada espetáculo, da mesma forma que infelizmente conheço bem o tanto de fatores negativos, completamente contraproducentes, que também costumam se manifestar. Devemos almejar sempre a formação da atmosfera criativa, devemos repelir tudo o que nos atrapalha no processo criativo de elaboração e corporificação de um espetáculo.

A atmosfera criativa é um dos fatores mais poderosos de nossa arte, e devemos sempre lembrar-nos de que criar a atmosfera de trabalho é extraordinariamente difícil. Não é algo que o diretor possa fazer sozinho: deve ser obra do coletivo. Destruí-la, infelizmente, qualquer um pode: basta que alguém um pouco mais cético ria de um colega que trabalha com seriedade para que o micróbio da descrença comece a corroer internamente o organismo saudável.

Posso dar exemplos sobre a prática de trabalho de vários teatros. Em primeiro lugar, de um teatro onde reinava um espírito da mais alta exigência com tudo que o circundava, onde foi desenvolvido pela primeira vez o sistema da psicotécnica da arte do ator: o teatro criado por nossos mestres K. S. Stanislávski e V. I. Nemirôvitch-Dântchenko.

Todos sabem como, valendo-se de uma imensa energia e de uma forte exigência consigo mesmos, com os atores, e com toda a equipe técnica, Stanislávski e Nemirôvitch-Dântchenko criaram no Teatro de Arte uma incrível atmosfera, que viria a se tornar objeto de estudo de muitos outros teatros ao redor do mundo.

Quero contar sobre a atmosfera da coxia durante o espetáculo *O jardim das cerejeiras*, onde durante muitos anos interpretei Charlotta.

Apesar de a peça começar com uma cena longuíssima entre Lopákhin, Duniásha e, mais tarde, Epikhôdov, todos os que "chegavam da estação" — ou seja, Ranévskaia, Gáev, Ánia, Píschik, Vária e Charlotta (que em meus primeiros espetáculos eram O. L. Knipper-Tchekhova, V. I. Kachálov e L. M. Korêneva) — ficavam sentados num banquinho desde antes de o pano abrir, esperando sua vez de entrar. Sempre que Lopákhin-Leonídov dizia "Parece que estão chegando...", um contrarregra passava do outro lado do palco segurando uma gargantilha de couro enfeitada com alguns guizos, e sacudia-os ritmicamente, intensificando o tilintar dos guizos e aproximando-se de nós. Assim que ouviam o soar dos sinos, todos os que faziam parte da "chegada" iam para o fundo da coxia, para dali entrar no palco conversando e trazendo consigo a animação da chegada.

Atmosfera criativa

Com o exemplo dessa cena, que o espectador percebia apenas *auditivamente*, entendi para toda a vida os meios sutis com que Stanislávski conseguia fazer o espectador acreditar na verdade do acontecimento. Evidentemente, essa cena da coxia já estava nas entranhas dos "velhos", os que faziam *O jardim das cerejeiras* havia muitos anos. E toda vez eles atuavam como se estivessem em cena aberta. Ainda na coxia, Knipper-Tchekhova já se encontrava naquele estado de humor excitado, em que parecia perfeitamente natural que ela simultaneamente risse e chorasse ao dizer: "Ah, o quarto das crianças, nosso quarto das crianças...".

Após os primeiros barulhos dos guizos, os participantes dessa cena entravam, com uma leveza extraordinária — conseguida, claro, através de um trabalho gigantesco —, no incrível sentir-a-si-mesmo de pessoas que acabam de chegar em casa sem ter dormido à noite, pessoas que sentem o frio matinal do ar da primavera, excitados pela alegria do retorno e pela amargura doída da perda, pelo sentimento de que a vida tomou um rumo absurdo.

Também me impressionava muito a atmosfera que reinava no "banquinho" ainda antes do começo da cena "da chegada pela coxia". Knipper, Katchálov, Tarkhânov e Korêneva chegavam, sentavam-se, cumprimentavam um ao outro e às vezes até diziam algumas coisas que não tinham nada a ver com o espetáculo, mas, ao mesmo tempo, já não eram mais Knipper, Kachálov, Tarkhânov e Korêneva, e sim Ranévskaia, Gáev, Firs e Vária.

Era nessa capacidade de se manter na "semente" da figura cênica que residia a enorme força do Teatro de Arte. Muito infelizmente, nossa juventude atual acha que essa "semente" da figura — a sutilíssima reconfiguração de todo o sistema nervoso — nos vem de maneira fácil e simples. Infelizmente, também acredita que é possível apropriar-se de toda a complexidade da figura representada mesmo se, antes de entrar em cena, jogar conversa fora (sabe-se lá sobre o quê).

Lembro-me ainda de outro momento de espera pela entrada. O segundo ato começa com a cena entre Duniásha, Iásha, Epikhôdov e Charlotta. Charlotta sai, mas em seguida entra em cena novamente, de forma que, saindo de cena, eu ficava sentada no banquinho. Alguns minutos depois saía Moskvín-Epikhôdov. "Já sei o que fazer com meu revólver", ele dizia em tom de aviso trágico, e podíamos ouvir a onda de risadas homéricas que sempre tomava conta do público depois dessa fala. Então Moskvín entrava pela coxia, passava por nós e seguia até os fundos, até seu camarim, onde permanecia com a mesma feição enlouquecida, ofendida. Essa seriedade um pouco exagerada era um dos aspectos do enorme talento cômico de Moskvín. Em seguida aparecia um contrarregra, e Moskvín, ainda sem mudar a expressão

84   Sobre a análise ativa da peça e do papel

facial, entregava-lhe o violão. Toda vez eu me perguntava: quando é que ele apaga do rosto essa expressão incrível? Em que momento os olhos trágico-abestalhados do Epikhôdov que tenta realizar uma tarefa impossível transformam-se nos conhecidos olhos de Moskvín? E o que faz com que Moskvín, depois de sua cena, já na coxia, continue sendo Epikhôdov? Depois entendi que isso é a arte: quando o artista, contagiado pelos pensamentos e sensações de seu herói, não consegue deixá-lo de lado tão facilmente.

Mas é uma arte que não aparece do nada. Ela requer um enorme gasto de energia.

Escrevia Nemirôvitch-Dântchenko:

"O trabalho teatral! Eis o que nós, pessoas de teatro, amamos mais que tudo no mundo. Um trabalho insistente, persistente e multifacetado que invade todos os bastidores, de cima a baixo, das bambolinas penduradas acima do palco aos compartimentos de passagem sob o palco: o trabalho do ator sobre o papel. Mas o que isso quer dizer? Quer dizer um trabalho sobre si mesmo, sobre as próprias características, nervos, memórias e hábitos..."[72]

Penso que essas palavras têm um significado enorme.

---

[72] V. I. Nemirôvitch-Dântchenko, *Do passado*, Moscou/Leningrado, Academia, 1936, pp. 1.055-106. (N. da A.)

CONCLUSÃO

Nosso livro foi dedicado fundamentalmente ao novo método de trabalho descoberto por Stanislávski durante os últimos anos de sua vida. Minha prática pessoal comprovou a grande potencialidade desse método e seu imenso impulso criativo, que facilita o trabalho do ator sobre o papel e sobre a peça.

Muitos dos inimigos do método da análise ativa tentam provar, de todas as formas possíveis, que ele não passa de um experimento insuficientemente comprovado pelo trabalho teórico e prático do próprio Stanislávski. Eu, no entanto, acredito que não devemos nos assustar com a palavra "experimento", ainda mais se ao seu lado estiver o nome de Konstantin Stanislávski.

Foi-se o tempo em que as ideias de Stanislávski eram transmitidas de boca em boca. Hoje em dia já possuímos uma edição em oito volumes com todos os seus trabalhos. Qualquer um que se interesse pelas posições teóricas desse grande diretor-pesquisador tem a possibilidade de estudar as palavras autênticas do próprio Stanislávski sobre cada um dos elementos de seu sistema.

Gostaria de destacar uma das falas de Konstantin Serguêievitch acerca de seu trabalho sobre *Otelo*, na qual ele defende seu novo método de trabalho com extrema clareza. Em dado momento do processo de trabalho, Stanislávski lembra seus alunos do estágio em que eles utilizaram seus próprios textos improvisados. Ele explica por que, no início do trabalho, retirou o texto da peça e fez com que os atores transmitissem as ideias do papel com suas próprias palavras. Lembra-os como, durante o processo de trabalho, frequentemente sugeria ou indicava qual seria a sequência de pensamentos do autor. Com isso, o encadeamento lógico que Shakespeare concebera para a peça ficava cada vez mais claro para os intérpretes. Por fim, a sequência de pensamentos se tornava tão necessária e habitual que as indicações do diretor não eram mais necessárias. Para que os atores alcançassem uma expressão mais autêntica das ações encontradas no papel, Stanislávski, ao ver que eles compreendiam cada vez mais profundamente a sequência das tarefas, ações e pensamentos, começava a soprar, vez ou outra, as palavras de Shakespeare, que então já haviam se tornado imprescindíveis aos atores. Apenas aí, quando a partitura do papel estava clara, Konstantin Serguêievitch permitia que o texto fosse decorado.

Escreve Stanislávski:

"Apenas depois dessa preparação lhes devolvi solenemente o texto da peça impresso e seus papéis. E vocês nem precisaram decorar as palavras, pois muito antes disso me preocupei em entregar-lhes, soprar-lhes as palavras de Shakespeare, quando estas eram imprescindíveis, quando vocês já as buscavam e as escolhiam para a execução verbal das tarefas. E então vocês as absorveram avidamente, uma vez que o texto do autor expressava as ideias ou executava as ações muito melhor que o de vocês. Vocês só memorizaram as palavras de Shakespeare porque começaram a amá-las, e porque elas tornaram-se necessárias.

Qual foi o resultado? As palavras alheias tornaram-se suas próprias palavras. Enraizaram-se em vocês da maneira mais natural, sem esforço. Apenas por isso, elas não perderam sua propriedade mais importante: o caráter ativo [*aktívnost*] da fala. Agora vocês já não matraqueiam o papel, mas agem através de suas palavras para executar as tarefas fundamentais da peça. Aliás, é para isso que nos é dado o texto do autor.

Agora pensem bem e me digam: vocês acham que se tivéssemos começado o trabalho sobre o papel decorando o texto, da maneira como se faz na maioria dos casos e na maioria dos teatros ao redor do mundo, teríamos alcançado o mesmo que alcançamos com a ajuda de meu método?

Respondo-lhes de antemão: não, de maneira alguma teríamos conseguido os resultados almejados, necessários. Vocês imprimiriam à força os sons das palavras e as frases do texto na memória mecânica da língua, nos músculos do aparelho vocal, diluindo as ideias do papel, extinguindo-as, por fim. O texto se tornaria alheio às suas tarefas e ações."[73]

* * *

---

[73] K. S. Stanislávski, *Obras completas*, v. 4, Moscou, Iskússtvo, 1957, pp. 271-3. (N. da A.)

Conclusão

Nosso objetivo era ajudar os estudantes a entender uma das partes mais importantes do sistema de Stanislávski, explicar suas últimas descobertas, que abrem novas perspectivas para a utilização desse sistema.

Tentamos mostrar, a partir de um material concreto, a metodologia do novo método de ensaio através da análise da peça e do papel pela ação. Além disso, queríamos que os leitores sentissem a profunda ligação que esse método possui com tudo o que há de mais fundamental no sistema de Stanislávski, defendido e desenvolvido por ele durante toda a sua frutífera atividade cênica.

O problema da ação, a que Stanislávski conferia enorme importância, as supertarefas e a ação transversal, a palavra (a ação verbal, chamada por Stanislávski de "ação principal"), a visão, o subtexto, a comunicação... Tudo isso são elementos de um único processo criativo, e, no decorrer da análise ativa, o caminho até eles abre-se organicamente. Não podemos esquecer que, no trabalho do ator e do diretor, a análise se transforma em síntese de uma forma ao mesmo tempo sutil e complexa. Nem sempre é possível distinguir o final de um processo e o começo de outro, mas isso não significa que os dois sejam idênticos. A própria escolha do material necessário para a criação dos personagens e do espetáculo mostra-se um aspecto importante da transição entre análise e síntese.

Quando esse processo acontece sob o método de trabalho proposto por Stanislávski, ele é ainda mais orgânico, e desperta ao máximo o caráter ativo do ator-criador.

A responsabilidade pela formação e organização artística dos ensaios realizados através da análise ativa recaem, naturalmente, sobre o condutor do processo, ou seja, o diretor. Por esse motivo, é precisamente o diretor quem deve dominar, em primeiro lugar, a metodologia do processo de ensaios.

Saber identificar tanto a semente do verdadeiro quanto o embrião do falso, saber direcionar o processo a tempo, saber unificar numa única tarefa as buscas de cada um dos intérpretes — eis apenas algumas das muitas funções do diretor.

Porém, até mesmo o melhor diretor acabará impotente se não encontrar, em cada um dos participantes do processo, o desejo de trabalhar em estado criativo. Isso significa que o intérprete não só deve ser disciplinado, atento e sério, como também deve trabalhar ativamente, tanto nos ensaios quanto em casa.

A questão do trabalho individual tem uma importância colossal dentro do método de ensaios-*étude*.

Por mais talentoso que o diretor seja, existe um terreno que não está ao alcance de suas forças. Ele não pode ver no lugar do ator, não pode pensar ou mesmo sentir por ele. Pode revelar a supertarefa, abrir as circunstâncias propostas, ser o espelho polido que reflete a menor falsidade presente na interpretação. No entanto, apenas o próprio ator pode ser, ver, ouvir e viver o personagem.

O tédio começa a emanar do palco no exato momento em que o ator, em cena, não vive de acordo com a avaliação imediata dos fatos ocorridos; assim que suas visões vivas, a comunicação viva e o autêntico sentir-a-si-mesmo físico são substituídos por esboços daquilo que o diretor indicou, por melhores que possam ser.

Abordar o texto do papel através de *études* ativa o trabalho individual do intérprete. Neles, o ator deve fantasiar as circunstâncias, visões e pensamentos sobre os quais, no futuro, falará com as palavras do autor.

O ator tem a tarefa de realizar um trabalho preparatório individual. Deve acumular visões para que, durante o *étude*, possa falar sobre elas com as próprias palavras. Aos poucos, vai sendo atraído para tarefas mais complexas e que exigem o domínio dos universos interior e exterior de seu herói. Assim, acaba esbarrando no fato de que o trabalho individual sobre o papel não se limita à memorização do texto (como alguns atores imaginam).

Quando pensamos no motivo de o sistema de Stanislávski, que se desenvolveu e se aprofundou ininterruptamente, ter se tornado uma poderosa arma da arte teatral da época do socialismo, encontramos a seguinte resposta: a ideia fundamental de Stanislávski, no decorrer de toda a sua vida, era a de que uma vida autêntica em cena só é possível se ela estiver de acordo com as leis da própria vida.

Caminhar rumo à descoberta da solução conceitual do personagem, criar um "ser humano vivo" em cena utilizando-se da experiência notável dos melhores mestres de nosso teatro, relacionarmo-nos com nossa profissão de modo a trazer resultados positivos — eis nossa tarefa comum.

Conclusão

ALUNA DE MIKHAIL TCHEKHOV[1]

Maria Knebel

Os exames finais da escola se aproximavam. Tinha me decido pela faculdade de matemática. Os adultos me convenceram disso — talvez fosse verdade que se deve estudar aquilo para o que se tem aptidão. A ideia de fazer teatro começou a parecer um sonho infantil.

Mas a vida deu uma reviravolta inesperada (é provável que esse imprevisto tivesse uma lógica própria). Um dia, às vésperas dos exames, estava sentada à escrivaninha de meu pai e um sol forte me batia nos olhos. Aproximei-me da janela para fechar a cortina e vi que do outro lado da rua estava passando uma amiga de escola, Lida Guriévitch.

— Lida — gritei, debruçando-me na janela —, suba aqui!

— Não posso, estou com pressa para chegar ao Estúdio!

— Que estúdio?

— Sou aluna do Estúdio de Mikhail Tchekhov! Vou ser atriz! — gritava ela para toda a rua.

Mesmo assim consegui convencê-la a subir, e em cinco minutos ela contou, aturdida pelo entusiasmo, pela pressa e pelo orgulho, que estava estudando com aquele Tchekhov que interpretava Caleb em *O grilo da lareira*,[2] que havia o sistema de Stanislávski, que Tchekhov ensinava a seus alunos alguns "elementos" desse sistema, que agora não podia contar tudo em detalhes porque estava com pressa de chegar à aula, mas que tudo o que acontecia no Estúdio era incrivelmente interessante.[3]

---

[1] Trecho tirado do livro *Toda a vida*, autobiografia de Maria Knebel, Moscou, VTO, 1967. (N. do O.)

[2] Trata-se tanto do espetáculo do Primeiro Estúdio do TAM (1914) como da versão cinematográfica (1915) da novela *Cricket on the Hearth*, de Charles Dickens. (N. da T.)

[3] Inspirados pelo exemplo do Estúdio experimental, criado dentro do TAM em 1905 por Stanislávski e Meyerhold, os estúdios começam a proliferar em massa na Rússia a partir de meados dos anos 1910. No livro *Minha vida na arte*, Stanislávski apresenta uma definição para o Estúdio experimental que pode ser aplicada a todos os outros: "Não é um teatro pronto para funcionar, não é uma escola para iniciantes, mas um laboratório de experiências para atores já mais ou menos formados". Mikhail Tchekhov abriu seu Estúdio em janeiro de 1918. (N. do O.)

Não sei o que aconteceu comigo, mas comecei a insistir tanto que ela me levasse à aula, de um modo tão incomum para mim, que ela concordou. Em silêncio corremos até Gazétni Pereúlok, onde morava Tchekhov. Chegando lá, ela me pediu para esperar no pátio e foi atrás da responsável pela turma. Após alguns minutos reapareceu com uma menina bonita, Natacha Tsvetkóva, a representante de classe.

— Ela concordou em deixar você assistir à aula — disse Lida. — Vamos entrar na sala por último e sentamos as três juntas em duas cadeiras. Hoje tem palestra, não haverá exercícios práticos, ninguém vai notá-la.

Quando entramos, os alunos já estavam passando à sala. Esconderam-me num canto da entrada enquanto Natacha, com uma energia exagerada, dava ordens e colocava as cadeiras no lugar. Finalmente, tendo feito todos se sentarem em seus lugares, Natacha apareceu na entrada, piscou alegremente para mim, e num instante nos sentamos as três nas duas cadeiras que haviam sido preparadas. Fiquei tão bem escondida, que era quase impossível descobrir a minha presença.

Mikhail Aleksándrovitch Tchekhov entrou. Todos se levantaram. Só eu, espremida, não conseguia me mexer.

A primeira impressão que Tchekhov me causou foi pungente. Entrou desajeitado, puxando as calças para cima, pouco atraente e feioso. Imediatamente vi seus olhos — dirigidos não se sabe para onde, sem olhar para ninguém e como que esperando uma resposta. Fiquei tão impressionada com aqueles olhos claros e profundos, cheios de dor, solidão e de uma indagação muda, que esqueci totalmente de mim mesma.

Todos estavam de pé, parados. Tchekhov também parou a meio caminho da poltrona que lhe fora preparada.

— Hoje não posso falar de Konstantin Serguêievitch para vocês — disse. — Estou muito doente. Não seria melhor vocês irem embora? Nos encontramos na próxima vez...

Todos estavam de pé, em silêncio.

— Sabem de uma coisa? Não vão embora — disse Tchekhov de repente, talvez percebendo o ânimo geral. — Vamos tentar fazer um *étude* coletivo. Imaginem que este cômodo é um hospital psiquiátrico. Vocês todos estão trancados nele. Eu serei o médico, vocês os pacientes, cada um com sua *idée fixe*, sua obsessão — e rapidamente, sem pensar nem um segundo, começou a distribuir doenças aos alunos.

Tchekhov se movia com delicadeza e rapidez entre os alunos que estavam de pé. Aqueles que já tinham recebido uma tarefa iam para o lado. O punhado dos que ainda não tinham recebido uma tarefa ficava cada vez menor. Eu tentava em vão alcançar ora a porta, ora as minhas duas conhecidas, que haviam se esquecido totalmente de mim. De repente, Tchekhov tocou de leve no meu ombro e, sem olhar para mim, disse:

— E a senhorita acha que é de vidro, e tem medo de quebrar...

Corri até Lida e Natacha.

— Me ajudem a ir embora — sussurrava-lhes apavorada.

— Não se atreva, você vai nos prejudicar — respondiam, não menos apavoradas. — Há muita gente aqui, ele não vai notá-la...

— Mas como vou representar que sou de vidro? — eu me agarrava a elas, morta de medo.

— Não precisa representar nada, simplesmente imagine que você é de vidro... Pelo amor de Deus, se afaste de nós, ele pode notar!

Os caminhos para a fuga estavam cortados. Olhei ao redor e vi um estranho espetáculo. Os olhos de todo mundo haviam perdido a expressão habitual. Cada um parecia olhar para dentro de si, tentando compreender algo. Um jovem subiu na cadeira com o olhar de quem ouve alguma coisa. Era I. M. Kudriávtsev, futuro ator do TAM. Tchekhov lhe dissera que ele era o deus Jano e tinha dois pares de olhos, um no rosto e outro na nuca. Eu não conseguia parar de olhá-lo. Ele fez um movimento com os braços, achei que era direcionado a mim, e, de repente, lembrei que eu era de vidro.

Fui literalmente tomada pelo medo de quebrar. Não sei como, mas me esqueci de tudo — de que estava no Estúdio de modo ilegal e de que Mikhail Tchekhov em pessoa estava lá. Contornava todos com cuidado, tentando pisar levemente, sem fazer barulho. Até hoje me lembro dessa alegria causada pela fé absoluta no que estava acontecendo e pela completa liberdade para agir. Em busca de um lugar seguro, subi no parapeito da janela. Tchekhov começou a propor que eu descesse, e eu conversava com ele com total liberdade e convicção, como com alguém incapaz de entender o quanto era perigoso para mim descer. Tchekhov tentava me convencer de que compreendia tudo. Cedi, e ele, com cuidado, me ajudou a descer, me conduziu através do cômodo e me fez sentar no sofá. Conduzia-me como se eu fosse de vidro, contornando todo mundo. No caminho ele conversava com todos — fazia perguntas a alguns, acalmava outros, mas eu via que ele não se esquecia de mim nem por um segundo. Tchekhov representava o médico, e todos se dirigiam a ele com confiança.

De repente, bateu palmas — essa batida significava o fim do *étude*. Para mim, significava também o início da punição pelo instante feliz de criação, ao qual eu ainda não tinha direito.

Tchekhov se sentou na poltrona que lhe fora preparada, todos ocuparam os seus lugares. Fiquei de novo espremida atrás das costas dos outros. Tchekhov analisava o *étude*, fazia observações, criticava alguns pela falta de concentração, elogiava outros por "estarem no círculo". Eu não entendi o que significava "estar no círculo", mas não tive coragem de perguntar às minhas vizinhas — estava com medo até de respirar.

— E onde está a de vidro? — perguntou Tchekhov de repente.

Não podia responder, porque, enfiando o rosto nas costas de uma das moças, caí num choro amargo. Em seguida, também as minhas amigas começaram a chorar. Choravam porque entediam que haviam cometido um ato indigno e tinham medo de serem expulsas do Estúdio, enquanto eu chorava porque tocara por acaso em alguma coisa desconhecida, e agora essa felicidade desconhecida seria tirada de mim, e pela frente me esperava uma vida rigorosamente traçada, sem nenhum teatro e nenhuma felicidade...

Tchekhov se despediu dos alunos, mantendo na sala apenas as duas moças culpadas e eu. Não estava bravo. Nossas lágrimas lhe causaram graça, e ele exigiu que contássemos direito porque eu havia ido até lá se, segundo as minhas palavras, não tinha intenção de entrar no Estúdio. Falei longa e confusamente que decidira firmemente entrar na faculdade de matemática porque era feia, e porque, de todo modo, meus pais não me deixariam estudar ali.

Minhas palavras sobre a faculdade de matemática irrompiam em meio a lágrimas e soluços, e aparentemente não impressionaram Tchekhov nem um pouco. Deixou as moças irem para casa e, quando elas partiram, disse-me com rigor:

— Acalme-se, pare de chorar. Vou lhe dar mais um *étude* agora — e chamou um rapaz que punha as cadeiras no lugar, provavelmente o responsável pela arrumação naquele dia. — Koniús, fique, preciso de você.

Agora já não lembro mais desse Koniús, não lembro quando e por que deixou o Estúdio, mas o *étude* que fiz com ele permanece em minha memória até hoje.

— Vocês são marido e mulher — disse Tchekhov. — Ele vai deixá-la. Podem fazer e dizer tudo o que quiserem.

Lembro que nesses minutos vivi uma solidão tão angustiada e pungente, sentimentos tão complexos, que eu, com dezoito anos, naturalmente nunca vivera, e dos quais tinha uma noção bastante vaga. Por causa dessa plenitude de sentimentos acabei não dizendo palavra alguma, embora quisesse impedi-lo o tempo todo de partir. Koniús também não falava nada, mas ia pegando suas coisas...

— A senhorita já viveu na vida sentimentos análogos? — perguntou Tchekhov.

— Não — respondi com sinceridade.

— Lembre-se para sempre do que aconteceu agora. A arte é uma coisa incrivelmente complexa. Você nunca viveu isso na vida, mas sua imaginação, como uma abelha, colhia o mel de tudo o que você percebia, ouvia, lia, via, e que agora se revelou no ato criativo. Assim que você começar a aprender a arte do ator, a espontaneidade, a ingenuidade, a fé desaparecerão. Mas isso é apenas por um tempo, depois tudo retornará com uma nova qualidade.

Passei algumas horas com Tchekhov. Ele falou sobre o teatro e sobre si mesmo. Contou que sua mulher tinha ido embora e levado a filha, que a vida para ele estava difícil, mas acreditava que a arte iria salvá-lo. Dizia que queria criar um estúdio onde poderia transmitir todos os seus conhecimentos.

Depois, a mãe de Tchekhov entrou no cômodo e ele lhe disse:

— Mamãe, esta é a minha nova aluna...

Tudo na minha vida virou, como se diz, de cabeça para baixo. Fui para casa e não via nem as ruas, nem os edifícios, nem as pessoas. "Aluna de Tchekhov! Aluna de Tchekhov!", cantava a minha alma. Pela primeira vez foi difícil estar em casa. Ali tudo estava como antes, enquanto eu agora tinha um segredo. Compreendia que era inútil contar em casa sobre o acontecido, ninguém me entenderia.

Mas o que fazer com a faculdade de matemática? E me debrucei novamente sobre os livros. Passaram-se alguns dias; eu não ia ao Estúdio, mas ele me atraía de forma irresistível. Decidi encontrar Tchekhov e lhe contar sobre todas as minhas hesitações.

Ele me recebeu carinhoso e alegre, como se me conhecesse havia muito tempo, desde a infância. Sentou-se no sofá, dobrou as pernas, me fez sentar ao seu lado e começou a me tratar por "você":

— Conte tudo o que se passa, tudo... — ele ceceava bem de leve. Em cena, sabia usar esse defeito para as mais variadas caracterizações, mas na vida isso lhe dava uma espécie de ingenuidade infantil.

Contei-lhe sobre meus pais, sobre a ocasião em que o ator Tchárin dissera que eu deveria me tornar atriz e sobre a conversa com meu pai, que me convencera de que, com a minha aparência e timidez doentia, eu devia desistir da ideia do teatro.

Disse também que agora não conseguia pensar em nada além das suas palavras: "Esta é a minha nova aluna". Não conseguia, mas ao mesmo tempo continuava vivendo como antes, e todos achavam que eu ia tentar a faculdade de matemática.

— Sabe de uma coisa — disse Tchekhov, após me ouvir com muita atenção —, é claro que não se deve magoar os pais. Para mim, por exemplo, não há ninguém mais importante que minha mãe. Mas faculdade de matemática, em minha opinião, é uma bobagem fenomenal! É claro que não posso garantir que de você sairá uma atriz. O fato de não ser bonita não me incomoda — os papéis que exigem caracterização são muito mais interessantes de interpretar. Você fez bem os dois *études*. Pode ser que isso tenha acontecido por acaso, pode ser que, por ter vindo ao Estúdio às escondidas, tenha surgido uma certa concentração nervosa. Mas de um jeito ou de outro, você é capaz de se concentrar e você tem imaginação. Eu acho que a matemática surgiu por causa de um colapso nervoso.

Eu ouvia e acreditava em cada palavra. Lembrava-me da pintura, da literatura, da música, do teatro, que preencheram minha infância, e sentia que não queria fazer nenhuma outra coisa.

— Sabe o que é o mais importante? — disse Tchekhov finalmente. — Você seria capaz de amar tanto o teatro a ponto de se entregar a ele por inteiro, sem nenhuma reserva? Stanislávski diz que é preciso amar não a si na arte, mas à arte dentro de si. Isso é muito difícil. Se você não tem medo dessa dificuldade, vá, tente. Quando eu estudava em Petersburgo, durante um exame um aluno disse a Pevtsóv que só queria se tornar ator se realmente tivesse talento. Pevtsóv respondeu que, se ele pensava assim, era melhor não fazer teatro, porque logo o teatro não precisaria mais dele. O teatro precisa apenas daqueles que o amam tanto, que aceitariam ser ponto, iluminador, qualquer coisa, desde que vivam no teatro e para o teatro...

Decidimos que eu frequentaria o Estúdio à noite e tentaria entrar não na faculdade de matemática, mas na de história da arte. Depois de um ano, Tchekhov me diria se valia a pena eu cursar o Estúdio.

— Prometo-lhe ser muito rigoroso — disse ao se despedir.

... Mikhail Tchekhov foi meu primeiro professor de teatro, e me deu tanto que meu sentimento de gratidão não passou até hoje. Não é fácil escrever sobre ele.

Lembro-me de como, durante os ensaios de O *inspetor geral*, Stanislávski, sem tirar os olhos do palco, levantava o braço em tom de ameaça porque alguém na plateia havia feito barulho com as páginas do texto. Konstantin Serguêievitch tinha medo de que esse ruído pudesse atrapalhar a criação de Tchekhov.[4] Lembro-me de como Stanislávski dizia para nós, que acabávamos de ser aceitos no teatro:

---

[4] Tchekhov interpretava Khlestakóv. O espetáculo estreou em outubro de 1922. (N. do O.)

— Estudem o sistema observando Micha Tchekhov. Tudo o que ensino a vocês está contido em sua individualidade criativa. Tchekhov é um talento poderoso, e não há nenhuma tarefa artística que ele não seja capaz de realizar em cena...

O Estúdio surgiu num período difícil para Tchekhov. Frequentemente sua doença nervosa o impelia à decisão de romper para sempre com o teatro.[5] Ele começou a pensar em possíveis meios de subsistência. Naquela época, não saía de casa. Começou a esculpir figuras de xadrez em madeira e a aprender a encadernar livros. Depois, um de seus amigos o convenceu a abrir um estúdio. Ele se entusiasmou com a ideia, pois o trabalho com jovens o atraía. Todos que entravam eram informados de que o Estúdio era pago, mas ele nunca pegou dinheiro de nenhum de nós. Desde as primeiras aulas o Estúdio virou a principal ocupação de sua vida. Mais tarde ele passou a dizer que só tinha se curado graças ao trabalho conosco. Acho que de fato foi assim. Precisava do contato com pessoas jovens, saudáveis, apaixonadas pela sua individualidade artística.

E ele se abria conosco com tamanha sinceridade, que me sinto no direito de dizer: nem os espectadores, nem mesmo os seus colegas de muitos anos de teatro o conheciam como nós. Conhecíamos Tchekhov em todas as suas complexas contradições — fraquezas, crises, buscas inspiradas, dúvidas, decepções e descobertas. As suas aulas não tinham uma continuidade, algo que talvez fosse necessário para o nosso crescimento sistemático. Por outro lado, através dessas aulas compreendi para sempre que a individualidade criativa do pedagogo é uma enorme força formadora.

Ele ensinava não para o nosso proveito, mas para o seu próprio. Se algum de nós chegava a compreender suas buscas artísticas, mesmo que fosse numa dose microscópica, essa pessoa tornava-se indispensável para Tchekhov. Mas bastava que alguém ficasse para trás ou exigisse uma atenção especial que imediatamente se tornava um estorvo, e Tchekhov passava a olhar para essa pessoa sem ver, sem ouvir, sem notá-la. Ele não nos ensinava, e sim nos dava a possibilidade de participar de suas buscas, e por isso lhe sou grata para sempre.

Agora, passados muitos anos, após ter conhecido o sistema de Stanislávski não apenas através de Tchekhov, depois que o destino me deu a felicidade de chamar de mestre tanto Stanislávski como Nemirôvitch-Dân-

---

[5] Em 1917, Tchekhov abandonou os ensaios de *A gaivota* no TAM. Em uma carta a Stanislávski, justifica sua saída pela doença nervosa da qual sofria já "há dois anos e meio". (N. do O.)

tchenko, compreendo que nos anos de surgimento do Estúdio Tchekhov *era um autêntico aluno de Konstantin Serguêievitch*. Ao olhar meu diário daqueles anos, as anotações de palestras, *études* e exercícios, admiro a profundidade com a qual ele se apropriava das ideias de Stanislávski! E pelos diários posteriores vejo como, aos poucos, quase imperceptivelmente, suas formulações iam mudando; como Tchekhov se afastava, como dava as costas a Stanislávski. E finalmente aconteceu de o melhor entre os melhores alunos se encontrar do lado oposto às posições políticas e estéticas de seu mestre...[6]

As aulas no Estúdio eram em sua maior parte dedicadas a elementos do sistema, às buscas do sentir-a-si-mesmo nos *études*, isto é, à primeira parte do sistema de Stanislávski. Não me lembro de nenhum trabalho interessante sobre uma peça inteira ou sobre fragmentos — um trabalho assim não entrava na esfera dos interesses de Tchekhov. As questões relativas à atenção, imaginação, improvisação, "semente", atmosfera etc. interessavam-no sobretudo pelo aspecto daquilo que Stanislávski chamava de "trabalho do ator sobre si mesmo". Atraía-o o desenvolvimento da psicotécnica do ator, *que prepara* a si mesmo para o trabalho sobre o papel. Tchekhov compreendia que precisamente nesse campo podíamos nos tornar para ele um pequeno laboratório de criação.

O interesse de Tchekhov pelas questões da técnica de criação era o interesse de um *ator* de grande calibre. Infelizmente, esse fenômeno é bastante raro na arte. O mais comum é que os diretores se interessem pela psicotécnica do ator, considerando, naturalmente, que são obrigados a educar o ator. Os atores, porém, raramente colocam para si questões de autoformação e os raros casos que pude observar de atores descobrindo dolorosamente e por si mesmos os segredos da profissão estavam sempre ligados a personalidades criativas de primeira grandeza.

Tchekhov, assim como Stanislávski, considerava que a grande maioria dos atores ainda não elevara a profissão ao nível da grande arte e se agarrava a formas velhas e obsoletas. No fundo, os atores desse tipo amam o diletantismo, acham que isso significa liberdade, enquanto Tchekhov sonhava com uma compreensão cada vez mais sutil do processo criativo, com uma psicotécnica cada vez mais precisa. Por isso, construía o Estúdio com tanto entusiasmo e fazia todos os exercícios e *études* junto conosco.

---

[6] Depois de emigrar em 1928, Mikhail Tchekhov tornou-se *persona non grata* na União Soviética. Continuava a ser considerado como tal em 1967, quando foi publicado o livro *Toda a vida*. Sobre a luta travada por Maria Knebel para a sua reabilitação, ver o posfácio da presente edição. (N. do O.)

É claro que na época a maioria de nós não entendia isso. Víamos Vakhtângov[7] construir seu estúdio, criar seu teatro; ao passo que Tchekhov, assim que surgia uma questão sobre o repertório, murchava a olhos vistos. Nós éramos ativos, existia uma enorme quantidade de projetos de encenações, mas todos eles furavam com incrível rapidez e nunca se foi além da distribuição dos papéis.

Às vezes, no entanto, surgia em Tchekhov o desejo de pegar algo grande. Sonhava, por exemplo, com *Fausto*: o líamos em voz alta e o analisávamos. Em outra ocasião ele nos contou que Vakhtângov sonhava em encenar o Evangelho. Disse isso como sempre falava de Vakhtângov, com interesse e curiosidade, como se tentasse adivinhar o que estava por trás das palavras de Evguéni Bagratiónovitch. E de repente se voltou a nós:

— O que vocês acham, talvez Vakhtângov queira que eu interprete Cristo?

A partir desse momento se entusiasmou com a ideia de encenar o Evangelho no Estúdio. Decidíamos quais passagens eram mais apropriadas para a cena quando, de repente, surgiu uma dificuldade inesperada. Uma das alunas confessou a uma amiga que não acreditava em Cristo. Na aula seguinte a amiga, que acabou sendo a guardiã da subversão, levantou-se e, com uma voz trágica, anunciou:

— Micha — Tchekhov exigia que o chamássemos pelo apelido e o tratássemos por "você" —, Micha, sabe, a Ella não acredita em Cristo!

Todos os rostos se voltaram assustados e interrogativos para a renegada. Tchekhov a olhou de modo muito severo e perguntou se aquilo era verdade. Ella Stein, branca como um lençol, confirmou corajosamente que de fato não acreditava em Cristo. Instaurou-se uma pausa opressiva. Tchekhov desviou os olhos e ficou pensativo.

— E em Hamlet você acredita? E em Lear? E em Fausto? Eu pensava que nós, aqui no Estúdio, iríamos buscar caminhos para realizar o sonho de Vakhtângov, e agora...

Mikhail Aleksándrovitch foi embora e nós ficamos totalmente perturbados. Uns acusavam a aluna corajosa, outros sentiam vagamente que a fé

---

[7] Aluno de Stanislávski, ator, pedagogo, diretor muito conhecido na Rússia, Evguéni Bagratiónovitch Vakhtângov (1883-1922) foi o criador do "realismo fantástico" e autor de algumas encenações que marcaram profundamente a história do teatro. Mikhail Tchekhov e Vakhtângov se conheciam muito bem devido ao longo período de colaboração no Primeiro Estúdio do TAM. Mikhail Tchekhov atuou em algumas encenações de Vakhtângov. (N. do O.)

em Lear ou em Fausto não era bem a mesma coisa que Tchekhov chamava de "fé em Cristo". Mas éramos ainda jovens demais e apaixonados demais pelo nosso professor para discutir com ele. Na aula seguinte Tchekhov propôs a todos que pensássemos o quão a sério levávamos a encenação do Evangelho. Dessa vez não havia nenhuma mágoa em relação à "revoltada". Depois, improvisou algumas cenas. Parece-me agora que ele buscava no caráter de Cristo mais ou menos o que buscava Kramskói,[8] ou seja, pensamento profundo, concentração e humanidade.

Propôs que estudássemos as representações de Cristo feitas por grandes pintores e que lhe trouxéssemos aquilo que mais nos impressionasse.

Ao final de todas as discussões, a maioria se decidiu pela cabeça de Cristo n'*A última ceia*, de Leonardo da Vinci. Lembro que até "interpretamos" esse quadro. Tchekhov interpretava Cristo. O *étude* consistia em cada um encontrar uma justificativa interior para uma das figuras do quadro. Ao longo do trabalho, Tchekhov nos revelava a obra de Leonardo da Vinci, a composição, o ritmo e a construção de cada figura. O que mais me marcou foi a expressão do rosto de Tchekhov-Cristo, o seu olhar para os alunos, repleto de profunda atenção.

Mas logo Tchekhov esfriou em relação à ideia da encenação do Evangelho. Já o ocupavam novos pensamentos, que como sempre estavam ligados ao aperfeiçoamento da psicotécnica do ator. Interessavam-lhe tanto a capacidade do ator de dar corpo a diversos gêneros — fosse o fantástico, a hipérbole cênica ou a tragicomédia, quanto — e acima de tudo — o sentir-a-si--mesmo improvisacional, que ele considerava a base e o ápice da arte do ator. Talvez não houvesse no Teatro de Arte nenhum outro ator com um interesse tão forte e intenso pela improvisação sonhada por Stanislávski quanto ele.

Assim como Stanislávski, Tchekhov considerava que o sentir-a-si-mesmo improvisacional não deveria levar de forma alguma à anarquia ou a qualquer arbitrariedade por parte do ator. O texto, a precisão das relações e até as marcações de cena são a base inabalável sobre a qual o ator improvisa.

Em que consiste então a liberdade do ator? Em primeiro lugar, nas adaptações e invenções [*prispossoblénia*], nas cores, no subtexto. Tchekhov sempre dizia que se o ator assimilar a psicologia do criador-em-improvisação [*improvizíruiuschii tvoréts*], ele se encontrará como artista. Por isso, em pri-

---

[8] Kramskói foi o autor do famoso quadro *Cristo no deserto*, em que Jesus é mostrado imerso num profundo pensamento místico e como se estivesse privado dos seus atributos divinos habituais (ver também nota 125 no capítulo "Adaptações e invenções de jogo", em *A palavra na arte do ator*, p. 211 deste volume). (N. do O.)

meiro lugar é necessário educar o ator como um artista-improvisador. A maioria dos *études* e dos exercícios no Estúdio era dedicada exatamente a esse problema.

Goethe dizia que "de todos os conhecimentos que enriquecem o ser humano durante a vida, ficam em sua memória apenas aqueles que ele experienciou".[9] Já me esqueci de muita coisa que era feita no Estúdio, mas de algumas lembro como se tivessem ocorrido ontem. Lembro com que variedade de caminhos Tchekhov desenvolvia em nós o sentir-a-si-mesmo improvisacional.

Se havia uma coisa sem a qual não se podia fazer nenhum *étude* e nenhum exercício no Estúdio era a coragem criativa. Hoje compreendo que Tchekhov buscava caminhos diretos demais para o subconsciente, motivo pelo qual para muitos de nós os exercícios propostos eram difíceis, e era grande a quantidade de *études* que não davam certo. Mas uma coisa que ele nos ensinou foi a "mergulhar de cabeça na água fria". Tchekhov gostava de *études* para a "autorrevelação", ou seja, *études* em que a imprevisibilidade dos acontecimentos não deixava tempo para reflexão. Ele, um ator de enorme espontaneidade, gostava muito desses exercícios, que aprendera com Stanislávski.

Via de regra, propunha-os de uma maneira particular: não contava todo o *étude*, mas ia soprando as próximas ações. Se alguém se distraía ao ouvir as indicações, ele interrompia imediatamente o exercício, pois considerava que a capacidade de viver a própria tarefa de tal modo que a indicação do pedagogo (e, posteriormente, a do diretor) não atrapalhe, e sim ajude na realização da tarefa, é o primeiro passo na arte do ator. Tchekhov soprava com uma incrível sensibilidade de ator, o tempo todo vivia conosco o que estava acontecendo e, quase sempre entrava em algum momento do *étude* para participar.

— Você entra na cabine do elevador — disse-me num dos meus primeiros dias de Estúdio. (Eu entrei.) — Bata a porta. (Bati.) Você está subindo para encontrar Stanislávski, ele quer ouvir como você recita. Repita os versos em silêncio. Você está nervosa, mas no fundo está alegre, porque agora vai encontrar Konstantin Serguêievitch.[10] Você tem um buquê de flores nas

---

[9] J. P. Eckermann, *Conversas sobre Goethe*, Moscou/Leningrado, Academia, 1934, p. 233. (N. da A.)

[10] Mikhail Tchekhov se apresentou em circunstâncias semelhantes a Stanislávski, que lhe pediu para recitar um fragmento de *Tsar Fiódor*. Depois dessa entrevista Tchekhov entrou no Teatro de Arte de Moscou. (N. do O.)

mãos. Levante a rosa que caiu; cuidado, não vá se espetar. Repita os versos mais uma vez. Certo. Agora, aperte o botão do elevador, sexto andar — fiz o movimento para apertar o botão, mas no mesmo segundo ouvi a voz preocupada de Tchekhov: — Não há nenhum painel com os botões. O que há? Onde ele está? Talvez esteja do outro lado? Você entrou numa cabine vazia! — mesmo sem entender nada, eu ficava cada vez mais inquieta. — O que fazer? — disse de repente, aterrorizado. — O elevador está em cima! Ele está descendo! Saia, saia rápido! — mas bastou eu fazer um movimento, e Tchekhov já estava perto de mim, tentando abrir a porta. Ele dizia: — Tente não ficar nervosa, vamos salvar você. A porta está trancada. Você fechou uma porta que não tem chave. Por que vocês estão sentados? — atirou-se sobre os alunos. — Salvem-na! Corram para cima! Parem o elevador. Talvez haja alguém lá em cima. Deite-se, deite-se no chão... — mas já não fazia sentido me dizer o que fosse, eu havia desmaiado de susto.

— Por que você desmaiou? — perguntou Tchekhov perplexo quando voltei a mim. — Isso é naturalismo, um naturalismo grosseiro — dizia insatisfeito. — Seus sentimentos não tinham nada a ver com arte. Histeria, tensão muscular grosseira — foi isso que a levou a desmaiar. Podem me propor agora o *étude* mais "terrível", e verão que não sentirei nada além da alegria de criar...

Todos queriam lhe propor um *étude*, e eu aparentemente mais que todos, como "vítima". Inventei um *étude*, confessando porém que não tinha coragem de "guiar" Tchekhov até o alvo.

— Nem precisa, apenas me diga qual é o tema. Afinal, eu vou soprando pouco a pouco porque é preciso aprender a ouvir a indicação. Além disso, vocês ainda não sabem que a coisa mais bela na arte é o pressentimento, o presságio do todo.

Nesse dia nos contou pela primeira vez que Stanislávski dava enorme importância à noção que chamava de "semente". "Semente" é a essência, a base, o cerne a partir do qual cresce a futura obra de arte. Assim como na semente se esconde a futura planta, na "semente" artística se esconde o futuro espetáculo, o caráter do herói. Stanislávski chamava essa semente de "alma do papel" e, às vezes, de "cereja do bolo". Tchekhov contou que, enquanto ator, sempre entendeu a "semente" como o "pressentimento de uma totalidade". Se esse pressentimento não surgia, todos os detalhes e particularidades se partiam em mil pedacinhos, e restava apenas uma sensação de caos. Dizia que muitos atores começam a inventar e elucubrar as figuras cênicas [*ôbraz*] antes do tempo, inventando a caracterização e amarrando-a artificialmente às palavras do papel em vez de ouvir com atenção a "sensação do todo" e ter coragem de confiar nessa sensação.

— E agora me proponha o *étude* — Tchekhov interrompeu a si mesmo.

Em meu *étude*, Tchekhov deveria colher os frutos de uma árvore e de repente descobrir uma cobra venenosa. Ele perguntou qual dos alunos gostaria de fazer esse *étude* por ele. Todos responderam afirmativamente. (Tchekhov nos acostumou muito rapidamente a querer realizar qualquer exercício com veemência. Tratava com tanta frieza e desdém os que "ficavam esperando", que todos nós, sem nem pensar se o exercício iria dar certo ou não, lançávamo-nos com coragem para realizá-lo.) Alguém trouxe um banco da cozinha e, subindo nele, começou a arrancar os frutos imaginários. Então, ouviu-se um grito feroz: "fugindo da cobra", o aluno correu com toda a força para o outro cômodo. Após alguns segundos, voltou bastante embaraçado. Um atrás do outro, todos subiam no mesmo banco, tendo fixado na imaginação a árvore no mesmo lugar onde a pôs o primeiro aluno. A única diferença entre eles estava no fato de que alguns eram mordidos pela cobra e morriam ali mesmo, de forma nada natural, enquanto outros conseguiam, ora gritando, ora — sabe-se lá por quê — correndo sobre a ponta dos pés, escapar da cobra.

Tchekhov riu de todos. Sobrou mais para os que tinham fugido da cobra na ponta dos pés.

— De onde vocês, com dezoito anos, tiram esses clichês? — perguntava, aterrorizado. — Konstantin Serguêievitch tem razão quando diz que os clichês são absorvidos com o leite da mãe! E que pobreza de imaginação! — não conseguia se acalmar. — O primeiro inventou a situação mais trivial, e todos correram para agarrar-se a ela. Mas salvar-se da cobra correndo sobre a ponta dos pés, isso é uma pérola, é claro. Pena que ninguém disse a ela: "*Pardon*, estou com pressa!" — e rolava de rir.

Entendíamos que estávamos fazendo mal o *étude*, mas atribuíamos isso apenas à nossa falta de habilidade. Na verdade, hoje está claro para mim que Tchekhov cometia um erro pedagógico ao exigir de nós, imediatamente, sentimentos impetuosos, num momento em que isso poderia levar apenas à afetação e à histeria. Ele não sabia se colocar em nosso lugar porque quando ele mesmo realizava as tarefas propostas, sentia que era capaz de resolvê-las de maneira brilhante.

Tchekhov fez o *étude* "A cobra" em várias versões. Citarei duas, que tenho anotadas.

— Vou fazer esse *étude* como uma fábula — disse.

Aluna de Mikhail Tchekhov

Considerava que a fábula em geral continha possibilidades enormes para o desenvolvimento do talento do ator. Nele, é comum se entrelaçarem o trágico e o cômico, ele desenvolve a imaginação, educa a percepção do estilo e exige uma forma precisa. No Estúdio, nos ocupávamos muito das fábulas. Tínhamos, por exemplo, o *étude* "O tapete voador", que fazíamos constantemente. Aos poucos ele ia crescendo, surgiam novos acontecimentos, novos detalhes e personagens. "A cobra" foi a primeira fábula que Tchekhov interpretou para nós e junto a nós.

— Em primeiro lugar, tirem o banco daqui. Em segundo, estejam atentos e sensíveis. Pode ser que eu precise da intervenção de vocês. Não vacilem nem por um segundo.

Sentamo-nos ao longo da parede para lhe deixar o maior espaço possível.

Ele foi até a entrada e logo voltou como um senhor muito, muito velho. Apoiava-se numa bengala e parecia mortalmente cansado. As pernas mal se moviam, os olhos se fechavam por causa da luz forte. Estava com calor, faltava-lhe ar. Ao entrar, olhou em volta e começou a procurar uma sombra. Pretendia se acomodar ora debaixo de uma árvore, ora debaixo de outra, verificando onde a sombra era mais densa. Já estava quase decidido a colocar a bengala no chão, mas o pensamento de que num outro lugar haveria mais sombra o obrigava a endireitar-se e passar a outra árvore. Ria suavemente da própria indecisão, e de seus lábios ressecados escapavam sons confusos — pareciam risos ou palavras incompreensíveis. Finalmente ele se acomodou. E a maneira como se deitou, como soltou os músculos, esticou as pernas e fechou os olhos, nos permitia imaginar como fora longo o caminho que esse velho havia feito e como se sentia bem agora.

Estava deitado, totalmente imóvel, e parecia dormir. De repente vimos que, sem abrir os olhos, sem fazer qualquer movimento, começou a aguçar a audição. Apertou um pouquinho mais o ouvido contra o solo.

— Não — disse por fim, cheio de deleite — foi só impressão!

Se acomodou ainda mais confortavelmente e de novo tentou dormir, mas o farfalhar que o havia assustado já tinha espantado o sono. Toda a sua atenção foi tomada pelas maçãs, que recobriam os galhos que pendiam sobre si.

— Quantas maçãs! — sussurrou num júbilo quase infantil.

O corpo cansado estava estático, e apenas os olhos e os lábios secos se moviam em direção aos frutos frescos. Finalmente pegou a bengala e, sentado, tentou alcançar um galho e abaixá-lo. A variedade desses movimentos era enorme. Ora o galho se aproximava e o velho quase alcançava a maçã, ora o galho escapava de repente, voltava para cima e o velho precisava procurar um galho mais dócil, tentando novamente enganchá-lo e abaixá-lo com todo o cuidado. Eis que a maçã estava sobre ele, e o velho, todo brincalhão, decidiu não arrancá-la com a mão, mas mordê-la com a boca desdentada e balbuciante. Parecia que finalmente conseguiria aplacar a sede.

Mas de repente se encolheu todo, começou a olhar em volta e perguntou, apavorado:

— Quem disse que as maçãs são encantadas e não se pode tocá-las?

— Eu disse — respondeu Natacha Tsvetkóva.

Tchekhov se virou para o seu lado:

— Quem é você?

— Não me pergunte — respondeu ela.

— Espere, não vá embora — todo queixoso, Tchekhov foi em sua direção, mas a aluna compreendeu que o melhor era não continuar o diálogo e deixá-lo só.

Ele a acompanhou com um longo olhar, como se ela estivesse desaparecendo aos poucos. Sua atenção foi novamente tomada pelas maçãs.

— Tenho sede, tenho muita sede! — sussurrava de forma quase inaudível, lutando contra a tentação.

Os galhos lhe batiam no rosto — via-se isso pela maneira como empurrava com a cabeça e as mãos as maçãs que roçavam a sua boca. Era ao mesmo tempo comovente e engraçado. Ele fazia o desejo de comer uma maçã ser tão grande que nenhuma força do mundo parecia ser capaz de impedi-lo. Mas uma fração de segundo antes de arrancar a maçã do galho, com uma timidez senil e infantil, olhava para o lado de onde viera a voz. Aparentemente sem ver ninguém ali, sorria maliciosamente e ia de novo em direção à maçã. Então, mais uma vez o temor da terrível proibição o obrigava a olhar para todos os lados.

Agora ele tentava enganar aquele ser cuja proibição temia, e, olhando rapidamente para os lados, se esgueirava pelo bosque em direção às árvores mais distantes, para ali, sem ser visto por ninguém, arrancar uma maçã.

— Aonde você vai? — parou-o de repente a voz de um outro aluno.

Era uma interpelação imperiosa e rude. Tchekhov ficou plantado no lugar. Esperávamos que ficasse assustado, que se resignasse, mas o velhinho de repente ficou bravo, começou a bater os pés, a ameaçar com a bengala e a sussurrar palavras ininteligíveis. Voltava-se ora para o lado de onde havia soado a interpelação ameaçadora, ora para o lado de onde a proibição surgira pela primeira vez.

— Mas eu vou comer, mas eu vou comer — repetia de vários jeitos. — Eu vou comer!

Aluna de Mikhail Tchekhov

Nesse ser pequenino, franzino, impotente amadurecia tamanha determinação, tamanha coragem, cheia de travessura! Nos vinha um desejo enorme de que ele não desse ouvidos a ninguém, que finalmente arrancasse a maçã e aplacasse a sede.

E ele fez isso. Comia com voracidade, rápido, alegre, enxugando com pressa o suco que lhe escorria pelo queixo. Fazendo esse movimento, talvez tenha sentido que tinha uma barba — daí em diante, na nossa frente estava um velho com uma barbicha engraçada. Após comer a maçã, deve ter sentido uma satisfação incrível, começou até a dançar um pouquinho. Mas de repente se assustou de novo e começou a ouvir alguma coisa dentro de si. Seus olhos se arregalaram e pararam. Abriu a boca, e seu olhar, feito um raio, seguiu alguma coisa. Antes de nos darmos conta, agarrou a cobra que saía de sua boca escancarada. Com um movimento ágil, enrolou-a em torno de uma mão e prendeu sua cabeça com a outra, jogando-a para longe. Tudo foi feito com um humor tão raro, com tamanha precisão de movimentos, que irrompemos numa salva de palmas. Mas o *étude* ainda não havia terminado.

— A bengala, onde está minha bengala? — gritou para nós, sem tirar os olhos da cobra. Um de nós imediatamente lhe deu a bengala. — A cobra vai crescer, temos uma luta pela frente. Estejam prontos. Nenhum movimento até eu dar a ordem — comandava o velhinho que, apesar da debilidade, demonstrava uma autoridade heroica.

Começou a luta. Tchekhov manejava a bengala com uma inventividade requintada. Ora desenhava um círculo, sem deixar a cobra ultrapassá-lo, ora, girando a bengala sobre a cabeça, fazia um som estranho com os lábios fechados, ora atraía a cobra para a bengala e a girava no ar.

De repente sua voz ficou trágica:

— Olhem, ela está crescendo, não me obedece. Que escuridão! Só seus olhos brilham. Ela está avançando sobre nós — dizia enquanto lutava contra a cobra gigante. Compreendíamos que a cobra já estava enorme pelos movimentos extremamente largos da bengala.

— Ela voou para cima, não podemos alcançá-la — exclamou. — Não tenho força suficiente. Salvem-me!...

Bastou o primeiro apelo, e nos lançamos em sua direção. Tchekhov ficou sobre os ombros do aluno mais alto.

— Agora somos um todo — sua voz soava jovem e confiante. — Agora precisamos decapitá-la, todos juntos.

Fomos em direção à cobra.

— Olhem — soou a voz feliz de Tchekhov —, ela está indo embora...

106   Maria Knebel

Vi muitos velhos de Tchekhov. Era notável a sua atuação como Múromski em O *caso*[11] e como Ableúkhov em *Petersburgo*.[12] Mas talvez pelo fato de nosso velho ter surgido "do nada", ou seja, não de uma peça ou de uma concepção dramatúrgica, mas exclusivamente da imaginação do ator, foi este o que mais me impressionou.

— Agora vou fazer um vaudevile — continuou Tchekhov. — É verdade que um vaudevile exige canções e dança, e vai ser difícil fazê-lo sem música. Mas quero que vocês entendam: o vaudevile tem uma construção interior e exterior particular...

Pegou a mesma bengala, mas agora, nas suas mãos, ela se tornou uma leve bengalinha. Olhava em volta, assobiando, visivelmente à espera de alguém. Seu olhar tolo e feliz corria de um lado a outro, como se calculasse de onde *ela* poderia chegar. Mas como *ela* não vinha, o rapaz começou a ocupar-se de si mesmo — reamarrou a gravata com um grande laço (executava com maestria as ações sem objetos), repartiu o cabelo ao meio e começou a imaginar como iria encontrá-la. Para isso, colocava-se em diferentes posições. Ora, com um sorriso feliz, corria ao seu encontro, levantando o chapéu inexistente e girando com leveza a bengalinha na mão, ora notava que o sapato estava desamarrado e começava a amarrá-lo.

A bengalinha o atrapalhava, mas não compreendia que era preciso colocá-la no chão. Então criava maneiras cada vez mais absurdas de segurá-la, de forma que não o atrapalhasse. Passava-a de uma mão à outra, e a mão que segurava ao mesmo tempo a bengala e o cadarço deixava cair ou a bengala ou o cadarço. Prendeu então a bengala entre as pernas cruzadas, e ela o impediu de se abaixar. Tentou enfiar a cabeça embaixo da bengala e, conservando uma expressão incrivelmente boba, mas absolutamente séria, não conseguia entender qual das pernas cruzadas era a direita e qual a esquerda. Ao mesmo tempo, crescia a preocupação de que ele se encontrasse diante *dela* com o sapato desamarrado. O ritmo de suas ações mudava o tempo todo: ora perdia a esperança de amarrar o sapato, ora tentava fazê-lo com uma rapidez extraordinária. Finalmente parou. Uma ideia genial o iluminara. Deitou-se de costas, colocou a bengala sob a cabeça, levantou a perna e, mantendo o pé muito perto dos olhos, amarrou o sapato. Após dar um elegante laço, virou-se bruscamente para a lateral e, sem mudar a posição dos

---

[11] Em russo, *Diélo*. Peça de Súkhovo-Kobílin na qual Tchekhov atuou em 1927 junto com a trupe do Teatro Máli. (N. do O.)

[12] Peça de Andrei Biéli, encenação do romance homônimo. A estreia ocorreu em novembro de 1925. (N. do O.)

Aluna de Mikhail Tchekhov

pés e das mãos, começou a olhar assustado para os lados. Mas logo se acalmou — *ela* não o viu, *ela* ainda não havia chegado.

Satisfeito, olhou para si, olhou para o relógio e de repente... zangou-se. *Ela* iria encontrá-lo na pose de uma pessoa zangada. Apoiou a bengala no chão e, afastando as pernas para ter estabilidade, sentou-se sobre ela, cruzou os braços e levantou a cabeça. Depois de alguns segundos nessa posição, viu uma maçã. Com um rápido movimento da mão, abaixou o galho, agarrou a maçã com os dentes e, num segundo, a devorou. Suas mandíbulas trabalhavam com uma energia alucinada. Após comer a maçã, cuspiu o miolo. Enquanto cuspia sua mão já abaixava outro galho e Tchekhov, de novo, arrancava a maçã com os dentes, e o braço voltava à mesma posição "napoleônica". Precisão, rapidez e destreza de movimentos, enquanto o corpo permanecia absolutamente relaxado e livre. A bengala parecia atarraxada ao chão, tal era a liberdade e a desenvoltura com que o ator se sentava nela.

Embora cada episódio fosse excêntrico à sua maneira, Tchekhov não esquecia nem por um minuto que todas as ações estavam ligadas a *ela*, àquela que ele viera encontrar. Por isso, as nuances psicológicas dessas ações eram muito diversificadas. Tchekhov parecia ora mortalmente zangado, ora triunfantemente insensível, ora despreocupadamente alegre.

E, de repente viu a cobra. Viu-a no momento em que esticara de novo o braço em direção ao galho. Sem mudar de posição, seguia com os olhos seus movimentos rápidos. Ela estava indo embora. Ele não sentia medo algum, só uma crescente curiosidade. Decidiu alcançá-la. Deu alguns passos, mas a cobra, sem lhe dar nenhuma atenção, ia embora. De repente ele ficou imóvel — aparentemente a cobra encolhera. Então ele arrancou rapidamente uma maçã e começou a empurrá-la com cuidado em direção à cobra. Finalmente ela o notou. Tchekhov estava exultante. Ele a provocava ora com o chapéu, ora com a bengala, cantarolando uma cançoneta qualquer.

Até que começou a tremer todo:

— Não me morda, não se atreva a me morder — quase sibilava, tendo perdido a voz por causa do susto.

Chutou a cobra com o pé. Então, de maneira absolutamente inesperada, pegou-a no ar com o chapéu, como se fosse uma rede, jogou o chapéu no chão e se sentou em cima dele. Ele venceu! Depois de viver todas essas emoções, ajustou o laço do pescoço, arrumou o penteado e, como se nada tivesse acontecido, voltou a olhar para os lados e a assobiar, esperando pela chegada da amada. Sentava sobre o chapéu imaginário com tamanha elegância, seus olhos brilhavam com uma presunção tão ingênua, que era impossível segurar o riso, e ríamos até chorar...

Comparando os nossos *études* aos de Tchekhov, pudemos compreender que o nosso principal problema estava num esquematismo extremo, tanto na concepção quanto na execução. Não sabíamos soltar a imaginação em torno do enredo, e por isso executávamos apenas o esquema lógico das ações. Isso, naturalmente, nos levava a esquematizar os sentimentos. Tchekhov, por sua vez, após ouvir a tarefa, de certo modo a empurrava para o segundo plano. O que passava para o primeiro eram as circunstâncias propostas, com as quais a imaginação revestia o enredo do *étude*.

— Você está arrancando os frutos de uma árvore e vê uma cobra. Isso ainda não diz nada — ele analisava o resultado do *étude*. — Se não tivesse surgido em mim o "sentimento do todo", eu não teria conseguido fazer nada. Preciso ter a sensação do início e do fim do *étude*, preciso decidir o estilo, o gênero em que será desenvolvido o enredo proposto. Assim, no primeiro caso, decidi que seria uma fábula e, no segundo, um vaudevile. Mas o principal era eu ter a sensação de *quem* viu a cobra. De tudo isso surgiu a "semente", a caracterização, e eu, não estando mais limitado pelo enredo, e sim enriquecido pelo tema que o revelava, comecei sem medo a improvisação.

Tchekhov dizia que abordava assim não só um *étude*, mas cada papel. Era precisamente isso que Stanislávski, Nemirôvitch-Dântchenko e Vakhtângov exigiam dele, e era isso que queria nos ensinar. O papel deve ser tratado como um material que demanda um enorme trabalho de imaginação. Por isso, o ator deve passar por uma longa "escola de improvisação", aprender a usar o enredo para a livre manifestação da própria individualidade criativa. Só então, mesmo fazendo o papel muitas vezes, é possível encontrar, cada vez mais, novas nuances.

A cada segundo passado em cena, o ator deve se sentir um *cocriador* do autor.

— Vocês devem viver a peça ou o *étude* como se fosse uma *criação própria*. Como alcançar isso? Stanislávski responde: "O principal é a imaginação, o poderoso 'e se', sem o qual a criação é impossível. O ator não tem o direito de deixar de trabalhar com a imaginação nem por um dia sequer".

Para Tchekhov, o ator deveria dominar os procedimentos da técnica interior e exterior a ponto de eles se tornarem *novas habilidades da sua alma*. Isso pode ser alcançado através de constantes exercícios e improvisações.

Aluna de Mikhail Tchekhov

A PALAVRA
NA ARTE DO ATOR

Tradução de Marina Tenório

PREFÁCIO

Em março de 1936 Konstantin Serguêievitch Stanislávski me chamou para uma conversa.

Eu sabia que naquela época ele trabalhava intensamente na conclusão do livro *O trabalho do ator sobre si mesmo*.[1] Estava também ocupado com a organização do Estúdio de Ópera e Drama,[2] no qual punha grandes expectativas: esperava verificar na experimentação com jovens os novos postulados teóricos de seu sistema. Eu sabia também que, apesar da saúde seriamente debilitada, Konstantin Serguêievitch talvez estivesse vivendo o ápice de suas forças criativas, quando cada dia era também a promessa, tanto para ele quanto para nós, de novas descobertas acerca da natureza da arte do ator.

Assim que me aproximei do conhecido sobrado na travessa Leóntevski,[3] fui tomada por uma enorme emoção — como acontecia sempre, havia anos, em meus encontros frequentes com Stanislávski.

Após me acomodar numa poltrona grande e confortável, ele me olhou por algum tempo, de forma penetrante e carinhosa.

— Você ouviu falar do meu Estúdio? — perguntou finalmente.

— É claro, Konstantin Serguêievitch.

---

[1] Stanislávski publicou em vida apenas a primeira parte de *O trabalho do ator sobre si mesmo*, em 1938. A segunda parte foi sendo publicada, de início, em alguns números da *Revista Anual do Teatro de Arte*, e depois saiu completa em 1948, tendo por base materiais reunidos pelo próprio Stanislávski justamente para esse trabalho. (N. do O.)

[2] O Estúdio de Ópera e Drama foi criado por Stanislávski em 1935 para verificar na prática os últimos "elementos" de seu sistema. Foi o último elo da ligação artística entre a ópera e o teatro dramático, que Stanislávski tentava construir desde a criação do Estúdio do Teatro Bolshoi (cuja direção lhe fora confiada), em 1918. O Estúdio de Ópera e Drama, pelo qual passaram muitos atores e profissionais notáveis de teatro, fundiu-se posteriormente com o Teatro Dramático Stanislávski de Moscou. (N. do O.)

[3] Em 1921 Stanislávski mudou-se para o andar superior do sobrado na travessa Leóntevski, onde morou até a morte, em 1938. Devido à sua saúde debilitada, uma parte significativa de suas atividades como diretor e pedagogo ocorria ali. Desde 1948, esse sobrado abriga o Museu-Casa de Stanislávski. (N. do O.)

— Gostaria de dar aulas de palavra artística lá?

— Mas eu nunca me dediquei a isso, sequer participo de recitais de leitura[4] — respondi.

— Melhor ainda — ele disse —, significa que você não teve tempo de criar clichês. O campo da fala cênica ainda não foi devidamente explorado; é preciso pensar muito sobre ele e descobrir novos caminhos. Gostaria de ensinar aprendendo?

Aceitei com alegria, e assim começou uma nova e interessante fase do meu trabalho sob a orientação de Konstantin Serguêievitch. Como a importância desse trabalho vai muito além da minha experiência pessoal, considero minha obrigação tentar torná-lo propriedade dos meus alunos e de todos a quem é cara a arte da palavra.

Nesse momento, enquanto escrevo estas linhas, já existe uma série de novos materiais que tratam da última fase das experimentações de K. S. Stanislávski.

Na época em que trabalhávamos os problemas da palavra no Estúdio, sob a orientação de Konstantin Serguêievitch, seus pensamentos mais recentes e maduros sobre a arte do teatro e suas últimas descobertas artísticas apenas tomavam forma. Elas transformavam-se em definições precisas e acabadas, ganhavam exemplos, eram continuamente verificadas e ajustadas do decorrer da própria prática do trabalho do Estúdio. Éramos testemunhas desse processo extraordinário.

Por um lado, o presente trabalho se apoia em declarações do próprio Konstantin Serguêievitch que foram publicadas; por outro, nas minhas recordações pessoais sobre a sua atividade no Estúdio naquela época. Este texto é, ao mesmo tempo, um relato sobre o visto e ouvido e uma tentativa de sistematizar, de generalizar — nem que seja de forma básica — os principais postulados de Konstantin Serguêievitch sobre a palavra na arte cênica. Não se trata de um estudo científico puro, nem de um manual de ação verbal. Enxergo a minha tarefa de forma mais modesta, e a consideraria cumprida se conseguisse simplesmente colocar a questão em evidência. Por isso, acredito que cabe neste trabalho passar da exposição direta do problema, tal como eu o entendo, a temas de caráter memorialístico, ou seja, ao que Stanislávski dizia sobre a palavra durante as aulas no Estúdio e ao modo como ele ministrava essas aulas, contando e explicando aquilo que em sua opinião ti-

---

[4] Maria Knebel se refere à prática de recitais de leitura declamativa, muito difundida e em voga na Rússia daquela época. Na maioria das vezes, o programa desses recitais consistia em "declamações poéticas". (N. do O.)

nha um significado fundamental para o desenvolvimento da psicotécnica do ator.

Konstantin Serguêievitch jamais separou a questão da palavra na leitura artística e a ação verbal no espetáculo dramático.[5] Via claramente que cada uma tinha a sua especificidade, mas, para ele, era importante sublinhar *as bases comuns da ação verbal* em ambos os casos. Por isso, neste trabalho, não seria correto restringir-me a uma discussão sobre determinadas leis da leitura artística sem tentar revelar por inteiro a própria noção de ação verbal como um dos fundamentos do sistema de Stanislávski. Querendo ou não, terei de tocar em todo o conjunto de questões ligadas à ação verbal no trabalho prático do ator.

Mais que isso, considerando a palavra a origem das tarefas do ator e, ao mesmo tempo, o ápice, o ponto final do processo criativo, Stanislávski jamais falou sobre ela como algo separado de todas as outras bases do sistema, elaboradas durante os longos anos de sua "vida na arte". Num espetáculo, o processo de apropriação da palavra do autor coincide — segundo o pensamento de Stanislávski — com o processo de criação da figura cênica [*stsenítcheskii ôbraz*].[6] Isso me obriga a não passar à margem dos momentos nodais do sistema, das suas bases estéticas e técnicas. Terei de tocar nessas questões sempre que isso me parecer necessário para esclarecer o papel e o lugar da ação verbal em todo o conjunto de pontos de vista do grande fundador da direção e da pedagogia teatral, K. S. Stanislávski.

Maria Knebel

---

[5] Trata-se do problema de se contrapor artificialmente a leitura poética, em que se utiliza apenas a ação da voz, ao espetáculo dramático, em que é usado todo o conjunto dos meios expressivos do ator. Essas duas práticas sempre foram divididas na realidade do teatro russo e soviético. (N. do O.)

[6] Образ [*ôbraz*] designa ao mesmo tempo imagem, figura e personagem. O contexto geral sempre permite determinar qual é o sentido pressuposto. Em alguns casos, o termo foi traduzido por "figura" para destacar seu caráter figurativo, enfatizando o papel essencial que Maria Knebel — na sequência de Stanislávski e Mikhail Tchekhov — dá à imaginação. Doravante, todas as palavras russas que consideramos fundamentais para a terminologia do sistema estão transliteradas e grafadas entre colchetes em itálico. (N. do O.)

PALAVRA É AÇÃO

Parece-me que, na história do teatro russo, não há nenhuma personalidade notável que não tenha refletido sobre a grande força e o efeito da palavra, e que não tenha buscado meios para tornar a palavra em cena carregada de verdade, impregnada de um sentimento sincero e plena de um conteúdo social significativo.

Nos anais do teatro russo estão registrados muitos exemplos de como seus mestres construíam figuras cênicas magníficas tendo como base a arte da palavra. Exímios transmissores da palavra do autor, Schépkin, Sadóvski, Motchálov, Ermólova, Davídov, Varlámov, Lenski, Sadóvskaia,[7] cada um à sua maneira, de acordo com as particularidades do seu talento, revelavam-se em cena tão geniais quanto os grandes mestres da palavra escrita.

Ao ler as cartas e anotações de Schépkin, é possível perceber quão séria e profundamente ele lidava com a questão da fala cênica:

"Em toda a Europa ainda se contentam com esse tipo de declamação, ou seja, com o uivo, enquanto nós não conseguimos nos acostumar a esse canto [...]

Encontrei a declamação, trazida à Rússia por Dmítrevski,[8] que a assimilara durante suas viagens pela Europa, tal qual ela era praticada nos teatros europeus. Consistia numa acentuação forte, quase pedante, em cada uma das rimas, com um hábil acabamento dos hemistíquios. Isso ia aumentando, ficando, por assim dizer, mais e mais alto, até que o último verso do monólogo fosse pro-

---

[7] Trata-se dos maiores atores russos do século XIX. Mikhail Schépkin (1788-1863) atuava sobretudo em peças de Gógol. Suas cartas representam uma das maiores fontes de estudo da tradição teatral russa. Prov Sadóvski (1818-1872), por sua vez, atuava em peças de Ostróvski, assim como Maria Ermólova (1853-1928), atriz do Teatro Máli de Moscou. (N. do O.)

[8] Ivan Dmítrevski (1736-1821), ator célebre. Foi enviado duas vezes ao exterior para estudar a atuação dos franceses e ingleses (Lekain, Dumesnil, Clairon, Molé, Garrick etc.). (N. do O.)

nunciado com toda a força de que a pessoa era capaz... Assim que começamos a nos desenvolver, a ficar mais inteligentes com o passar dos anos, logo compreendemos esse disparate, e logo o deixamos... Pois quantas palavras cantadas nós também não temos?! Mas entre nós quem as canta é o coração..."[9]

Muito cedo o realismo da dramaturgia russa obrigou seus atores a abandonar a declamação convencionada, bastante comum nos palcos europeus da época.

Pelo fato de a arte da "palavra cantada com o coração" ser muito mais complicada e difícil que a arte da afetação falsa, da declamação artificial e da retórica estridente, a história da formação do teatro realista russo está repleta de buscas, reflexões e desbravamentos de caminhos que levassem o ator à palavra verdadeira em cena.

Para Schépkin, a possibilidade do ator em cena interpretar a palavra de forma realista dependia do cerne da figura cênica criada, da "natureza do personagem".

"O ator deve necessariamente estudar, por assim dizer, todo e qualquer modo de falar, sem deixar isso ao acaso, ou como dizem, ao natural, porque a natureza do personagem e a minha são completamente opostas, e, se atribuo ao papel a minha própria personalidade, o rosto do personagem vai se perder.

Sim, é preciso estudar de tal modo que o pensamento seja sempre bem dito, porque mesmo que não se consiga dar vida a ele, ainda assim nem tudo estará perdido. Dirão: 'é frio', e não: 'é ruim'."[10]

Para Schépkin, transformar-se no personagem [*perevoploschéniie v ôbraz*][11] era a condição necessária para poder dizer o texto com verdade. Apenas assim, segundo a terminologia do ator, a fala deixaria de ser simples-

---

[9] M. S. Schépkin, *Anotações. Cartas*, Moscou, Iskússtvo, 1952, pp. 236-7. Fragmento de uma carta de Schépkin a Ánnenkov, datada de 1854. Refere-se à arte do ator, inclusive à atuação da atriz trágica francesa Rachel durante a turnê dela na Rússia. (N. do O.)

[10] *Ibidem.*

[11] A palavra *perevolploschéniie*, usada por Schépkin, tem a mesma raiz de *voploschéniie* (ver nota 31 do capítulo "Análise pela ação", p. 127), mas o prefixo lhe dá uma nuance ligeiramente diferente, enfatizando a ação de se transformar, tornar-se outro. (N. da T.)

mente uma técnica e se tornaria uma "arte":[12] uma forma superior da verdade cênica.

Na sequência de Schépkin, outras pessoas ligadas à cena russa desenvolveram seu legado e procuraram desvendar os mistérios da fala, adivinhar as suas leis. Ostróvski se ocupou da palavra durante toda a vida, elevando a maestria do retrato verbal na dramaturgia ao grau máximo de perfeição. Ao lutar contra a palavra empolada em cena, Gógol colocava a questão da fala cênica viva e natural como dependente do procedimento de trabalho do ator.

Gógol afirma que, enquanto o ator não tiver decorado o papel, é capaz de perceber de forma imediata as réplicas do parceiro, é capaz de ouvir a fala natural de um ator que age verdadeiramente e, sem se dar conta, passa ele também a falar de uma forma verdadeira e natural.

> "Qualquer pessoa, por mais simples que seja, é capaz de dar uma resposta perspicaz. Mas basta que o ator memorize seu papel em casa, e dele sairá uma resposta empolada e memorizada, que permanecerá com ele para sempre: é impossível quebrá-la; ele não será mais capaz de absorver nenhuma palavra, mesmo vinda do melhor ator; todo o ambiente das circunstâncias e dos personagens se tornará impenetrável para ele, e também toda a peça se tornará impenetrável e estranha. Então ele, como um morto, se moverá entre mortos."[13]

Mas, por mais justas que sejam as palavras das pessoas ligadas à cena russa sobre a natureza da palavra na arte teatral, nenhuma delas criou uma *teoria* sobre a fala. Isso foi feito pelos grandes fundadores do Teatro de Arte de Moscou: K. S. Stanislávski e V. I. Nemirôvitch-Dântchenko. Eles estruturaram as observações e reflexões esparsas sobre a fala cênica, sintetizaram-nas e fizeram delas um sistema que foi sendo complementado no decorrer de longos anos de experiência prática. O sistema de Stanislávski vai além de nos revelar *as leis objetivas* da fala cênica. Esse sistema, cujo cerne é a ideia de que a fala cênica em si constitui a ação principal, cria uma série coerente de *procedimentos pedagógicos* e de hábitos que permitem ao ator dominar

---

[12] Aqui, Schépkin opõe *iskússtvo* a *khudójestvo*, sendo o primeiro inferior ao segundo em significação estética. Daí a opção por traduzir os termos como *técnica* e *arte*, respectivamente. (N. da T.)

[13] M. B. Zagorskii, *Gógol i teátr* [Gógol e o teatro], Moscou, Iskússtvo, 1952, p. 388. (N. da A.)

conscientemente a palavra do autor e fazer com que essa palavra seja atuante [*aktívni*], ativa [*diéistvennii*], direcionada para um alvo preciso [*tselenaprávlenni*] e cheia de vida.[14]

"Aquilo que estudamos costuma ser chamado de 'Sistema de Stanislávski'", escreve Konstantin Serguêievitch. "Isso é um erro. Toda a força desse método está no fato de que ele não foi inventado nem criado por ninguém. O sistema pertence à nossa própria natureza orgânica, tanto espiritual como física. *As leis da arte se baseiam nas leis da natureza.*"[15]

Concebido no início deste século, o sistema passou por uma complexa evolução artística no período soviético. Toda a vida de Stanislávski é também um exemplo vivo da constante evolução de seu ensinamento.

A principal tese do sistema de Stanislávski é o conceito da super-supertarefa[16] do ser humano-ator, ou, dito de outra forma, é a ideia da visão de mundo do artista como condição imprescindível para uma arte consciente.

A super-supertarefa torna a visão do artista especialmente aguçada, ajuda-o a enxergar o essencial e o importante na vida que o cerca e a separá-los do que é insignificante e fortuito. A super-supertarefa direciona a imaginação do ator, torna a criatividade ativa e faz com que o processo de criação da figura cênica seja apaixonado e perseverante. Segundo Stanislávski, sem a super-supertarefa, a presença do naturalismo na arte e a descrição tediosa do cotidiano tornam-se inevitáveis; sem ela, em vez da verdade genuína, entra a "verdadezinha", que Konstantin Serguêievitch odiava violenta e implacavelmente.

Com persistência, sem descanso, ele buscava caminhos para uma reprodução mais profunda da "vida do espírito humano" do papel em cena.

Konstantin Serguêievitch não estava só na aspiração por uma arte realista e perspicaz que fosse, na expressão de N. G. Tchernichévski,[17] capaz de

---

[14] Sobre a discussão acerca do significado dos termos *atuante* e *ativo*, ver o apêndice "Diálogo com os tradutores franceses", nesta edição. A respeito do termo *tsel*, ver nota 39 no capítulo "Supertarefa", em *Sobre a análise ativa da peça e do papel*, p. 46 deste volume. (N. da T.)

[15] K. S. Stanislávski, *O trabalho do ator sobre si mesmo*, em *Obras completas*, v. 2, Moscou, Iskússtvo, 1951, p. 635 (grifo meu). (N. da A.)

[16] Ver o capítulo "Supertarefa" no livro *Sobre a análise ativa da peça e do papel*, neste volume. (N. do O.)

[17] Nikolai Tchernichévski (1828-1889), autor do famoso romance *O que fazer?*, foi vítima de perseguições tsaristas. Economista, filósofo-materialista e partidário da arte realista, foi muito celebrado na era soviética e considerado precursor do realismo socialista. (N. do O.)

"trazer o futuro para o presente". Junto de seu parceiro Nemirôvitch-Dântchenko, encontrou um caminho para a realização desse objetivo: definiu com uma precisão surpreendente o que é particular, específico da arte cênica e quais são as condições excepcionais em que ocorre o processo de criação. É o que torna o seu sistema verdadeiramente científico.

Tchernichévski, ao pensar sobre a natureza da arte, já havia notado a grande dificuldade que o artista tem em reproduzir de forma verídica um comportamento humano simples e natural, uma ação humana:

> "Em qualquer grupo de pessoas vivas, todas se comportam de acordo com 1) a essência da cena que se passa entre elas, 2) a essência de sua própria personalidade e 3) as condições da situação. Tudo isso sempre é respeitado de forma espontânea na vida real, mas na arte é extremamente difícil atingi-lo. 'Sempre e espontaneamente' na natureza, 'muito raramente e com enorme esforço' na arte — eis uma constatação que caracteriza em quase todos os aspectos a natureza e a arte."[18]

Por que é tão difícil manter a naturalidade ao transmitir um comportamento humano simples, algo tão fácil na vida real? As causas disso estão nas próprias condições do trabalho de criação do ator, em seu caráter público, no fato de que o ato de criação do artista em cena tem uma natureza demonstrativa e ocorre diante dos olhos do espectador. Nessas condições, é inevitável que o ator-criador que não tem uma força de vontade suficientemente treinada, e que não foi dotado pela natureza da capacidade de se entregar em cena "publicamente" ao processo criativo, se perca, fique sem rumo e deixe de viver a partir dos sentimentos e pensamentos do papel. Nesse caso a distorção, a tensão e a falta de naturalidade são inevitáveis. É aí que, segundo a terminologia de Stanislávski, o sentir-a-si-mesmo que propicia a criação, e que é imprescindível, dá lugar a um sentir-a-si-mesmo ruim, de "ator".[19]

"Para nós, em cena, é muito mais fácil distorcer a nossa natureza do que viver uma vida humana pertinente", dizia Konstantin Serguêievitch Stanislávski.

Com persistência, Stanislávski buscava procedimentos que pudessem

---

[18] *Escritos de N. G. Tchernichévski sobre a arte*, Moscou, Academia de Artes da URSS, 1950, pp. 54-5. (N. da A.)

[19] Ver nota 6 do capítulo "Princípios gerais da análise pela ação", em *Sobre a análise ativa da peça e do papel*, p. 23 deste volume. (N. da T.)

conduzir a um sentir-a-si-mesmo natural em cena. Para ele, seu sistema tinha a função de, justamente, lidar com as inevitáveis distorções, restabelecer as leis da natureza criativa que foram violadas pelas próprias condições do trabalho em público e fazer o ator voltar a um sentir-a-si-mesmo orgânico e humano em cena.

Seguindo Tchernichévski, que considerava "o mais importante no talento poético aquilo que se chama de imaginação criativa", Stanislávski afirmava que a criação começa com a ficção, isto é, com a imaginação do poeta, do diretor, do ator, do pintor, entre outros.

O primeiro passo no caminho da aproximação do ator ao personagem representado é tornar o intérprete capaz de despertar a própria natureza criativa, de impulsionar a imaginação para que comece a trabalhar na direção sugerida pela própria situação da peça, pelas circunstâncias propostas. Stanislávski descobriu que a melhor e mais eficaz alavanca para isso é, como costumava dizer, o mágico "e se", ou seja, uma verdade inventada, imaginada, na qual o ator é capaz de acreditar com a mesma sinceridade mas com um entusiasmo ainda maior que aquele com o qual acredita na verdade autêntica. O "e se" transpõe imediatamente o ator do mundo real para o mundo da ficção, criado pelo autor; para um mundo que não é a realidade em si, mas a sua reprodução poética.

Konstantin Serguêievitch dizia que o "e se" não é uma forma categórica, não é uma ordem. O "se" não afirma nada nem insiste em nada e, consequentemente, não impõe nada. Apenas pergunta: "como seria se...?". Porém, ao tentar responder às perguntas colocadas pelo "se", o ator é obrigado a cutucar a própria imaginação: ela entra em movimento, e é aí que acontece o deslocamento interior, com o qual começa o processo criativo.

Desse modo, o "e se" impulsiona a imaginação do intérprete. Mas essa imaginação não está livre, e sim restrita pelas circunstâncias propostas da peça. Ela age nos limites dessas circunstâncias. Stanislávski rechaçava a imaginação cega, aleatória, não direcionada, capaz apenas de afastar o ator do material da vida na obra dramática. Ele dizia: "O 'se' sempre inicia a criação, enquanto as 'circunstâncias propostas' a desenvolvem. Sem elas, o 'se' não pode existir nem receber o estímulo necessário. Suas funções, no entanto, são um tanto distintas: o 'se' impulsiona a imaginação adormecida, ao passo que as 'circunstâncias propostas' dão o embasamento para esse 'se'. Ambos ajudam, em conjunto e separadamente, na criação do deslocamento interior".[20]

---

[20] K. S. Stanislávski, *op. cit.*, p. 66. (N. da A.)

Palavra é ação

Assim, o "e se" submete a criação do ator, de forma rigorosa, à intenção do autor, ao círculo de ideias e temas que a peça abrange e que não pertencem a ele. Ao mesmo tempo, o "e se" apenas coloca perguntas, às quais o ator deve responder por si mesmo, de acordo com a sua experiência de vida, com as suas crenças, com a sua bagagem moral e ética. Em *O trabalho do ator sobre si mesmo* há linhas inspiradas, dedicadas ao que existe de poético no trabalho do ator:

> "Acreditar na ficção alheia e passar a vivê-la sinceramente é ninharia para você? Mas você sabia que muitas vezes criar a partir de um tema alheio é mais difícil que criar a partir de nossa própria ficção? [...] Recriamos as obras dos dramaturgos, revelando o que nelas está encoberto sob as palavras; inserimos nosso subtexto num texto alheio, estabelecemos a nossa própria atitude em relação às pessoas e suas condições de vida; deixamo-nos atravessar por todo o material recebido do autor e do diretor, o reelaboramos mais uma vez em nós mesmos, damos-lhe vida e o completamos com a nossa imaginação. Criamos intimidade com esse material, entramos nele psíquica e fisicamente; concebemos em nós mesmos a "verdade das paixões", e, como resultado final de nossa obra, criamos uma ação produtiva de fato, estreitamente ligada à concepção íntima e profunda da peça; criamos personagens vivos, típicos, nas paixões e sentimentos da figura representada."[21]

Ao dizer que o resultado final da arte do ator é a criação de uma *ação* verdadeiramente *produtiva*, estreitamente ligada à "concepção íntima e profunda" da peça, Stanislávski toca na essência da arte cênica. Teatro é ação, e tudo o que acontece em cena é sempre ação, ou seja, uma expressão ativa do pensamento, da ideia íntima, uma transmissão ativa e atuante dessa ideia ao espectador. A arte dramática é uma arte sintética mas, na concepção de Stanislávski, a palavra permanece sempre como o principal e decisivo meio de *impacto ativo* [*vozdéistvovat*].[22]

Ação verbal — eis o que torna o teatro dramático uma das mais fortes e emocionantes atividades artísticas do ser humano.

---

[21] *Idem*, pp. 67-8. (N. da A.)

[22] Em russo, existe uma diferença entre os verbos *deistvovat*, que significa "agir", e *vozdéistvovat*, que significa "agir sobre algo", "influir em algo". (N. da T.)

Escreve o acadêmico I. P. Pávlov:[23]

"Durante a fase humana, houve um ganho extraordinário nos mecanismos da atividade nervosa. A palavra compôs o nosso segundo sistema de sinalização, um sistema muito especial, o sinal dos sinais primários. Por um lado, os múltiplos estímulos provocados pela palavra nos afastaram da realidade [...] Por outro, foi precisamente a palavra que nos tornou humanos."[24]

Assim, é a palavra — "o sinal dos sinais" — que proporciona ao ser humano a possibilidade de abstrair e generalizar as impressões imediatas recebidas do mundo exterior, elaborando-as e ligando-as em relações mais profundas. É precisamente a fala que distingue o ser humano do animal, incapaz de ultrapassar as impressões e imagens que lhe são dadas de forma imediata pelos órgãos dos sentidos. Toda a milenar experiência histórica dos povos está fixada na palavra; a palavra, como um condensador sensível, absorve em si a sabedoria extremamente complexa da humanidade. A palavra pronunciada provoca na consciência do ser humano uma cadeia de representações e associações, imagens visuais e emotivas, que são muitas vezes tão acabadas quanto as imagens recebidas por meio da percepção sensorial do mundo.

A "sinalização pela fala" é o fundamento dos fundamentos da arte cênica.

Todo o trabalho do teatro se sustenta nessa faculdade de ver fenômenos vivos da realidade por trás da palavra, de suscitar na consciência a representação das coisas sobre as quais se fala e de agir por meio dessas visões. A isso está ligada toda uma parte do sistema, definida por Stanislávski com o conceito de "visão". Quando o próprio ator vê aquilo que deve contar a seu parceiro de cena, ou aquilo de que deve convencê-lo, torna-se capaz de prender a atenção do espectador com suas visões, convicções, crenças e com os

---

[23] Ivan Pávlov (1849-1936), célebre cientista russo que criou a Teoria do Condicionamento Clássico, onde consta a classificação de primeiro e segundo sistemas de sinais. O primeiro consiste nas impressões e estímulos que não formam palavras, na percepção sensorial. Este sistema é comum tanto aos animais como aos seres humanos. Já o segundo sistema se refere à fala e é exclusivo do ser humano. Nos últimos anos de sua vida Pávlov se interessou pelo teatro, e no período soviético tornou-se referência obrigatória no campo da psicofisiologia. (N. do O.)

[24] I. P. Pávlov, *Obras completas*, v. 3, Moscou/Leningrado, Academia de Ciências da URSS, 1949, p. 568. (N. da A.)

seus sentimentos. Daquilo que é colocado na palavra, do que surge por trás da palavra na imaginação do ser humano que está em cena, de como a palavra é dita — disso tudo dependem inteiramente tanto a percepção da plateia como todo o conjunto de imagens e associações que podem surgir quando o público ouve o texto do autor.

Ao colocar diante de si um determinado alvo [*tsel*], o ator passa a persegui-lo com a palavra, levando consigo o parceiro, o espectador e a plateia.

Eis por que para o artista da cena são tão importantes a capacidade de observar, a experiência de vida, a memória emotiva e a habilidade de pensar por associações.

Quanto mais aguçado é o seu olhar sobre a vida, quanto mais concretos são os detalhes da vida que ele nota e fixa, quanto mais nítidas são as suas visões, mais ativo [*diéistvennii*] é o conteúdo que ele pode colocar nas palavras propostas pelo autor.

Ao explorar a questão da palavra na arte cênica, Stanislávski e Nemirôvitch-Dântchenko nos ensinavam a arar todo o espaço do conteúdo escondido por trás da palavra, aquele que forma as camadas mais profundas do subtexto.

Quando introduzido na prática do teatro, um subtexto artístico elaborado, denso e multiforme age sobre o espectador como um estímulo complexo e diversificado.

A palavra, porém, é o principal meio de ação, é a líder!

Todo o sistema de Stanislávski está voltado ao processo de comunicação verbal entre os seres humanos, para que esse processo seja ativo e atuante, para que a palavra em cena seja apropriada, produtiva, enérgica, volitiva e para que a palavra seja sempre *ação*.

ANÁLISE PELA AÇÃO[25]

O ensinamento de Stanislávski sobre a supertarefa e a ação transversal é um dos fundamentos do processo de transformação do ator em personagem dramático. "A obra do autor nasceu da supertarefa, e é para ela que deve estar direcionada a criação do ator",[26] diz Stanislávski.

Não basta, porém, definir a supertarefa do autor. É preciso que surja no próprio intérprete uma supertarefa análoga à concepção do escritor, uma supertarefa que

> "obrigatoriamente ecoe na alma humana do ator que cria.
>
> Eis o que pode gerar, no lugar de uma vivência formal ou racional, uma experiência autêntica, humana e espontânea.[27]
>
> Em outras palavras, deve-se buscar a supertarefa não apenas no papel representado, mas também na alma do próprio ator."[28]

Stanislávski afirma que o processo criativo de transformação do ator em personagem é essencialmente dialético. Essa tese é desenvolvida na teoria das duas perspectivas: a do *ator* e a do *papel*.

Eu, ator, sei tudo o que acontecerá na peça com o meu personagem, enquanto o personagem não conhece o seu futuro. Ao dominar todo o conjunto de comportamentos psicofísicos do papel, o ator adquire o direito de dizer "eu" quando fala do personagem.

---

[25] O termo russo *diéstvenni análiz* é geralmente conhecido em português como "análise ativa", termo proposto por Eugênio Kusnet depois de voltar de um período de aprendizado com a própria Knebel na URSS. Nesta tradução, no entanto, por vezes utilizamos também a forma "análise pela ação", que traduz melhor a essência do termo russo. Para uma maior compreensão acerca da terminologia, ver o texto "Diálogo com os tradutores franceses", neste volume. (N. da T.)

[26] K. S. Stanislávski, *O trabalho do ator sobre si mesmo I*, em *Obras completas*, Moscou, Iskússtvo, 1951, p. 358. (N. da A.)

[27] *Perejivánie*. Ver nota 72 no capítulo "Visão", p. 155 deste volume.

[28] *Idem*, p. 354. (N. da A.)

Ao mesmo tempo, o ator sempre tem uma sensação de controle, que direciona seu processo de criação. É essa sensação de controle que nos permite desenvolver a psicotécnica. "É para isso que existe a nossa psicotécnica, para, com a ajuda de iscas, sempre fazer o caminhante [...] voltar à estrada principal", escreve Stanislávski.[29]

Que "estrada principal" é essa? É a estrada em direção à supertarefa do autor.

Ao estabelecer que a perspectiva do papel e a perspectiva do ator são conceitos distintos, Stanislávski define a *perspectiva do ator* como um equilíbrio e uma distribuição, calculados e harmoniosos, das partes na apreensão do todo.

O ensinamento sobre a perspectiva abre-nos o caminho para a compreensão da obra e do papel. Intimamente ligado aos pensamentos de Stanislávski sobre a super-supertarefa do ator, ele nos ensina a compreender o personagem como um todo, a submeter todos os traços dispersos e variados do personagem à sua super-supertarefa; também nos previne de algo nefasto na arte: avaliar momentos isolados, particulares do papel e da peça, sem que haja uma ligação orgânica com todas as circunstâncias propostas e com a concepção da obra dramática.

A teoria da perspectiva do ator esclarece questões sérias sobre as nossas armas técnicas, mas, sobretudo, coloca diante de nós *a questão da concepção artística*! Seria um erro gravíssimo não dar a devida atenção a esse tema. Stanislávski — um artista que impressionava a todos que trabalhavam com ele pela riqueza infinita de sua imaginação de ator e diretor, e que via na imaginação o principal impulso para a criação — Stanislávski *não subestimava o processo de concepção, mas o protegia do perigo de se tornar formal ou banal e estereotipado*. Afirmava que o ator que não estudou suficientemente a peça e já de imediato faz um julgamento sobre ela bloqueia para si mesmo os caminhos para uma descoberta autêntica da concepção do autor. Ainda sem entender nada sobre a obra, sua imaginação está muda, mas ele já "sabe" como deve atuar no papel proposto pelo autor. Stanislávski sempre aconselhava a tomar cuidado com tal "concepção" precoce.

Cada palavra do texto do autor, cada acontecimento, cada ato do personagem devem se tornar objeto de análise, para nutrir a imaginação do ator e direcioná-la para o fluxo que conduz à supertarefa.

Para isso, Stanislávski instiga a imaginação do ator, não deixa o diretor explicar antes da hora aquilo que o ator deve alcançar pela própria expe-

---

[29] *Idem*, p. 544. (N. da A.)

riência; mobiliza as forças criativas do ator "para que tanto a supertarefa quanto o papel tornem-se vivos, pulsantes, para que brilhem com todas as cores da autêntica vida humana".[30]

Stanislávski ensina que a concepção artística é, antes de tudo, um processo, e não uma determinada realidade preexistente. Esse processo é complexo, possui diversas fases e se nutre de todas as habilidades criativas do artista.

A concepção artística não tem etapas fixas. Sabemos de casos em que, já durante a primeira leitura da peça, surgem no ator os elementos da concepção que serão a bússola para a criação do personagem. A concepção pode também surgir como resultado de um trabalho obstinado e persistente, mas, de um modo ou de outro, desde que o ator interprete em cena um ser humano e não um personagem teatral, ela surgirá.

É impossível que surja em cena um ser humano se o ator não reunir previamente todos os traços que o autor atribuiu ao personagem e que ditam um determinado comportamento. O ator deve conhecer a pessoa que encarna[31] e, usando como base o material do autor, criar um novo ser humano a partir da natureza orgânica da própria individualidade.

Escreve Stanislávski:

> "Meu objetivo é obrigar vocês a *recriar*, a partir de si mesmos, *um ser humano vivo*. O material para a alma desse ser humano não deve vir de fora, mas de vocês mesmos, de suas próprias lembranças, emocionais ou não, vividas na realidade; deve vir de suas vontades, de seus 'elementos' interiores, análogos às emoções, aos desejos e 'elementos' da pessoa representada."[32]

Stanislávski buscava incessantemente um sentir-a-si-mesmo criativo, que favorecesse da maneira mais orgânica possível o surgimento de uma con-

---

[30] *Idem*, p. 355. (N. da A.)

[31] A noção de воплощение [*voploschénie*] — literalmente, "encarnação" — no sentido de realização cênica, aparece na segunda parte do sistema de Stanislávski (*O trabalho do ator sobre si mesmo II*). Na presente edição, esse termo foi traduzido por *encarnação*, *incorporação*, *corporificação* ou ainda *dar corpo*. Não se deve necessariamente ver um sentido religioso no termo, que designa a capacidade do ator de realizar cenicamente o personagem. (N. do O.)

[32] K. S. Stanislávski, "A sensação real da peça e do papel", em *Anais do TAM, 1949-1950*, Moscou/Leningrado, Iskússtvo, 1952, p. 48 (grifo meu). (N. da A.)

Análise pela ação

cepção artística autêntica e o processo de sua encarnação [*voploschénie*]. Assim, nos seus últimos anos de trabalho, propôs que fossem revistas a ordem e a prática de ensaios estabelecidas. Isso diz respeito, em primeiro lugar, ao período inicial, que tem um papel decisivo para todo o trabalho posterior.

Ao analisar a primeira fase do trabalho do ator sobre o papel, Stanislávski partia de uma série de pressupostos importantíssimos:

1) Para um desenvolvimento pleno enquanto ator-artista, o ator deve ser *independente* no processo de criação;

2) A memorização mecânica do texto freia e mutila todo o processo posterior de trabalho;

3) Sem a união do psíquico e do físico no processo criativo de transformação cênica, a criação do papel é incompleta.

— Existe uma lei na criação — me dizia Konstantin Serguêievitch. — Nada de violência! Essa lei não pode ser infringida, pois a arte não suporta violência.

Como exemplo, citou uma conversa que o marcou, com o ator I. Moskvín,[33] que dizia: "Estou diante do papel, não consigo me enfiar nele, e o diretor fica me empurrando por essa fresta".

As palavras de Moskvín o impressionaram muito porque, numa imagem clara, revelavam o sentimento de insatisfação que surge no verdadeiro ator durante o primeiro período de trabalho sobre o papel, quando tudo na peça e no papel ainda lhe é totalmente estranho.

Via de regra, nesse período as forças do diretor e do ator não são iguais, pois o diretor, evidentemente, tem uma preparação mais profunda e abrangente para o trabalho que o ator. E, apesar de tudo, até um diretor muito paciente e sensível tenta ajudar o ator a fundir-se o mais rápido possível ao personagem e, assim, sem querer, priva-o da iniciativa de criação.

Stanislávski falava com entusiasmo que nos últimos anos havia conseguido fazer uma descoberta importante: determinar que condições devem ser criadas para que o processo criativo de compreensão do papel surja naturalmente no ator. Encontrara os meios de libertar o ator do "despotismo do diretor", de lhe dar a possibilidade de ir em direção ao papel seguindo o seu próprio caminho, sugerido por sua própria natureza criativa e por sua própria experiência.

---

[33] Ivan Moskvín (1874-1946) foi um dos mais célebres atores do Teatro de Arte de Moscou. Um de seus trabalhos mais importantes foi a interpretação do papel de Tsar Fiódor na peça de Tolstói, espetáculo que abriu o teatro em 1898. Fez também o papel de Epikhôdov no *Jardim das cerejeiras* de Tchekhov em 1904. (N. do O.)

Stanislávski falava sobre um processo de trabalho que conduzisse, com a maior certeza possível, a uma *fala cênica* orgânica e viva.

Quanto maior o talento contido na obra dramática, mais contagiante ela será já no primeiro contato. Os atos dos personagens, suas relações, seu modo de pensar parecem tão tocantes e claros que, sem querer, imaginamos: basta decorar o texto e teremos dominado o personagem proposto pelo autor.

Mas basta decorar o texto e tudo o que era tão vivo na imaginação do ator imediatamente torna-se morto.

Como evitar esse perigo?

Segundo o pensamento de Stanislávski, no período inicial de trabalho o ator precisa das palavras do autor não para decorá-las, mas como material de base, que servirá de apoio para sua imaginação. Essas palavras são necessárias para que ele conheça toda a riqueza dos pensamentos contidos no texto do autor.

Escreve Stanislávski:

"No teatro, na imensa maioria dos casos, não se faz mais que expor aos espectadores o texto da peça, seja de forma satisfatória ou não suficientemente boa. Mas até isso é feito de maneira tosca, convencionada. Existem muitos motivos para isso, e o primeiro deles é o seguinte: na vida sempre se diz aquilo que é necessário, o que se tem vontade de dizer em função de determinado objetivo, de certa tarefa ou necessidade, em função de uma *ação verbal autêntica, produtiva e apropriada para um determinado alvo* [*tselessoobrázni*]. Não é o que acontece em cena. Ali dizemos um texto alheio, que nos foi dado pelo autor e que muitas vezes não é aquele de que precisamos e que temos vontade de dizer."

Como fazer com que o texto do autor torne-se um texto do próprio ator, um texto que lhe seja orgânico? Como fazer com que justamente a palavra dada possa servir para o ator de instrumento de ação?

Continua Stanislávski:

"Além disso, na vida, falamos daquilo que vemos à nossa volta, que nos influencia, seja na realidade ou em nossa imaginação, falamos daquilo que verdadeiramente sentimos, que verdadeiramente pensamos, do que de fato existe. No palco, porém, nos obrigam a falar não sobre o que nós mesmos vemos, sentimos e pensamos, mas sobre o que vivem, veem e pensam os personagens interpretados por nós."[34]

O que leva o ator a alcançar o grande objetivo de dominar o texto do autor é *tornar seu* esse texto através de uma progressiva aproximação com o personagem, chegando até o estado de "eu sou".[35] Outra condição é, como dizia Stanislávski, um estudo "honesto" de todas as circunstâncias da vida do papel. Esse objetivo permanece o principal durante todo o processo de ensaios e do trabalho do ator sobre o papel.

Tanto Stanislávski como Nemirôvitch-Dântchenko diziam que, se o ator se propõe a viver enquanto personagem, deve criar o fluxo de pensamento desse personagem tanto no instante em que este exprime algo, segundo o texto do papel, como também quando está em silêncio. Eles entendiam a criação do fluxo de pensamento como criação de um texto interior, que não é dito em voz alta.

Tanto Stanislávski como Nemirôvitch-Dântchenko propunham criar o texto interior dos papéis, pois sem ele é impossível transmitir em cena uma "vida do espírito humano" autêntica.

Stanislávski rechaça categoricamente não apenas a memorização mecânica do texto do autor sem a assimilação das circunstâncias que o geraram, como também a memorização antes que o ator esteja seguro da linha do papel, antes que tenha se firmado no subtexto e na necessidade de uma ação produtiva e apropriada para um determinado alvo.

Somente assim as palavras do autor se tornarão para o intérprete um instrumento de comunicação, um meio de corporificar [*voploschénie*] a essência do papel.

A paixão do ator pelo material dramático e o conhecimento desse material são a base da criação do ator.

"A paixão artística é o motor da criação. O arrebatamento que acompanha a paixão é um crítico sensível, um pesquisador perspicaz e o melhor guia para as profundezas da alma."

Stanislávski prossegue:

---

[34] K. S. Stanislávski, *O trabalho do ator sobre si mesmo II*, *cit.*, p. 490. (N. da A.)

[35] Я есмь [*ia iésm*], "eu sou". O termo vem do eslavônico eclesiástico, a língua litúrgica do cristianismo ortodoxo russo. Esta construção não existe no russo moderno, onde o verbo é omitido. Vale lembrar que em russo não existem verbos distintos para "ser" e "estar". (N. da T.)

"Que os atores, depois do primeiro contato com a peça e o papel, continuem a dar espaço ao seu arrebatamento artístico por mais tempo e com mais força, que contaminem um ao outro com ele, que se apaixonem pela peça, que fiquem relendo-a, inteira e por partes, lembrando as passagens de que gostaram, abrindo um ao outro novas belezas da peça, que discutam, gritem e se inquietem, que sonhem com o seu papel e o dos outros, com a encenação. O arrebatamento e a paixão são a melhor receita para se aproximar da peça e do papel e para conhecê-los.

A capacidade de arrebatar os próprios sentimentos, a própria força de vontade e inteligência é uma das características do talento do ator e uma das principais tarefas da técnica interior."[36]

Porém, ao instigar a uma análise apaixonada da peça, Stanislávski indicava com precisão os caminhos para adentrar a essência da obra dramática.

Ele achava que o plano mais acessível para a análise através da ação era o dos fatos, dos acontecimentos, ou seja, o da fábula da peça. Por isso, propunha começar a análise sistemática da peça com a definição dos acontecimentos ou, como dizia às vezes, dos fatos ativos [*diéistvennie fakti*],[37] de sua sequência e interação.

Insistia para que os atores aprendessem a desmontar[38] a peça em grandes acontecimentos. Dessa forma, poderiam compreender como são construídos o enredo e a ação.

Stanislávski dizia também que não era fácil aprender a definir os grandes acontecimentos numa obra dramática, que era necessário desenvolver em si mesmo a perspectiva de um olhar que ensinasse a separar o essencial do menos importante.

---

[36] K. S. Stanislávski, "A sensação real da peça e do papel", em *Anais do TAM, 1948*, t. I, Moscou/Leningrado, Iskússtvo, 1950, p. 317. (N. da A.)

Os materiais desse livro, que ficou inacabado, foram publicados em russo em 1957 no volume 4 das *Obras completas* de Stanislávski. (N. do O.)

[37] Ver nota 25 no capítulo "Acontecimentos", em *Sobre a análise ativa da peça e do papel*, p. 37 deste volume. (N. da T.)

[38] Разбор [*razbór*], "desmontagem", equivalente russo para *análise*. Termo da prática teatral que diz respeito à análise da ação da peça feita pelo diretor e pelos atores durante os ensaios. Ao contrário de análise, *razbór* carrega também uma conotação de algo que se manuseia, se maneja, aspecto que se perdeu na palavra latina. (N. do O.)

Análise pela ação

"Vocês jamais serão capazes de delinear a ação transversal se não conseguirem apreender tudo o que acontece na peça através de marcos muito grandes, de acontecimentos maiores", dizia Konstantin Serguêievitch.

Desde os primeiros passos da abordagem da peça e do papel é importante visualizar a lógica e a sequência dos acontecimentos, a perspectiva do desenvolvimento da ação e da contra-ação.

Tente desmontar a linha de ação do papel de Romeu em acontecimentos mais importantes.

O primeiro fato ativo é a paixão de Romeu por Rosalina. O segundo é o amor de Romeu por Julieta.

Destaque numa sequência rigorosa as ações decorrentes dos dois fatos citados.

A paixão de Romeu por Rosalina o faz ir ao baile dos piores inimigos de sua família, os Capuleto — só lá ele pode encontrará-la. No baile, acontece o encontro com Julieta; o amor surge repentinamente e se apodera de tudo.

Um novo acontecimento para Romeu: Julieta é filha dos Capuleto.

Esse processo, que Stanislávski chamava de "exploração mental", ajuda o ator a tomar consciência da estrutura ativa da peça já nos primeiros passos do trabalho sobre o papel.

Em seus cadernos de 1927-1928, Stanislávski escrevia:

"Uma peça, assim como a estrada de ferro entre Moscou e São Petersburgo, é dividida em estações maiores — Klin, Tver...[39] Esse é o trem rápido. Mas existe também o trem-correio, que para nas estações menores — Kúntsevo...

Para explorar a região entre Moscou e Klin, entre Klin e Tver, é útil parar nessas estações menores e observar os lugares. Num deles abundam florestas, no outro pântanos, no terceiro clareiras, no quarto morros etc. É possível também tomar o trem de carga e ir parando em todas as pequenas estações, todos os pontos de triagem e outras paradas. Descendo nelas, pode-se estudar ainda melhor as regiões entre Moscou e Klin, entre Klin e Tver, e assim por diante.

Mas é possível também tomar o trem expresso Moscou-São Petersburgo, sem paradas. Teremos então uma grande inércia — a

---

[39] Trata-se de grandes cidades, as principais paradas na viagem entre Moscou e São Petersburgo. (N. do O.)

ação transversal, uma grande velocidade. O trem expresso é para gênios (Salvini). O rápido, comum, é para os talentosos (nós).

Já os trens-correio ou de carga são bons para a exploração (análise, aragem do terreno)."

Durante o ensaio, ao definir os acontecimentos e as ações, o ator abarca involuntariamente camadas cada vez mais amplas das circunstâncias propostas da vida da peça.

Ao desvendar o acontecimento mais importante da vida do personagem, que origina um determinado comportamento, o ator é capaz de explicar o motivo desse comportamento humano e, a partir disso, começa a conhecer o caráter do personagem em questão.

Ao ensinar seus alunos a verificar qualquer colocação teórica com exemplos da vida, Konstantin Serguêievitch aconselhava:

> "— Experimentem olhar para um determinado período de suas vidas e definir seus principais acontecimentos. Suponhamos que naquela época o principal para vocês era entrar na escola de teatro; analisem agora como esse acontecimento se refletiu na vida de vocês, em seus comportamentos, nas relações com diversas pessoas, que papel ele teve na formação da supertarefa e da ação transversal da vida de vocês, etc.
>
> Depois de definir o acontecimento mais importante, vocês verão que houve também acontecimentos menores, que lhes ocuparam não por um mês, nem uma semana, mas por um dia ou mesmo algumas horas, até que um novo acontecimento os tenha distraído e encoberto o anterior. Da mesma forma, aprendam, na primeira análise da peça, a não se deter em detalhes, em pequenos fragmentos, mas a chegar até o principal e, a partir daí, entender o particular."

"Pensem com cuidado: o que acontece na casa de Fámussov com a chegada inesperada de Tchátski?",[40] perguntava Konstantin Serguêievitch, levando-nos a definir os atos [*postúpok*], relacionados a esse acontecimento,

---

[40] Referência à peça de Aleksandr Griboiédov, *O mal de pensar*, publicada em 1823. Na peça, o herói principal volta a Moscou imbuído de ideias progressistas, depois de uma longa estada na Europa. Vai à casa de Fámussov, onde encontra a filha desse homem, Sofia, que ele ainda ama. Ver Anexo E, neste volume. (N. do O.)

dos diversos personagens da comédia. "Quais são as consequências da notícia da chegada do inspetor geral?"[41]

Ao fazer tais perguntas, Stanislávski ensinava aos alunos que, antes de tudo, é preciso desmontar (arar) de maneira muito minuciosa a estrutura ativa da peça, sua fábula.

É apenas depois de entender a lógica e a sequência das ações e dos acontecimentos que o ator compreende qual é o alvo final para o qual conduz o papel.

Porém, tendo estudado o *que* acontece, o ator ainda olha de fora para o acontecido e precisa então chegar ao processo mais difícil e sutil: *colocar-se no lugar do personagem*.

Dizia Konstantin Serguêievitch durante as aulas no Estúdio:

"Vocês terão um resumo dos acontecimentos com os quais a fábula é construída. Suponhamos que a linha do enredo esteja clara e vocês entendam de forma lógica a supertarefa. O que fazer então?

Para iniciar o trabalho, o mais importante é não se obrigar a realizar as tarefas que estão acima das suas forças, que levarão inevitavelmente à afetação e à violência contra a natureza. É preciso transformar as ações do personagem em ações próprias, já que apenas com 'ações próprias' se pode viver de forma sincera e verdadeira. É preciso transportar a si mesmo para a posição dos personagens nas circunstâncias propostas, dadas pela fábula. Para isso, é preciso primeiro realizar as ações psicofísicas mais simples relacionadas a um acontecimento determinado. Realizá-las a partir de si mesmo, sem se incomodar com o fato de que no início o ator ainda sabe muito pouco sobre o papel. Ele não sabe o texto do autor, mas já sabe quais são os principais acontecimentos e atos do personagem, conhece a sua maneira de pensar e, consequentemente, é capaz de falar com as próprias palavras.

A primeira pergunta que cada participante do espetáculo deve se fazer é: 'O que eu faria se acontecesse tal coisa?'.

Dessa forma, vocês começam a *sentir a si mesmos no papel*.

---

[41] Referência à peça de Gógol, *O inspetor geral*, publicada em 1836. Uma pequena cidade de província fica em polvorosa com a notícia da chegada iminente de um inspetor de São Petersburgo, encarregado de verificar como corre a vida local. (N. do O.)

A partir daí seguirão adiante e, com o tempo, chegarão ao ponto de sentir *o papel dentro de si.*"

É preciso mudar audaciosamente o método de ensaios!

Ao falar do método de ensaios mais difundido — em que o diretor força o ator a aproximar-se do personagem desconhecido, tenta cutucar a sua imaginação, fala sobre o conteúdo da peça, os personagens, a época etc. — Stanislávski afirma que no período inicial de trabalho sobre a peça o ator recebe as ideias do diretor com frieza, racionalmente. Não está preparado para receber as ideias e os sentimentos alheios porque ele mesmo ainda não sente sob os pés o solo real do personagem, e não sabe o que pegar e o que descartar do material que lhe é oferecido.

Para formar uma opinião sobre a peça e o papel, o ator precisa, antes de tudo, ter

> *"uma sensação real da vida do papel, uma sensação não apenas da vida psíquica, mas também do corpo.*
>
> Assim como a levedura estimula a fermentação, também a sensação da vida do papel provoca na alma do ator o aquecimento interior e a ebulição necessários para o processo criativo de conhecimento. Apenas quando o ator está nesse estado criativo é possível falar sobre uma abordagem da peça e do papel."[42]

É interessante atentar para um tema que atravessa toda a obra de Stanislávski: como criar aquele sentir-a-si-mesmo psicofísico, em que o ator torna-se capaz de um autêntico processo criativo de conhecimento? Stanislávski chega a rever uma série de suas teses antigas e passa a afirmar novos princípios, dos quais a pedra angular é a autonomia criativa do ator. Ao afirmar a ligação indissolúvel entre o psíquico e o físico, Stanislávski introduz uma nova *prática de ensaios.* Konstantin Serguêievitch critica o antigo método do período de mesa, em que, com a ajuda do diretor, os atores tentam entrar na vida psíquica dos personagens, passando muito tempo sentados à mesa. Afirma que tal método acarreta grandes erros, pois, em sua pesquisa, o ator separa a vida psíquica da física e, privado da possibilidade de ter uma sensação real da vida do corpo do personagem, se empobrece.

É inevitável que, desse modo, a análise se torne apenas racional. O período de mesa é necessário numa primeira etapa para a compreensão do eixo

---

[42] K. S. Stanislávski, "Sobre as ações físicas", *Teátr*, n° 8, 1948, p. 8. (N. da A.)

do enredo da peça e para a definição da sequência dos acontecimentos e das ações dos personagens. Assim que a estrutura básica da obra dramática é compreendida, o ator começa a ter uma sensação (mesmo que vaga) da ação transversal, mas essa sensação ainda é racional.

É esse período que Stanislávski chama de "exploração mental". Assim que essa parte do trabalho está superada, propõe-se passar à etapa seguinte, de uma análise mais aprofundada, que ocorre não à mesa, mas em ação. Ao agir, o ator estuda simultaneamente a vida física e a vida psíquica do personagem. Percebe de forma real e concreta a unidade, a coesão dos processos psicofísicos.

Em seu artigo "Sobre as ações físicas"[43] — um dos capítulos da terceira parte do *Trabalho do ator sobre si mesmo* —, Stanislávski descreve em detalhes o novo método de ensaios.

Propõe que o aluno se lembre de um episódio qualquer de *O inspetor geral* de Gógol, se coloque nas circunstâncias propostas pelo autor e realize aquelas ações psicofísicas da vida do papel que ele possa "fazer de forma sincera, verdadeira e partindo de si mesmo", sem se importar com o quão pequenas sejam.

As páginas seguintes narram como, ao tentar fazer a ação mais simples, o aluno se depara com o fato de que não é capaz de ir adiante sem saber para que e por que o faz. Ele enche o mestre de perguntas, e este o ajuda a passar por todos os obstáculos, protegendo-o de imagens estereotipadas e de uma análise não suficientemente profunda, direcionando sua atenção para a existência viva do personagem.

Escreve Stanislávski:

"Entendam a importância do fato de que, na primeira etapa, o ator busca por si mesmo a ajuda e as indicações de uma outra pessoa — de acordo com sua própria necessidade, carência e iniciativa — em vez de recebê-las à força. No primeiro caso, o ator mantém a independência, no segundo, a perde. O material psíquico e criativo recebido do outro, e que não foi vivenciado na alma, é frio, racional e inorgânico. Fica apenas empilhado nos depósitos da alma e da inteligência, entulhando a cabeça e o coração.

Por sua vez, o material que é próprio vai imediatamente para o devido lugar e começa a funcionar. Aquilo que foi tirado da pró-

---

[43] Trata-se de materiais reunidos para *O trabalho do ator sobre o papel*, escritos provavelmente em 1937 para as aulas do Estúdio de Ópera e Drama. (N. do O.)

pria natureza orgânica, da própria experiência de vida, o que repercutiu na alma, não pode ser alheio ao ser humano-ator. O que é próprio é próximo, familiar, não precisa ser cultivado. Já existe, nasce por si só e pede para se revelar na ação física.

Não vou repetir que todos esses sentimentos 'próprios' devem ser obrigatoriamente análogos aos sentimentos do papel."[44]

Querendo tornar o novo método de trabalho ainda mais claro para os alunos, Stanislávski entra em cena e improvisa o momento da chegada de Khlestakóv ao hotel.[45]

Entra correndo no quarto, bate a porta e fica por um bom tempo olhando para o corredor, pela fechadura, com muita atenção. Os que assistem têm a impressão de que ele está se escondendo, fugindo do dono do hotel. Depois de realizar essa entrada, muito sincera na opinião dos alunos, Stanislávski começa imediatamente a analisar suas ações.

"Exagerei!... É preciso ser mais simples. Além do mais, seria o certo para Khlestakóv? Afinal, ele, um habitante da Petersburgo daquela época, estando na província se sente superior a todos. O que me levou a entrar assim? Quais recordações? Vai saber! Será que nessa combinação de fanfarrão com menino medroso está a caracterização interior de Khlestakóv? De onde vêm essas sensações que tenho?..."[46]

Propondo que os alunos analisem com atenção o método demonstrado, Stanislávski escreve:

"Examinem esse processo e compreenderão que foi uma análise interior e exterior de si mesmo, um ser humano nas condições de vida do papel. Esse processo não se parece com um estudo frio e racional do papel, como normalmente fazem os atores na etapa inicial da criação.

---

[44] K. S. Stanislávski, "Sobre as ações físicas", *cit.*, p. 15. (N. da A.)

[45] O segundo ato de *O inspetor geral* mostra como o herói principal, Khlestakóv, atormentado pelas dívidas e pela falta de dinheiro, se hospeda num hotel barato junto com seu criado, Ôssip. (N. do O.)

[46] K. S. Stanislávski, "Sobre as ações físicas", *cit.*, p. 11. (N. da A.)

Análise pela ação

O processo de que falo é realizado simultaneamente por todas as forças da nossa natureza — intelectuais, emocionais, psíquicas e físicas..."[47]

Somente com esse método de análise, o sentir-a-si-mesmo interior do ator em cena estará impregnado de uma sensação real de vida. Stanislávski descreve uma série de *études*[48] para a entrada de Khlestakóv no hotel. Com isso, avalia cada vez mais profunda e precisamente as circunstâncias propostas da peça, encontrando nos *études* seguintes maior liberdade interior e exterior, maior verdade na lógica e na sequência de pensamentos, ações e sentimentos, aproximando-se cada vez mais do personagem.

Ao concluir a seleção minuciosa das ações físicas do fragmento ensaiado, ele dá a definição completa de seu método:

> "O novo segredo e a nova característica do meu procedimento de criação da 'vida do corpo humano' do papel consistem no fato de que, quando realmente corporificada [*voploschénie*] em cena, a ação física mais simples obriga o ator a criar, seguindo os próprios impulsos, todo tipo de ficções imaginárias, de circunstâncias propostas e de 'ses'.
>
> Se um trabalho tão grande de imaginação é necessário para uma única e simples ação, então, para a criação de toda uma linha da 'vida do corpo humano' do papel, é imprescindível uma longa e ininterrupta série de invenções e circunstâncias propostas — tanto do ator quanto da peça.
>
> Só é possível entendê-las e obtê-las com a ajuda de uma análise detalhada, feita por todas as forças psíquicas da natureza criativa. O meu procedimento provoca naturalmente, por si só, uma análise assim."[49]

Ao criar a "vida do corpo humano" do papel, estimulamos continuamente a nossa imaginação, verificando o quanto as ações físicas que selecio-

---

[47] *Idem*, p. 16. (N. da A.)

[48] O termo *étude* ("estudo" em francês) na linguagem teatral designa uma maneira específica de estudar o papel por meio da ação prática. Em outras palavras, é uma espécie de esboço. O termo já existia na língua teatral francesa do século XVIII, mas ficou fora de uso e a prática se perdeu. (N. do O.)

[49] K. S. Stanislávski, "Sobre as ações físicas", *cit.*, p. 16. (N. da A.)

namos são típicas do personagem. Lembro aqui o legado de Stanislávski, segundo o qual as ações e os sentimentos do ator devem ser necessariamente análogos aos sentimentos e ações do personagem do drama, pois *"tanto a vida do corpo do papel como a vida de seu espírito são extraídas da mesma fonte: a peça"*.[50] Dessa forma, durante o processo de análise ativa, ao buscar a seleção mais precisa possível das ações físicas, o ator entra no papel com uma profundidade cada vez maior.

Notemos que esse esquema da "vida do corpo humano" do papel é apenas o início. Resta ainda ao ator o mais importante: aprofundar essa linha de vida até que ela chegue aos lugares mais escondidos, onde começa a "vida do espírito humano" do papel, cuja criação é uma das principais tarefas da arte dramática.

"Depois do primeiro encontro com a obra do poeta, as impressões vivem em nós como manchas esparsas, como instantes, frequentemente muito intensos, indeléveis, dando uma certa tonalidade para toda a criação." Mas apenas quando "se traça a linha da 'vida do corpo humano' através de todo o papel e, graças a ela, se sente a linha da 'vida do espírito humano', todas essas sensações desconexas tomam o devido lugar e recebem um significado novo e real [...]".

Ao afirmar a relação e a interdependência orgânica entre a vida física e a psíquica, Stanislávski escreve que no seu procedimento de criação da vida do corpo humano há um postulado de extrema importância, que é o fato de que "a vida do corpo não pode deixar de responder à vida do espírito do papel, desde que, é claro, o artista em cena aja de forma autêntica, apropriada a um determinado alvo e produtiva".[51]

À primeira vista, essa tese de Stanislávski parece contraditória.

Por que agora, nesta etapa do trabalho em que o ator apenas começa a dar os primeiros passos no estudo da vida física do papel, Konstantin Serguêievitch fala da "vida do espírito" do papel, à qual a "vida do corpo" não pode deixar de responder? Afinal, na base do novo método está a exigência de se começar a análise ativa pelo estudo da "vida do corpo" do papel.

Porque o início da análise ativa é a desmontagem da peça, a "exploração mental".

"A razão", escreve Stanislávski, "como um desbravador, examina todos os planos, todas as direções e todas as componentes da peça e do papel; co-

---

[50] K. S. Stanislávski, *O trabalho do ator sobre o papel*, em *Obras completas*, v. 4, Moscou, Iskússtvo, 1957, p. 335 (grifo meu). (N. da A.)

[51] *Idem*, p. 334.

Análise pela ação

mo uma vanguarda, prepara novos caminhos para as buscas posteriores do sentimento."[52]

Ao dar os primeiros passos no estudo da "vida do corpo" do papel, o ator já chega com uma certa bagagem artística e espiritual.

Caso contrário, não poderia comparar os resultados obtidos no processo da análise em ação com as suas próprias ideias sobre o personagem.

Quanto mais rica a personalidade artística do ator, quanto mais diversificada e marcante sua experiência de vida e capacidade de compreender as molas de ação da peça, mais orgânico será nele o processo de conhecimento da vida do papel em sua unidade psicofísica.

Ao concentrar, no período inicial de trabalho, a atenção do ator sobre a "vida do corpo" do papel e afirmar que "a vida do corpo não pode deixar de responder à vida do espírito do papel", Stanislávski prova que o ator, enquanto cria a "vida do corpo" do papel, desperta em si um sentimento vivo.

"Tente lembrar", escreve Stanislávski, "se seu sentimento permanece inerte quando você vive sinceramente a vida humana do corpo e suas ações físicas. Se prestar mais atenção nesse processo e observar o que ocorre nesse momento na sua alma, verá que, quando você acredita na sua vida física em cena, seus sentimentos correspondem a essa vida, têm com ela uma ligação lógica."[53]

Num dos nossos encontros, Konstantin Serguêievitch me disse:

"— Imagine a seguinte situação: você liga o rádio e descobre que o seu relógio está atrasado e você corre o risco de perder o trem.

Vejo que a sua imaginação está inerte. Sentada aqui, na minha frente, numa poltrona confortável, sem pressa alguma, é difícil imaginar a situação que propus.

Então eu pergunto: o que você faria em tal situação?

Pense, e comece a agir: tire as malas, coloque as coisas nelas...

Está vendo? Assim que você começou a agir para valer, sua imaginação imediatamente entrou no jogo: você precisou da caderneta de anotações, onde está escrito o número do táxi, e foram surgindo obstáculos — o telefone não respondia, a chave do ar-

---

[52] *Idem*, p. 337.

[53] *Idem*, p. 334.

mário foi parar não se sabe onde, os livros não cabiam na mala e você não queria levar uma mala a mais etc. etc. etc.

Por alguns minutos, você chegou a acreditar tanto na necessidade de pegar o trem que, só de pensar em um possível atraso, seus olhos se encheram de lágrimas. Como foi que isso aconteceu?"

Assim que o ator *define* corretamente *as ações* que deve realizar nas circunstâncias que lhe foram propostas, e as realiza de forma sincera, o sentimento não tem como deixar de responder!

O talento do diretor e do ator se revela em primeiro lugar na *seleção das ações*, que parte da profunda compreensão daquilo que o dramaturgo concebeu e da essência dos caráteres que ele criou.

Com frequência encontramos ações definidas ao acaso, que se encontram na superfície do texto ou até mesmo deturpam o autor.

A análise através da ação leva o ator a um estudo aprofundado e concreto das ações que revelam a mola por trás das forças que movem a peça.

Com o objetivo de criar, através do novo método de trabalho, as condições mais naturais para fixar o sentimento caprichoso, difícil de capturar, Stanislávski escreve que:

"a vida do corpo do papel pode se tornar uma espécie de bateria para o sentimento criativo. As vivências [*perejivánie*] interiores são semelhantes à eletricidade: se forem jogadas no espaço, dissipam-se, desaparecem. Mas se forem usadas para alimentar a vida do corpo do papel, assim como a eletricidade alimenta uma bateria, as emoções provocadas pelo papel irão se fixar numa ação física bem perceptível. Essa ação absorve, suga os sentimentos relacionados a cada momento da vida do corpo, e fixa assim as vivências e as emoções criativas do ator, que são instáveis e voláteis."[54]

Dessa forma, o novo procedimento de trabalho abre mais uma questão essencial: as ações físicas fixam aquilo que foi trabalhado no processo de incorporação [*voploschénie*], chamam à vida toda a intensidade da experiência emocional, acumuladas pelo ator durante o longo período de ensaios.

Observa Stanislávski:

---

[54] *Idem*, p. 335.

"Suponhamos que você esteja repetindo pela vigésima ou trigésima vez a linha, já bem verificada, da 'vida do corpo humano' da pessoa representada... Se, ao fazê-lo, você vive corretamente e realiza corretamente as tarefas físicas, nesse caso, você não apenas percebe a vida do corpo do papel — como já aconteceu muitas vezes — mas, ao mesmo tempo, como reflexo, vivencia as sensações interiores do papel que correspondem a essas ações físicas. Isso acontece porque a linha do corpo e a da alma dependem uma da outra."[55]

Konstantin Serguêievitch falava muito sobre o fato de que, na vida, não sabemos observar e não estudamos o nosso comportamento físico. Porém, metade de nossa vida em cena é a vida do corpo humano, e agora temos que "agindo, estudar a natureza da ação física".

Falava com entusiasmo que o ator não deve ter nenhum minuto de inação, que a inação é impossível na arte do teatro. É preciso tentar ser ativo, é preciso ensinar o ator a começar a agir imediatamente.

— Antes, memorizávamos as tarefas — brincava Konstantin Serguêievitch —, dividíamos o papel em pequenos trechos, depois definíamos qual era o pensamento contido em cada trecho e de que esse pensamento tratava. É o que fazíamos antes.[56] Era um trabalho analítico, em que a razão tinha um papel maior que o sentimento. Se eu aprender a perguntar *o que eu faria hoje, aqui, agora, nestas circunstâncias*, não poderei mais falar disso friamente, de forma analítica. Mentalmente já estarei agindo e, ao agir, encontrarei o acesso ao sentimento e ao subconsciente.

— Não vamos mais ficar sentados em volta da mesa, com a cara no livro — dizia aos alunos. — Não vamos mais, com o lápis na mão, dividir o texto em pedaços. Vamos buscar agindo, procurando de forma prática, na própria vida, aquilo que facilitará nossas ações. Vamos analisar o material não de forma fria — teoricamente, racionalmente —, mas abordá-lo a partir *da prática, da vida*, da nossa experiência humana.

---

[55] *Idem*, p. 348.

[56] Stanislávski se refere ao método de trabalho segundo o sistema apresentado na primeira parte do livro *O trabalho do ator sobre si mesmo I*, por exemplo, no capítulo "Partes e tarefas". (N. do O.)

AVALIAÇÃO DOS FATOS

No processo de análise pela ação o ator se depara com um postulado de Stanislávski extremamente importante: a "avaliação dos fatos".

— O cerne dessa questão — dizia-me Stanislávski — é que o ator precisa agir em cena da mesma forma como age o personagem criado pelo autor. Mas isso não pode ser alcançado sem que todas as circunstâncias da vida do personagem sejam profundamente esclarecidas, sem que o ator coloque a si mesmo nessas circunstâncias e avalie, a partir delas, o acontecimento vivido pelo personagem naquele momento.

Stanislávski afirmava que a avaliação dos fatos através da experiência pessoal, sem a qual não existe a verdadeira arte, surge apenas se, logo no período inicial de trabalho, naquele período do "exame da obra pela razão", o ator obriga a própria imaginação a se relacionar com os personagens como se eles fossem pessoas que realmente existem, que vivem e agem dentro de determinadas condições de vida.

Como isso se passou na vida? Essa era a principal pergunta que Stanislávski colocava rigorosamente diante do ator, para em seguida bombardeá-lo com inúmeras outras, obrigando-o a entrar nas circunstâncias de vida da obra e libertando-o das ideias teatrais estereotipadas.

Quantas dificuldades o ator tem que superar nesse caminho!

Como o atrapalham as ideias prontas sobre o papel! Ao se aproximar de um papel de uma obra clássica, o ator, antes de ter realmente compreendido qualquer coisa, já se lembra de como os atores famosos fizeram esse papel, do que foi escrito sobre a sua interpretação — ele se torna prisioneiro das associações do "universo teatral".

Direcionando a atenção do ator, em primeiro lugar, para as circunstâncias de vida da peça, Stanislávski exige que, desde o início do trabalho, em vez de pensar sobre "o papel", o ator se coloque no lugar do personagem e olhe para os fatos e acontecimentos dados pelo poeta a partir de um ponto de vista subjetivo.

"Para avaliar os fatos com o próprio sentimento, tendo por base uma relação pessoal e viva com eles, o ator internamente se pergunta e resolve a seguinte questão: que circunstâncias da vida interior do meu espírito humano, quais pensamentos, desejos, aspirações, características, qualidades e defeitos inatos meus, pessoais, vivos e humanos, poderiam fazer com que eu, enquanto ser humano-ator, me relacione com as pessoas e os acontecimentos da peça da mesma forma como o faz o personagem representado por mim?"[57]

É a partir desse momento que de fato começa o complexo processo artístico de criação do personagem.

Ao querer explicar para si mesmo o comportamento do personagem, ao começar a desenredar as circunstâncias propostas de sua vida, o ator simultaneamente tenta se colocar em seu lugar. Na figura do ator, o material e o criador estão unidos na mesma pessoa, e ele, amadurecendo a sua ideia sobre o papel, a sua concepção, sabe que não possui nenhum outro material para a encarnação que não a sua própria voz, seu próprio corpo, pensamento, temperamento, sentimento. Consequentemente, ele precisa, como dizia Stanislávski, encontrar a si mesmo no papel e, depois, criar o "papel dentro de si". É um caminho de trabalho árduo e constante.

Lev Tolstói chamava esse trabalho de aragem profunda do campo literário que pretendia semear.

É precisamente a essa "aragem" que Konstantin Serguêievitch incitava. Colocando-se no lugar do personagem, o ator inevitavelmente dá início a uma luta interior entre suas próprias ideias sobre a vida e as do personagem.

Nessa luta apaixonada surge a compreensão das molas internas dos atos e do sentir-a-si-mesmo do personagem, molas que o obrigam a dizer essas ou aquelas palavras.[58]

Durante o trabalho com V. I. Nemirôvitch-Dântchenko sobre o papel de Tusenbach em *As três irmãs* de Tchekhov, o ator N. P. Khmelióv[59] falou admiravelmente sobre esse processo:

---

[57] K. S. Stanislávski, *O trabalho do ator sobre o papel*, em *Obras completas*, v. 4, Moscou, Iskússtvo, 1957, p. 365. (N. da A.)

[58] Cf. Anexo E, neste volume. O exemplo citado aqui (as diversas interpretações do papel de Sofia em *O mal de pensar*) é o mesmo do capítulo "Avaliação dos fatos", em *Sobre a análise ativa da peça e do papel*, neste volume. (N. do O.)

[59] Khmelióv interpretou o papel de Tusenbach no espetáculo dirigido por Nemirôvitch-Dântchenko no Teatro de Arte de Moscou em 1940. (N. do O.)

"O senhor fala de sentimento criativo. Se pego esse sentimento apenas de mim mesmo, não será mais Tusenbach. Então fiz um rearranjo dentro de mim. Joguei fora tudo que é meu, mas não é necessário a Tusenbach, deixando apenas o que preciso para esse personagem."[60]

Stanislávski escreve:

"O que realmente significa avaliar os fatos e acontecimentos da peça? Significa encontrar neles seu sentido interior oculto, sua essência espiritual, seu grau de importância e influência. Significa cavar sob os fatos e acontecimentos externos para encontrar ali outros acontecimentos, escondidos nas profundezas, que frequentemente são a causa dos fatos externos. Significa observar como um acontecimento se desenvolve na alma e sentir o grau e o caráter de sua influência, observar a linha das aspirações de cada personagem, a colisão destas linhas, suas interseções, entrelaçamentos e divergências. Em suma: significa conhecer o esquema interior que define as relações entre as pessoas. Avaliar os fatos significa encontrar a chave que decifra muitos mistérios da 'vida do espírito humano' do papel, escondidos sob os fatos da peça."[61]

Ao fazer tais exigências ao ator, Stanislávski fala sobre um ator-pensador, que sabe examinar qualquer evento particular da peça a partir da riqueza de todo o conjunto de pensamentos contido na obra.

Vamos comparar o ponto de vista de Stanislávski sobre essa questão às palavras de Górki:

"O fato ainda não é toda a verdade, é apenas a matéria-prima a partir da qual a verdade autêntica da arte deve ser forjada, extraída. Não se pode assar uma galinha sem tirar as penas. E a veneração do fato nos leva precisamente a misturar o que é fortuito e secundário com o que é essencial e típico. É preciso aprender a

---

[60] *Anais do TAM, 1945*, t. II, Moscou/Leningrado, Iskússtvo, 1948, p. 442. (N. da A.)

[61] K. S. Stanislávski, *op. cit.*, p. 369. (N. da A.)

arrancar a penugem secundária do fato, é preciso saber extrair o sentido do fato."[62]

Górki ensina os escritores a somar e selecionar o que é típico nos fatos da vida. Stanislávski faz ao ator as mesmas exigências elevadas no que diz respeito à capacidade de uma real compreensão da essência do fato selecionado. Ensina o ator a encontrar por trás de cada réplica do texto do autor o verdadeiro sentido que leva à ação, que gera o estímulo para exprimir um determinado pensamento.

Somente após o ator ter recebido o texto do autor com precisão suficiente para poder expressá-lo com as próprias palavras, Stanislávski lhe permitia falar com as palavras do autor.

Seguindo o exemplo de grandes escritores, nos seus experimentos Stanislávski propunha aos atores que criassem seus próprios "rascunhos do texto do papel", para se aproximarem ainda mais profundamente do texto do autor.

Stanislávski buscava o ponto em que, ao ensaiar uma cena, o ator fosse capaz de esclarecer com as próprias palavras um determinado pedaço do texto. Criando rascunhos, o ator amplia a percepção dos fatos retratados no texto e se habitua com a ideia de que as palavras devem exprimir com precisão a maneira de pensar do personagem. Ao mesmo tempo, o rascunho obriga o ator a ler com sensibilidade o texto do autor, prestando atenção na precisão da forma verbal.

Quanto mais observamos e conhecemos a vida, mais fácil e frutífero é o trabalho da nossa imaginação.

Na arte do teatro esse ponto é decisivo, pois, como resultado de seu trabalho, o ator aparece diante do público como um ser humano vivo desta ou daquela época, e a menor inverossimilhança no seu comportamento interior ou exterior faz com que o espectador sensível fique desconfiado.

— Com que frequência vocês pensam — perguntava Stanislávski — quanto esforço custa ao escritor expressar numa imagem clara e precisa toda a complexidade das vivências humanas [*perejivánie*]? Enquanto vocês nem se dão o trabalho de compreender o pensamento expresso por ele, e ficam tagarelando mecanicamente as palavras.

Refletindo sobre essas palavras de Stanislávski, é impossível não se lembrar de Maiakóvski. Em seu artigo "Como fazer versos", ele escreve sobre

---

[62] M. Górki, *Obras completas*, t. 26, Moscou, GIKhL, 1953, p. 296. (N. da A.)

o enorme e meticuloso trabalho voltado para a seleção exata das palavras necessárias.

Maiakóvski descreve a preparação de seu poema "A Sierguéi Iessiênin".

Desde as primeiras linhas, ao escolher uma palavra, o poeta se pergunta: "Mas é esta a palavra? E será compreendida assim, etc.?".[63]

Realmente, pensemos nos rascunhos de Púchkin, Tolstói, Maiakóvski, com suas infindáveis rasuras, correções e inserções; pensemos no grande trabalho, na perseverança e na exigência consigo mesmos que distinguem tão claramente a obra dos grandes escritores. Agora comparemos isso à negligência leviana com que uma série de atores e diretores tratam a interpretação cênica do tecido verbal e ativo da obra. Fica claro que temos diante de nós uma grande tarefa: aprender com os artistas da palavra, aprender com Stanislávski.

---

[63] Cf. Anexo G, neste volume. (N. do O.)

Avaliação dos fatos

VISÃO

Não existe arte fora do pensamento imagético [*ôbraznoe michlénie*]. Mas nem de longe o caminho para ele é tão fácil como pode parecer. Muitas vezes o ator se detém no processo inicial do conhecimento lógico e racional dos fatos e, sem perceber, mata dentro de si o princípio da emoção.

Entretanto, por mais individual que seja o processo de aproximação do papel, ele sempre exige do ator um trabalho atuante da imaginação. Não é à toa que Konstantin Serguêievitch enaltecia o *poderoso* "e se", sem o qual a arte é impossível.[64]

Um dos instrumentos que estimulam a imaginação é a visão.

Quando Stanislávski falou pela primeira vez de "filme de visões" e de "subtexto ilustrado"[65] foi uma verdadeira revelação nas artes cênicas. A partir daí, tudo mudou na ciência que estuda a arte do ator. A visão é a lei do pensamento imagético do ator em cena. Na vida, sempre vemos aquilo de que falamos. Qualquer palavra ouvida provoca em nós uma imagem concreta. Em cena, porém, traímos com frequência essa característica importantíssima da psique e tentamos agir sobre o espectador por meio de palavras "vazias", por trás das quais não há imagens vivas do fluxo contínuo da existência.

Stanislávski propunha aos atores *treinar as visões de momentos isolados do papel e acumulá-las aos poucos, criando de forma lógica e consequente o "filme do papel"*.

Na vida, quando lembramos um acontecimento que nos impressionou, o recriamos mentalmente, seja em imagens, seja em palavras, ou em ambos ao mesmo tempo. Nossas representações, imagens mentais do passado, frequentemente são polifônicas: ora soa em nossos ouvidos a entonação que

---

[64] Cf. K. S. Stanislávski, *O trabalho do ator sobre si mesmo I*, cap. 3. Nesse capítulo, se fala sobre a ação e também sobre o mágico "e se" das circunstâncias propostas. (N. do O.)

[65] Cf. *O trabalho do ator sobre si mesmo I*, cap. 4. Esse capítulo é dedicado à imaginação. (N. do O.)

um dia nos impressionou, como se tivéssemos acabado de ouvi-la, ora nossa consciência retém imagens e quadros muito nítidos. Às vezes, ainda, nos lembramos do sentido de algo que alguém disse e que nos impressionou. O ensinamento de Stanislávski sobre a visão está construído sobre essa característica da psique. As visões do ator que se volta sistematicamente às representações necessárias ao papel tornam-se mais ricas a cada dia, pois vão ganhando um conjunto complexo de pensamentos, sentimentos e associações.

Tomemos um exemplo tirado da vida. Vamos supor que estou com pressa de chegar ao ensaio. A estação em que devo descer está chegando. Aproximo-me da porta e vejo que uma mulher sentada perto da saída está passando mal. Após alguns segundos de hesitação, o pensamento de que posso chegar atrasada ao ensaio vence o desejo de ajudar a passageira, e desço do trem. Mas isso ainda não é o final da história. Durante alguns dias, a imagem da mulher desconhecida que, com a boca muito aberta, tentava respirar fundo e não conseguia persegue-me por toda parte. Agora, a lembrança desse caso torna-se muito mais complexa do que aquilo que senti ao sair do metrô. À imagem da mulher doente misturam-se pensamentos sobre a indiferença e o egoísmo; reprovo-me por não ter ajudado uma pessoa, por ter acalmado a minha consciência com o fato de estar atrasada para um compromisso importante, pensando que uma outra pessoa necessariamente a ajudaria. Assim, a mulher desconhecida torna-se para mim uma fonte de sentimentos bastante complexos. Já não vivencio o fato em si, mas o fato de que agi de forma insensível e desumana. Ao vivenciar minha relação com o fato, entrelaço-o num sistema de generalizações morais. E quanto mais volto a ele, mais ativa e profundamente reelaboro a minha impressão primeira, imediata. Meus sentimentos se tornam mais agudos, complexos e nítidos do que eram num primeiro momento.

Os sentimentos "elaborados" têm uma força enorme, e os dramaturgos os utilizam com frequência. Por exemplo, as lembranças de Nástia em *Ralé: no fundo*, de Górki, ou de Sara em *Ivánov*, de Tchekhov. Mas é comum os atores ignorarem essa característica da psique e quererem atingir a visão imediatamente, sem um "olhar" longo e repetido para o objeto, que a cada vez adquire novos detalhes e minúcias. Também é comum acontecer o seguinte: se durante os ensaios alguma coisa aparece ao ator, ele pensa "Que bom!"; se não, "Fazer o quê?". De uma empreitada dessas, via de regra, não sai nada. O personagem do drama não será capaz de contagiar com suas visões aqueles que o rodeiam, porque seu criador — o ator — não as adquiriu.

Numa de suas cartas, Flaubert contava que, ao descrever o suicídio de Emma Bovary, ele mesmo quase morreu. A sensação dos sofrimentos de Em-

Visão

ma era tão forte, que lhe parecia que estava sentindo na própria boca o gosto de arsênico.

Certa vez, um dos amigos de Balzac, ao visitá-lo, encontrou-o totalmente doente: seu rosto estava coberto de um suor frio e a respiração era pesada e ofegante. Respondendo à pergunta sobre o que tinha, Balzac disse: "Você não faz ideia! O pai Goriot acaba de morrer".

No diário de Tchaikóvski existe uma anotação admirável, feita pelo compositor no dia em que terminou a última cena de *A dama de espadas*: "Chorei terrivelmente quando Herman expirou!".

O ator deve aprender a ver todos os acontecimentos da vida de seu personagem com a mesma concretude e nitidez com a qual Flaubert viu o suicídio de Emma, Balzac, a morte do pai Goriot, e Tchaikóvski, o fim de Herman. Essas visões devem ser como lembranças pessoais.

Tomemos como exemplo o monólogo de Julieta no terceiro ato da tragédia de Shakespeare.[66]

Para se transformar plenamente na personagem de Julieta, sentir-se no seu lugar, a atriz deve criar na imaginação uma sequência de visões análogas às que surgem na consciência de Julieta.

Konstantin Serguêievitch, em uma de suas conversas conosco, disse:

— Minha tarefa, ou seja, a tarefa de uma pessoa que diz alguma coisa a uma outra, que tenta convencê-la de algo, é conseguir que a pessoa com quem me comunico olhe com os meus olhos para aquilo que quero. É o que importa em cada ensaio e em cada espetáculo: fazer com que o parceiro veja os acontecimentos da mesma forma como eu os vejo. Se vocês tiverem esse alvo interior, agirão por meio das palavras. Se não, terão problemas. Neste caso, vocês dirão as palavras do papel só por dizer e, assim, elas necessariamente acabarão se assentando no músculo da língua.

Como escapar de tal perigo?

Em primeiro lugar, como já disse, não decorem o texto enquanto não tiverem estudado nos mínimos detalhes o *seu conteúdo*. Só então o texto será necessário. Em segundo lugar, é preciso decorar uma outra coisa: no papel, é preciso memorizar a *visão*, o *material das sensações interiores*, necessário para que a comunicação aconteça.

---

[66] Cf. Anexo F, neste volume. O exemplo do monólogo de Julieta é o mesmo de que se fala no primeiro livro. (N. do O.)

Uma vez criado 'o filme' do papel, vocês chegarão ao teatro e irão rodá-lo na presença de uma multidão, diante do espectador. Irão vê-lo e falar dele da maneira como o sentem aqui, hoje, agora. Logo, *o texto — a ação verbal — deve ser fixado através de imagens mentais, da visão. E é preciso falar sobre essa visão com o pensamento, isto é, com as palavras.*"[67]

Devido à repetição frequente, o texto do papel torna-se vazio. Já as imagens visuais, pelo contrário, se fortalecem com as repetições reiteradas, pois, a cada vez, a imaginação complementa a visão com novos detalhes.

Nossa capacidade de perceber os fenômenos não tem limites, e, quanto mais nos concentramos num determinado fato, mais sabemos sobre ele. Por isso, quando o ator se esforça para criar um "subtexto ilustrado", inevitavelmente atiça sua imaginação e enriquece mais e mais o texto do autor com novos traços artísticos.[68]

Posteriormente, em várias ocasiões tive a oportunidade de comprovar a enorme importância que tem esse procedimento psicotécnico para o trabalho prático no teatro.

O processo da visão tem, *grosso modo*, duas fases. A primeira é a da acumulação de visões.

Esse enorme trabalho ocorre sobretudo fora do horário de ensaios. O ator acumula materiais que o ajudam a criar o passado vivo do seu papel, isto é, a criar uma bagagem interior própria, representações individuais, que lhe são inerentes, que dão coesão e alma ao texto do autor, texto que a princípio era estranho ao intérprete.

Konstantin Serguêievitch falava também sobre a *outra fase* do processo de visão, que é a habilidade do ator de envolver o parceiro com as suas visões, de "falar não aos ouvidos, mas aos olhos do parceiro".

Esse processo está organicamente ligado ao processo da comunicação.

— O que significa ouvir? — continuava Konstantin Serguêievitch. — Significa entregar ao parceiro minha postura em relação ao assunto, o meu interesse. O que significa convencer, explicar? Significa transmitir as minhas visões ao parceiro: é preciso que não apenas vocês, mas também o parceiro

---

[67] Anotação feita por mim em uma das aulas do Estúdio de Ópera e Drama, em 1936. (N. da A.)

[68] Cf. Anexo E, neste volume. O exemplo do monólogo de Tchátski é o mesmo de que se fala no primeiro livro. (N. do O.)

Visão

veja aquilo que vocês veem. Não se pode contar algo de maneira genérica, não se pode convencer alguém de algo "em geral".

Estudem o processo da comunicação entendida como *interação*. Uma ação autêntica não pode surgir sem um processo orgânico de comunicação.

— É preciso se comunicar sem nenhuma pressão — apontava Konstantin Serguêievitch —, senão, o ator, assim que começa a "se comunicar", imediatamente arregala os olhos. A comunicação é um *prelúdio para a ação*, ela exige tarefas e ações. É preciso aprender a inspirar não através dos sons das palavras, mas das imagens, das visões.

No entanto, ainda seguimos pouco essas indicações de Konstantin Serguêievitch.

— Imaginem que há muito tempo, na juventude, vocês viram uma cidade. Perambularam pelos parques e ruas, visitaram as atrações locais, desceram até o rio, apoiaram-se nos parapeitos das pontes. Depois, foram embora e nunca mais conseguiram voltar. Mas quando ouvem alguém dizer o nome dessa cidade surge imediatamente, nas almas de vocês, uma lembrança emocional e visual que está para sempre ligada a esse nome, a essa combinação de letras. Vocês não conseguem abarcar todo o quadro, todos os detalhes, mas alguma coisa que os tocou de forma particular surgirá imediatamente diante de seus olhos. Pode ser um cantinho do pátio com um banco sob velhas tílias, ou a praça do mercado e os restos de feno sobre a neve suja, ou uma pessoa com quem vocês conversaram por duas horas seguidas. Vocês se lembrarão imediatamente de como eram naquela época. Ou seja, num piscar de olhos, mil sensações virão à tona, porque em algum momento uma realidade concreta, clara e detalhada antecedeu as sensações emocionais, porque vocês realmente estiveram nessa cidade e viram tudo com seus próprios olhos. Algo semelhante pode acontecer em cena com o ator que soube acumular as visões do personagem.

Quanto mais meticuloso, profundo e sério for o trabalho do ator de acumular na imaginação visões do personagem, mais forte será a sua ação sobre o parceiro e, obviamente, sobre o espectador.

Porém, se o ator em cena não vê aquilo de que fala com o parceiro, não há "contágio", por mais que ele se esforce: não surge uma ligação emocional viva entre o ator e a plateia. Enquanto o ator, que age sobre a plateia por meio de visões vivas, não der corpo [*pretvorít*][69] aos achados do diretor, por melhores que estes sejam, o espetáculo continuará sendo morto. Um espetá-

---

[69] O verbo *pretvoriát* tem os sentidos de "transformar em algo", "incorporar" e "realizar na prática". Apesar de não ser o verbo *voploschat*, optou-se aqui em traduzir por "dar

culo assim jamais será uma enunciação sobre a vida, uma revelação espiritual. Sem o ator que "vê" e contagia o espectador com a vivacidade de suas imagens agora, neste exato instante, não existe a essência do teatro, não existe aquilo que nos faz considerá-lo a escola do riso e das lágrimas.

O ator deve acumular as visões do papel o tempo todo, abrangendo inclusive aqueles fatos da vida do personagem sobre os quais não se diz nada, que ocorreram antes do início dos acontecimentos da peça ou entre dois acontecimentos.

Claro que nós, diretores, voltamos a atenção do ator para o subtexto ilustrado das palavras ditas em cena. Se esse fio se rompe de maneira evidente, não apenas o diretor diz ao ator: "Não, o senhor não está vendo!", como o próprio ator muitas vezes se interrompe com as mesmas palavras: "Não estou vendo aquilo de que falo". Mas quanto à história que antecede a peça ou àquilo que acontece entre os atos, os tratamos com uma certa leviandade. Mencionamos os acontecimentos que não foram mostrados na peça, falamos sobre o que eles significam para o personagem e, às vezes, durante o ensaio, notamos que deixamos passar um ou outro fato da biografia do personagem; porém, como essas passagens não são ensaiadas, para a maioria dos atores elas se tornam manchas escuras no papel.

Mas o que se pode compreender em Hamlet sem de fato ver, entender como o assassinato do rei mudou sua vida, como deixou evidente que "o tempo está fora dos eixos", colocando o herói num estado de extrema tensão interior? E, no entanto, isso ocorreu antes do início da tragédia.

No drama *Os filhos do sol*, de Górki, há um personagem episódico. Ao aparecer em cena, ele se define da seguinte forma: "Com licença! Cada coisa a seu tempo... Apresento-me: sou o subtenente Iakov Tróchin, ex-ajudante do chefe da estação Log... o mesmo Iakov Tróchin que teve mulher e filho esmagados pelo trem... Filhos ainda tenho, mas mulher, não... Pois é! Com quem tenho a honra de falar?".

Uma só frase, e por trás dela um campo imenso de trabalho para o ator. Toda a vida passada de um ser humano está contida nessas escassas palavras selecionadas pelo autor: tanto o dia a dia de uma família humilde e honesta, quanto a terrível desgraça que se abateu sobre ela, o lodo da existência provinciana onde pouco a pouco foi se atolando um ser humano, o seu lento deslizar para o fundo. Nessa tirada transparece também o orgulho de um pobre que, num meio culto, onde foi parar por acaso, tem a pretensão de

---

corpo", pois esta locução mantém a ideia de uma ação feita exclusivamente pelo ator, e que depende totalmente de sua individualidade. (N. da T.)

Visão

parecer "culto". Quando, além de compreender tudo isso, o ator também *vir* esses acontecimentos naquele adensamento trágico das cores da vida com o qual os viu Górki, quando, depois, ele *transferir* tudo isso para si mesmo, entrará em cena como Iakov Tróchin, um dos muitos personagens de Górki saídos "do fundo", com a espinha quebrada e a alma ainda viva.

Se na frase dita pelo ator há uma visão concreta, aí então um sentimento humano vivo — para o qual não existe um atalho, mas apenas esse caminho longo e tortuoso — nasce na ação por si só, do simples contato do ator com essas lembranças.

O trabalho individual do ator sobre o que acontece com o seu herói entre duas entradas em cena tem o mesmo caráter, não importa se esse intervalo é igual a dezenas de anos, a algumas horas ou mesmo a poucos minutos. Para que todas as mudanças que ocorreram com o personagem se reflitam em sua próxima entrada em cena, um ator talentoso não deixará de atravessar, junto com ele, a fase de sua vida que não coube na peça.

Como interpretar com verdade o quarto ato de *A gaivota* sem percorrer, junto com Nina, todo o caminho pesaroso desde que ela, jovem e apaixonada, encontrou Trigórin num quarto de hotel em Moscou, até os dois dias infelizes de outono que passou andando sem rumo sob a chuva perto do "lago enfeitiçado"?

As lembranças de uma pessoa sobre aquilo que viveu não apenas nos esclarecem um pedaço de seu passado, como também revelam muito sobre ela mesma, sobre como está agora, neste momento. Se em *A gaivota* Tchekhov tivesse renunciado ao monólogo final de Nina, substituindo o relato da heroína pela apresentação cênica de alguns episódios relacionados a suas "tristezas e errâncias", a imagem perderia muito de sua profundidade e poesia, e saberíamos menos sobre Nina, sobre o que ela se tornou.

Nesses casos, não é o enredo que nos mantém interessados. Via de regra, sabemos de antemão o que aconteceu com um personagem no intervalo entre duas aparições. Assim, também já sabemos tudo sobre Nina através do relato de Dorn, e por isso o encontro com a "gaivota" ferida à toa é tão interessante.

Para que, no segundo ato do drama *Culpados sem culpa*,[70] Ostróvski precisou repetir no relato detalhado de Krutchínina todo o conteúdo que já

---

[70] No início da peça em questão, a heroína descobre que o pai de seu filho, quebrando a promessa de se casar com ela, está noivo de uma rica herdeira. Logo em seguida, ela recebe a notícia de que seu filho de três anos, entregue aos cuidados de outra mulher, está

havíamos visto no primeiro ato? Será que todas as intérpretes do papel avaliam [*otsénivat*] com a devida atenção os fatos da biografia da atriz Krutchínina nesses dezessete anos? Será que compreendem o quanto ela vivenciou? Seguem-na em suas peregrinações pelos palcos dos teatros de província, acumulam pensamentos amargos, reforçados pelo tempo e pelas lembranças que a assolam com nova força assim que ela volta à sua cidade natal? Mas Ermólova,[71] ao interpretar Krutchínina, abalava os espectadores ao contar sobre seu passado! As lembranças surgiam com mais força e riqueza do que o próprio acontecimento que as gerava.

Quando o ator consegue abarcar a integridade da vida do papel, sem pular as etapas não englobadas pela ação do drama, surge em cena não um personagem, mas um ser humano; nasce a verdade autêntica do comportamento, a qual dita cores e adaptações de jogo que o ator não conseguiria criar intencionalmente, sem ter vivenciado junto ao personagem tudo o que a este foi dado vivenciar. E é precisamente essa verdade inesperada — ao lado da qual já passamos cem vezes e para a qual só hoje, pela primeira vez, o artista chamou nossa atenção —, é essa verdade que nos comove e nos obriga a compartilhar[72] com o personagem sua desgraça e alegria. Apenas uma interpretação assim chega a ser uma revelação. Apenas uma interpretação assim traz a compreensão do novo e do estranho, do que ainda não foi descoberto na vida!

Stanislávski sempre lembrava que a capacidade de observar é fundamental para a imaginação criativa do ator. Recomendava aos atores que registrassem em cadernos o que os impressionasse na vida. Nesse aspecto, dizia, os atores deviam tomar os escritores como exemplo.

Konstantin Serguêievitch dava enorme importância à capacidade de absorver impressões e conhecimentos. Ele sempre falava sobre a riqueza contida na pintura, na música, na poesia, e estimulava os atores e diretores a

---

prestes a morrer. Dezessete anos depois, já uma atriz consagrada e com outro nome, ela retorna à cidade natal. (N. da T.)

[71] Maria Ermólova (1853-1928), atriz do Teatro Máli de Moscou. Atuava em peças de Ostróvski e era um ídolo da juventude russa do final do século XIX, inclusive de Stanislávski. (N. do O.)

[72] A noção de сопереживание [*soperejivánie*] designa, no sistema de Stanislávski, não o sentimento interior ou o sentir-a-si-mesmo físico do ator, tampouco a sua vivência [*perejivánie*], e sim a comunicação e a empatia com o público, a partilha desses sentimentos. Desse modo, *soperejivánie* remete a uma relação ideal entre a cena e a plateia, à qual o teatro russo sempre aspirou. (N. do O.)

Visão

estudar outras artes não apenas em função das necessidades de montagem de uma determinada peça, mas como obrigação, para "ter em estoque", como dizia.

— Aprendam a olhar para o interior da vida — dizia Konstantin Serguêievitch. — Olhar para dentro da vida é uma grande arte para o ator. Vocês devem aprender agora a 'devorar conhecimentos'. Nessas horas sempre me lembro de Chaliápin.[73] Uma vez eu estava sentado com Répin, Seróv e outros mestres da pintura.[74] Chaliápin ouvia com avidez. Mámontov me cutucou e disse: "Konstantin Serguêievitch, olhe como Chaliápin 'devora conhecimentos'". Pois então, aprendam a "devorar conhecimentos".

Antes de começar a trabalhar sobre um conto literário (ou um monólogo), Stanislávski propunha um exercício que dava ao aluno a possibilidade de compreender o processo orgânico sobre o qual na vida se constrói um relato. Ele lhe pedia que contasse um caso qualquer da própria vida.

O aluno devia reconstruir na memória da forma mais completa, detalhada e vívida possível algo ocorrido na vida, e depois contar a um ouvinte.

A imaginação criativa obriga o aluno a inventar circunstâncias que lhe deem vontade de contar, hoje, aqui e agora, precisamente a este parceiro, precisamente este caso.

Quando o aluno assimilar o exercício, ele deve compreender que, para contar um caso da própria vida, basta lembrá-lo. Já no trabalho sobre qualquer monólogo ou narrativa, deve imaginar e se acostumar com o quadro e as imagens de que irá falar a tal ponto que eles se tornem suas próprias lembranças.

— O mais importante — nos dizia Konstantin Serguêievitch nas aulas do Estúdio — é encontrar o caminho para uma comunicação autêntica. Os tentáculos da minha alma devem sentir a alma do parceiro. É preciso encontrar aquele processo orgânico, por sobre o qual, posteriormente, as palavras serão postas. Logo, em primeiro lugar é preciso sondar o parceiro; em se-

---

[73] Fiódor Chaliápin (1873-1938), um dos maiores baixos da ópera russa, representou um certo tipo de ator que fascinou todo o teatro russo. Por isso, tornou-se parte da tradição teatral do país. (N. do O.)

[74] Iliá Répin (1844-1930) é o pintor mais importante do realismo russo, dotado de um sopro épico e histórico. Valentin Seróv (1865-1911), um dos maiores pintores do início do século XX, também pertencia à tradição realista, porém de caráter mais intimista. Ficou famoso por seus retratos, especialmente o da grande atriz russa Ermólova, e por suas naturezas-mortas. Esses pintores, assim como Chaliápin e Stanislávski, faziam parte do círculo de Mámontov, um rico mecenas, amante apaixonado da arte, que reuniu em torno de si os maiores pintores, músicos e atores da virada do século. (N. do O.)

gundo, obrigá-lo a perceber a visão de vocês; em terceiro, verificar sua percepção. Para isso, é preciso dar ao parceiro tempo de ver aquilo que lhe é transmitido.

"Em cena, o ator que simplesmente decorou o papel", dizia Konstantin Serguêievitch, "sempre fala sem esperar que o parceiro perceba a réplica. Na vida, porém, independentemente da distância entre vocês e a pessoa para quem estão falando, vocês sempre esperam que o outro imagine e apreenda o que foi dito. Como podemos compreender as palavras em cena se o ator começar a cuspi-las? Serão meras palavras jogadas fora, jamais se tornarão palavras ativas."

Se o aluno souber claramente quais fatos quer contar, qual alvo quer atingir com o relato e que atitude espera do parceiro em relação a esses fatos, jamais terá pressa.

A ação é condicionada por seus motivos. Cada ação está ligada à ação transversal e à supertarefa.

A ação transversal é o canal de navegação. Se o ator não tem uma supertarefa e começa a interpretar pequenas tarefas, não consegue realizar nada. A lógica e o encadeamento devem ser a base do processo de criação.

Para que os alunos assimilassem melhor esse postulado, Konstantin Serguêievitch me aconselhava a fazer com que o verificassem com um exemplo de suas vidas.

— Faça com que se lembrem de um caso qualquer de suas vidas e relatem numa sequência rigorosa os acontecimentos que ocorreram naquela ocasião e as ações que surgiram a partir dali.

"Quando uma pessoa conta sobre algo que viveu", dizia Konstantin Serguêievitch, "mesmo querendo falar apenas de seus *sentimentos*, na realidade só fala de suas ações."

É interessante notar que A. P. Tchekhov, refletindo sobre a arte do escritor, dizia numa de suas cartas: "O melhor é evitar descrever o estado da alma dos personagens; é preciso tentar deixá-lo claro a partir de suas ações [...]".[75]

---

[75] A. P. Tchekhov, *Obras completas*, t. XII, Moscou, Pravda, 1950, p. 42. (N. da A.)

AULAS DE PALAVRA ARTÍSTICA

Lembro-me até hoje do período inicial das aulas de palavra artística no Estúdio organizado por Stanislávski, da febre com que eu tentava compreender tudo o que tinha recebido de Konstantin Serguêievitch. Sabia muito bem que não bastava apenas compreender o que ele propunha. Lembrava-me perfeitamente de suas palavras: "Na arte, saber significa saber fazer".

Como construir as aulas? Como não desviar para o clichê usual das aulas de palavra artística?

Esses pensamentos não me deixavam em paz. A todas as minhas perguntas sobre a prática das aulas, Konstantin Serguêievitch respondia:

— Se você compreendeu o que quero, certamente encontrará os caminhos. Assim que surgir alguma pergunta que você não consiga responder por si mesma, pode me ligar, não importa o horário. Lembre-se de que espero de você um trabalho experimental, e por isso a ajudarei com prazer.

Preocupava-me a própria natureza do sentir-a-si-mesmo do ator numa narrativa.[76] Afinal, numa peça o ator se depara com acontecimentos que ocorrem naquele instante e reage a eles em seguida, ou seja, a sua reação é espontânea, pois interpreta uma pessoa que não sabe o que acontecerá adiante. Seria mais correto dizer que a natureza da arte do ator está precisamente no fato de que, conhecendo perfeitamente a peça, ele deve perceber com tanta espontaneidade os acontecimentos que ocorrem em cada um dos momentos do papel, como se o desenvolvimento posterior da peça lhe fosse desconhecido.

E quanto mais talentoso é o ator, mais ele faz o espectador acreditar que tudo o que está acontecendo em cena é "como se fosse pela primeira vez". A ação cênica é sempre construída no tempo presente! Mas como preservar esse "como se fosse pela primeira vez" numa narrativa? Uma narrativa abrange diversos períodos temporais da vida do ser humano. Ao cons-

---

[76] O termo russo *rasskaz* designa ao mesmo tempo dois gêneros literários (o conto ou a novela — por exemplo, "contos e novelas de Tchekhov") e a própria narração em geral. Aqui, Maria Knebel nos remete à prática em que o ator ou o aluno interpreta uma narrativa literária. (N. do O.)

truir a ação do enredo, o autor nos apresenta o passado dos personagens, nos dá a possibilidade de vê-los durante um longo período de tempo. Ao narrar, o ator deve ter, custe o que custar, a perspectiva do que irá falar. Deve saber de antemão todo o curso dos acontecimentos e dispor os fatos de modo a nos conduzir ao ponto, que é a razão do relato vivido.

Comecei a examinar isso em mim mesma, lembrando-me de como soa um relato na vida. Se quisesse contar, por exemplo, como entrei no Teatro de Arte. Nesse caso poderia começar meu relato a partir da infância, incluindo nele, talvez, muitos detalhes. Mas esses detalhes seriam necessários para revelar o principal, e, no processo da narrativa, eu submeteria todos eles a esse fato principal.

Quanto mais eu pensava sobre o problema cênico da narrativa, mais claras se tornavam as palavras de Konstantin Serguêievitch:

— Qualquer que seja o monólogo, qualquer que seja a narrativa que o aluno escolha, é preciso que ele imagine e se acostume tanto com o quadro sobre o qual irá falar, a ponto deste *se tornar uma lembrança pessoal*.

Nas aulas de palavra artística no Estúdio, uma das exigências categóricas de Stanislávski era que o processo de trabalho nessa disciplina não se distinguisse em nada do método de ensino de interpretação.[77] Por isso, também no trabalho sobre a narrativa ele nos obrigava a utilizar o procedimento da análise através da ação, que era proposto aos atores no início do trabalho sobre o papel.

Era preciso percorrer um longo caminho até que o quadro desenhado pelo autor se tornasse uma lembrança pessoal para o aluno. Segundo as instruções de Konstantin Serguêievitch, antes de iniciar as aulas práticas eu precisava desmontar [*razbór*] as narrativas escolhidas em acontecimentos, definir sua fábula ativa [*déistvennaia fábula*] e esboçar uma série de *études*. Existe tanto o procedimento em que a narrativa é feita em primeira pessoa, quanto aquele em que o autor conta em terceira pessoa sobre as pessoas que viu na vida e sobre a sua atitude em relação a elas. Há ainda um terceiro procedimento: o autor conta primeiro sobre aquilo que viu e depois passa à sua reação ao que foi visto, entrelaçando, dessa forma, o relato a si mesmo.

Deram-me uma lista de contos selecionados por Konstantin Serguêievitch com os quais eu deveria trabalhar e, assim que cheguei em casa, tentei analisá-los desse novo modo, ou seja, identificando no conto os aconteci-

---

[77] *Masterstvó aktióra*. O termo se traduz por "arte do ator", "domínio da arte do jogo". É assim que se chama até hoje na Rússia o curso de interpretação. (N. do O.)

mentos e fatos concretos sobre os quais o autor construiu o desenrolar do enredo. Analisei o conto de Tchekhov, *Champanhe*.

Recordo brevemente o seu conteúdo. Um homem decaído conta como irrompeu em sua vida de chefe de uma pequena parada de trem — uma vida maçante e desesperadamente cinzenta — a paixão por uma mulher que apareceu por acaso, e como essa paixão o destrói.

No primeiro fragmento, Tchekhov nos introduz às circunstâncias propostas da vida do herói: uma parada de trem no meio de uma estepe, sem nenhuma moradia num raio de vinte verstas.[78]

> "A única distração eram as janelas dos trens de passageiros ou a maldita vodca... Acontecia às vezes de uma cabecinha de mulher passar num relance e você ficar parado, feito estátua, sem respirar, olhando até o trem se transformar num pontinho que mal dá para ver; ou então você bebe uma vodca asquerosa o quanto aguentar, fica chumbado e não sente o correr das horas e os longos dias."

Após traçar as circunstâncias da vida do chefe de parada, Tchekhov passa a desenvolver o enredo.

Junto da esposa, que ele não ama, mas que é apaixonada por ele, o chefe de parada comemora a passagem do ano.

> "Apesar do tédio que me consumia, estávamos nos preparando com uma solenidade incomum para comemorar a passagem do ano, e aguardávamos a meia-noite com uma certa impaciência. Acontece que tínhamos guardado duas garrafas de champanhe, champanhe de verdade, com a etiqueta da *Veuve Clicquot...*"

Cinco para a meia-noite, o marido, ao abrir a garrafa, derruba-a no chão.

> "Não caiu mais que um copo da bebida, pois consegui pegar a garrafa e tapar o gargalo borbulhante com o dedo...
> — Então, feliz ano-novo, feliz vida nova! — disse, enchendo dois copos. — Beba!

---

[78] Unidade de medida equivalente a 1,067 km. (N. da T.)

Minha mulher pegou o copo e me fitou com um olhar assustado. Seu rosto ficou pálido, parecia apavorada.

— Você derrubou a garrafa? — perguntou.

— Sim, derrubei. Mas o que é que tem?

— Não é bom — disse, apoiando o copo e empalidecendo ainda mais. — É um mau sinal. Significa que neste ano alguma coisa ruim vai nos acontecer.

— Mas como você é burra! — suspirei. — Uma mulher inteligente, delirando feito uma babá velha. Beba!

— Deus queira que eu esteja delirando, mas com certeza alguma coisa vai acontecer! Vai ver só!

Ela nem sequer tocou no copo. Foi para o lado e ficou pensativa. Eu disse algumas frases batidas a respeito de superstições, bebi metade da garrafa, andei de um canto para outro e saí."

Um pequeno episódio — a irritação com as superstições da esposa — faz o chefe de parada tomar consciência de toda a sua vida. Chega a uma conclusão cheia de angústia e de amarga ironia. "Fora fracassos e desgraças, não conheci nada na vida. O que mais de ruim pode me acontecer?"

As desgraças já sofridas e as que estão acontecendo naquele momento são tão grandes, que é difícil imaginar alguma coisa ainda pior. Que outro mal se pode fazer ao peixe que já foi pescado, frito e servido com molho?

Depois do triste passeio, ao retornar à casa, o chefe de estação fica sabendo que, durante a sua ausência, uma tia da esposa chegou para passar três dias.

"À mesa estava sentada uma mulher miúda com grandes olhos negros. Minha mesa, as paredes cinza, o sofá tosco [...] parece que tudo, até o menor grão de poeira, ficou mais jovem e alegre na presença daquele ser — novo, jovem e que exalava um cheiro esquisito, de algo belo e pecaminoso."

O jantar recomeça...

"Não me lembro do que aconteceu depois. Quem quiser saber como começa o amor, que leia romances e longas novelas. Eu direi pouco, usando as palavras daquela eterna romança tola:

Vai ver que foi nefasta
A hora em que os vi...[79]

Tudo ficou de pernas para o ar, tudo foi para o inferno. Lembro-me do turbilhão terrível, louco, que começou a me rodopiar feito uma pequena pluma. Esse turbilhão me fez girar por muito tempo e apagou da face da terra a minha mulher, a tal da tia e a minha própria força. Da parada na estepe me jogou, como podem ver, nesta rua escura.

Agora me digam: o que mais de ruim pode me acontecer?"

Tchekhov nos revela o mundo interior de um zé-ninguém[80] profundamente abalado com o que lhe aconteceu. Sem nenhuma ligação com as circunstâncias de sua "existência", de repente entra em sua casa uma mulher, seu amor por ela o destrói e ele, assustado diante da complexidade da vida, pergunta: "O que mais de ruim pode me acontecer?".

Quanto mais eu pensava nesse conto, para o qual Tchekhov deu dois títulos — *Champanhe* e *A história de um vadio* —, mais ficava claro para mim que deveria buscar a ação transversal a partir da perspectiva do "vadio". Assim, quero compreender o trágico absurdo que aconteceu na minha vida, encontrar uma explicação para o inexplicável, para um fato inconcebível — para o mau presságio que se realizou.

Para isso, preciso contar esse fato em voz alta para alguém e, nos seus olhos, encontrar uma resposta.

Para isso, preciso acumular visões, que serão meu material para a comunicação. Preciso viver em minha imaginação a vida do chefe de parada, uma vida que, por força das circunstâncias, acabou me transformando num vadio.

O principal acontecimento que empurrou para o abismo o chefe de estação tchekhoviano foi a repentina paixão que, como um turbilhão louco, varreu seu passado.

Primeiro, é preciso imaginar como transcorria a vida desse homem antes do acontecimento fatídico.

---

[79] Letra da famosa romança *Otchi tchórnie* [Olhos negros]. (N. do O.)

[80] Desde os *Contos de Bélkin* de Púchkin e os *Contos de Petersburgo* de Gógol, a literatura russa se caracteriza por um interesse especial no zé-ninguém, ou "homem pequeno" — um personagem insignificante como, por exemplo, um pequeno funcionário público ou um chefe de correio. (N. do O.)

Local da ação. Uma parada de trem. Nenhuma moradia humana num raio de vinte verstas. Estepe!

Companhia. A esposa, um telefonista surdo, guardas.

Relação com a esposa. Não a ama. O amor dela o irrita. Ela lhe perdoa tudo, até sua crueldade e repreensões quando fica bêbado e não sabe sobre quem extravasar a própria raiva e angústia.

O que ocorreu na sua vida antes de ele servir apenas para "tapar o buraco deixado pelo chefe de parada"? Os pais morreram quando era criança. Nasceu numa família nobre, mas não recebeu nem educação, nem instrução. Foi expulso da escola secundária. Casou ainda garoto. Sonhava com o amor, mas o amor não existia.

Distrações. As janelas dos trens de passageiros, onde passam de relance rostos femininos, e a vodca — entorpece tanto, que se torna possível não pensar em nada.

Um sentimento de infinita solidão e uma sensação de profunda injustiça corroem sua alma; pensamentos amargos de que é infeliz tornam-se comuns, causando até uma certa satisfação, e ele se entrega a eles com deleite.

Esbocei uma série de *études*.

1) *Um trem de passageiros parou por acaso na plataforma.* Sem entender o motivo da parada, os passageiros vão para a parte traseira dos vagões, perguntam, alguns deles descem. O chefe da parada os observa com interesse, tentando adivinhar quem são essas pessoas, aonde vão e por quê.

Depois de um minuto o trem segue, e o chefe da parada fica sozinho na plataforma.

Nesse *étude*, o aluno devia acumular imagens para um monólogo interior: não é possível deter nenhuma dessas pessoas, nem conversar com nenhuma delas; cada uma tem uma vida interessante, que lhe é desconhecida; estão indo a todo vapor para cidades grandes, iluminadas e cheias de gente, enquanto ele fica no meio da estepe coberta de neve e ninguém tem o menor interesse por isso.

2) *Uma noite comum na casa do chefe da parada.* Ele e a esposa. Por trás da parede, a barulho monótono do aparelho telefônico. A esposa tenta encontrar temas para a conversa, tenta distraí-lo, busca nos seus olhos a aprovação pelo jantar bem preparado.

Suas tentativas provocam nele o desejo de magoá-la, acusá-la de todos os aborrecimentos, descarregar nela toda a sua insatisfação com a vida.

Aulas de palavra artística

3) *Passagem de ano*. Marido e mulher põem juntos a mesa. Os dois estão contentes com o fato de que à meia-noite abrirão a champanhe guardada desde o outono. A preciosidade foi ganha numa aposta com um dos colegas, e agora os dois antecipam o prazer que terão.

O ponteiro se aproxima da meia-noite. O marido começa a abrir a garrafa. A champanhe escorrega de suas mãos e cai.

A esposa quer esconder o medo, mas os pensamentos que lhe ocorrem são tão fortes que ela não consegue se conter.

4) *Enquanto ele está fora, chega uma parente da mulher*. A esposa não sabe como explicar a ausência do marido.

A mesa está posta. A champanhe está aberta.

Ele retorna. A festa de passagem de ano é reiniciada a três. Tudo se torna interessante. Dá vontade de conversar, rir e cantar.

Depois de esboçar esses *études*, verifiquei com Konstantin Serguêievitch se analisei corretamente o conto de Tchekhov.

Stanislávski me pediu para ler *Champanhe* em voz alta.

Após ouvir com atenção o conto, perguntou:

— E por que os *études* que você esboçou terminam com o primeiro encontro com a mulher que teve um papel tão importante na vida do chefe da parada?

O aluno deve imaginar também o que aconteceu depois do encontro, até o momento em que o personagem torna-se o "vadio", na boca de quem o autor coloca todo o relato. Tchekhov não nos revela essa parte. Como sempre, ele é lacônico, mas para ter o direito de dizer: "Não me lembro do que aconteceu depois... Tudo ficou de pernas para o ar, tudo foi para o inferno. Lembro-me do turbilhão terrível, louco, que começou a me rodopiar feito uma pequena pluma... Da parada na estepe me jogou, como podem ver, nesta rua escura", o ator deve ter imaginado tanto, deve ter acumulado tantas visões, que todos possam compreender que ele não quer falar dos detalhes. Não porque os tenha esquecido, mas porque lhe é difícil falar sobre o que está vivo ainda hoje!

Depois de verificar com Konstantin Serguêievitch se a análise dos fatos e das ações de outros contos estava certa e se os *études* esboçados por mim eram adequados, comecei as aulas.

No Estúdio, as condições para esse trabalho eram excelentes. Que pedagogo de palavra artística pode contar com a possibilidade de realizar *étu-*

des com a turma inteira durante a aula?! Lá tínhamos essa possibilidade, e verifiquei na prática quantos benefícios isso trazia.

Foi muito interessante a aula em que reli o texto para os alunos, depois de um longo período de *études* nos quais eles percorriam seus papéis através de ações físicas[81] e falavam com as próprias palavras.

Eles ouviam o texto quase sem respirar, verificando e comparando com avidez a experiência própria, viva, com aquilo que agora recebiam do autor.

Depois de uma segunda leitura os alunos anotaram para si a sequência exata dos fatos sobre os quais teriam de falar — a assimilação da lógica e da sequência dos fatos era verificada em silêncio, os alunos rodavam para si mesmos o "filme" de suas próprias visões.

Quando o aluno adquiria calma e liberdade nesse ponto, passávamos à etapa seguinte, ou seja, ao processo da narrativa. Primeiro, os alunos faziam isso com as próprias palavras. Nessas aulas, o papel do ouvinte passou a ser de extrema responsabilidade! Era bastante difícil superar a passividade no processo de recepção, mas a exigência categórica de Konstantin Serguêievitch de que as aulas fossem essencialmente um exercício de "comunicação" e o fato de que cada ouvinte, em seguida, passava a ser o narrador, levaram à superação dessa dificuldade. Compreendi com uma clareza ainda maior que não se pode iniciar um relato sem antes abarcar o quadro completo daquilo de que se vai falar. Devo saber perfeitamente o que me leva a contar, como me posiciono em relação às pessoas ou aos acontecimentos sobre os quais irei contar e o que espero do meu parceiro ao lhe contar o acontecido. Só então poderei chegar àquele sentir-a-si-mesmo criativo, quando compartilho com o parceiro os frutos do visto e do vivido "como se fosse a primeira vez". Para mim, ficou absolutamente claro que tudo isso não pode ser atingido sem o parceiro, sem uma comunicação viva. A análise da narrativa por fatos, a avaliação desses fatos, a acumulação das visões e a habilidade de narrar o material do autor com as próprias palavras araram e prepararam o solo em que a palavra tornou-se imprescindível.

Passamos ao texto do autor. O texto era assimilado com facilidade e sem incômodos. Os alunos absorviam aquelas palavras, que exprimiam melhor e com mais precisão do que as suas próprias o fluxo de pensamento com o qual haviam se familiarizado no trabalho preliminar.

A questão sobre quando e como passar ao texto exato do autor, seja no trabalho sobre o papel ou no trabalho sobre a palavra, preocupava muito

---

[81] O método das "ações físicas" marca o último período da pesquisa de Stanislávski. Consiste na construção de uma linha ininterrupta das ações físicas do papel. (N. do O.)

Stanislávski. Diversas vezes ele sublinhou que essa questão é de natureza experimental e deve ser verificada na prática.

A passagem para o texto puro do autor exige uma grande sensibilidade do diretor.

É perigoso o momento em que o ator se acostuma ao próprio texto e este começa a lhe parecer mais preciso e expressivo para o curso geral do pensamento.

Com base na minha experiência prática, considero que o período de ensaios no qual o ator diz o texto com as próprias palavras deve estar o mais próximo possível do momento em que ele compara o que disse às palavras do autor.

Essa verificação contribui para que o ator comece a amar a forma de expressão verbal do autor. O próprio gesto de dizer em voz alta o texto do autor é, via de regra, um momento de alegria e enriquecimento, pois o ator já assimilou a lógica e a sequência dos pensamentos, e agora desenvolve a sua própria compreensão das ligações e dos caminhos que levaram o autor precisamente àquela determinada formulação.

Konstantin Serguêievitch se interessava vivamente pelo andamento do trabalho sobre cada obra, assistia a todos os exames e não parava de lançar novas ideias aos pedagogos e aos alunos, sempre indicando caminhos mais precisos e sutis no trabalho.

É difícil descrever a felicidade desse grande pedagogo quando um aluno manifestava uma centelha de verdade, por menor que fosse, e a perseverança com que cultivava em nós a fé na força do trabalho e na necessidade de trabalhar sobre si mesmo.

Em suas aulas reinava uma atmosfera de celebração solene. A concentração e o sentimento de responsabilidade surgiam por si sós. Quando soava o terrível "não acredito",[82] às vezes parecia que o aluno não conseguiria encontrar a coragem para continuar, mas o grande talento pedagógico de Konstantin Serguêievitch suscitava no ator precisamente a exigência consigo mesmo, o falso amor-próprio e a timidez passavam para o segundo plano, e surgia o desejo de realizar ao menos uma pequena parte do grande objetivo para o qual Konstantin Serguêievitch apontava apaixonadamente.

---

[82] Essa exclamação de Stanislávski tornou-se um provérbio no teatro russo. Podemos considerá-la um lema ou um grito de guerra dos partidários do "sistema", que sempre defenderam o princípio da autenticidade da presença dos atores em cena. (N. do O.)

Além disso, com o menor avanço do aluno, seu caráter terrivelmente exigente dava lugar a uma alegria quase infantil, provocando um sentimento de liberdade inspiradora e de fé em si mesmo.

Konstantin Serguêievitch observava com extrema acuidade se o processo criativo do aluno estava correto, especialmente no momento em que este começava a narrativa.

— Verifiquem como vocês estão — dizia em nossas aulas, franzindo as sobrancelhas grossas e grisalhas —, lembrem-se de que antes de começar é preciso soltar os músculos, para que a natureza de vocês comece a falar. O que significa se concentrar? Muitos pensam que significa se fechar em si mesmo. Isso só traz tensão. Olhem para os espectadores, encontrem a pessoa para quem vocês falam, mirem o alvo e comecem a falar. E não sussurrem. Se vocês sussurram em vez de falar normalmente, estão mentindo. Significa que não estão seguros daquilo que os leva a falar, e que não avaliaram suficientemente as circunstâncias propostas. Mas se vocês simplesmente começarem a falar em voz alta, soará forçado e afetado. Significa que precisam daquelas circunstâncias propostas para que elas os façam, queiram ou não, falar mais alto. Com elas, falarão mais alto porque terão uma determinada tarefa interior, um motivo. Não me desenhem o quadro com o gesto e a mímica; para isso existe a palavra! Vocês compreendem que estes sorrisinhos são causados pelo constrangimento, pelo desejo de agradar? Lutem contra isso. Lembrem-se da baixeza do sorriso "de ator". Quando atingirem a liberdade na fala, poderão falar de maneira verdadeira e viva. É preciso se livrar de tudo o que é supérfluo. Isso é o mais importante, e deve ser buscado desde o primeiro instante.

O nível de exigência de Konstantin Serguêievitch aumentava constantemente. Assim que uma etapa era assimilada, ele instigava imediatamente o aluno e o pedagogo a continuar o trabalho de forma mais aprofundada.

Lembro-me de uma aula em que um aluno narrava *O malfeitor* de Tchekhov.

— Você percebe — disse Konstantin Serguêievitch quando o aluno terminou — que quando você está vendo, você narra para o seu alvo corretamente? Mas se fala sobre o que não está vendo, tem a necessidade de embelezar as palavras (grande, graaande, pequeno, pequeeeno). Assim que você deixou de ver, deixou de agir, a sua atuação ficou afetada, e o resultado foi um clichê. Como escapar do clichê? *Não se pode deixar que o filme de visões se interrompa.* Se os atores tiverem domínio disso, eu lhes asseguro, o espetáculo poderá ser montado em prazos extremamente curtos, com os quais hoje nem sonhamos.

"E agora", continuava Konstantin Serguêievitch, "verifique consigo mesmo se a ação transversal do conto não está muito superficial. Tente aprofundá-la, pense sobre o que motivou o autor a escrever esse conto. Tchekhov nunca fala de nada superficialmente, ele sempre expõe a essência mais profunda do fato sobre o qual escreve. Quando pega uma coisa e a mostra, não conseguimos saber se o resultado foi uma comédia ou uma terrível tragédia. Siga essa linha, olhe para o fundo e talvez esse 'malfeitor' o faça chorar."

Ao narrar, Konstantin Serguêievitch "mostrava" o malfeitor, mostrava sem o texto do autor, com algumas palavras esparsas, alguns traços, com um gesto (olhava com atenção alguma coisa e ao mesmo tempo coçava a testa com o dorso da mão). Corporificou diante de nós um ser humano tão diferente dele, Stanislávski, e tão vivo, verdadeiro, comovente na sua ingenuidade, que dava vontade de olhar cada vez mais para esse esboço genial criado por um grande ator realista.

Perguntava Stanislávski:

"— Como ler uma narrativa em que há vários personagens? A tarefa deve ser colocada como um todo, partindo do narrador, ou deve partir dos diversos personagens? Vocês devem contar os pensamentos do malfeitor, mas não imitar a sua dicção! Sua entonação e até seu gesto podem entrar furtivamente na entonação de vocês, porque vocês já estão começando a agir e viver em nome dele. Mas se pararem de agir e começarem a imitar, vão cair no clichê. Vocês devem entrar nas circunstâncias propostas dos personagens, mas não copiá-los; transmitir sua posição em relação a eles, mas não imitar suas entonações.

Não esqueçam que vocês ocupam a *posição do narrador* em relação à pessoa de quem falam! E, não importa quantos personagens haja na narrativa, para cada um deles vocês terão uma *posição* específica — isso trará diversidade aos personagens.

Uma supertarefa definida corretamente tem um significado decisivo para a correta distribuição dos acentos psicológicos no material da narrativa. Na vida, ao contar sobre um caso que nos impressionou, usamos constantemente a fala direta das pessoas que participaram desse acontecimento, mas reparem que nunca tentamos imitar essas pessoas; usamos suas réplicas para transmitir com mais força, precisão e diversidade todas as circunstâncias propostas que nos são necessárias para o relato.

Assim que o ator começa a imitar os diversos personagens que aparecem na narrativa, inevitavelmente cai num sentir-a-si-mesmo falso e perde o principal e o mais importante: perde a si mesmo — ao narrador que segura nas mãos o fio condutor do relato.

Lembrem-se de que ao começar a narrar vocês devem saber com precisão o que os leva a contar, quais pensamentos e sentimentos querem provocar e qual é o principal alvo que almejam."

Stanislávski era contra qualquer sentimentalismo. Ao exigir que o teatro fosse capaz de revelar as camadas mais profundas do mundo interior dos personagens, instigava os atores a uma grande simplicidade, naturalidade e verdade sem as quais não pode surgir uma arte autêntica. Lutava contra "a beleza exterior" na arte em nome da beleza verdadeira, lutava contra a verdadezinha em nome da grande verdade.

E exigia isso também nas aulas de palavra artística.

Stanislávski incitava os pedagogos a proibir de uma vez por todas que os alunos falassem de forma açucarada sobre a natureza ou ilustrassem com a fala a aparência exterior de um objeto:

— Levem tudo a sério; não exagerem no açúcar ao descrever a beleza.

Avaliem o objeto não pelo lado exterior, mas a partir da posição de vocês em relação a ele. E não me descrevam com entonação a aparência de uma pessoa. Descrevam-me sua essência interior, e a posição de vocês em relação a ela.

Assim, vocês serão capazes de lutar contra adaptações de jogo diretas demais.[83]

'Eu vou lhes dizer uma coisa horrí-ii-vel' (mas não se sabe o que exatamente!). 'Que lua mara-a-vilho-o-sa, que grama ve-e-rde.' Não se pode representar a cor e o gosto. Transmitam sua própria posição em relação à cor. Não se pode acentuar a cor, até porque 'colorido' é um adjetivo; ele pode receber um acento somente quando for comparado a algo: 'Aqui é rosa pálido e ali, vermelho'. E se vocês forem comparar, uma coisa deve ser dita mais devagar e, a outra, mais rápido."

---

[83] Ver capítulo "Adaptações e invenções de jogo" no livro *A palavra na arte do ator*, neste volume. (N. do O.)

Stanislávski travava uma luta implacável contra as adaptações de jogo simplistas e demasiado diretas na fala cênica, vendo nelas uma das fontes de clichês. Insistia que a presença de uma ação autêntica, orgânica, inevitavelmente provoca no ator aquela "sabedoria da alma" que busca por si só adaptações de jogo distintas e diversificadas para atingir seu alvo.

Nas aulas do Estúdio, ele dizia possuir um procedimento prático para cultivar no ator o gosto pelas adaptações de jogo.

— Tentem se lembrar de todos os estados humanos que vocês conhecem: tristeza, raiva, ironia, alegria, angústia, calma, excitação, benevolência, zombaria, criticismo exagerado, capricho, desdém, desespero, placidez, dúvida, surpresa, etc. Observem-nos na vida. Verão que o ser humano expressa seus sentimentos com extrema diversidade. O ser humano é astuto, encontra diversas cores. Vocês nunca observaram que há pessoas que falam com raiva sobre a sua alegria, com ironia sobre a sua angústia?

Suponhamos que no seu papel o ator tenha um episódio em que chega e conta sobre um espetáculo maravilhoso que acaba de assistir.

Quantas vezes não ouvimos em cena: "Que espetáculo maravilho-o--so". Isso é açucarado e não convence. Na vida, vocês chegarão do espetáculo e dirão as mesmas palavras, mas no subtexto soará: "Isso é bom pra caramba!", e eu verei a posição de vocês em relação ao espetáculo, verei que vocês talvez estejam com inveja dos outros atores, que criaram um espetáculo assim, e ao mesmo tempo almejam ardentemente aprender a atuar como eles. Na vida, o ser humano sempre introduz na sua fala a relação viva, pulsante, que tem com o assunto.

Às vezes, durante as aulas com os alunos do Estúdio, Konstantin Serguêievitch lia ele mesmo um monólogo qualquer para tornar mais claro o seu pensamento. Lembro-me de uma aula em que leu o monólogo de Otelo. Foi pouco antes de sua morte. Entrou na sala apoiando-se numa bengala. Todos olhávamos para ele com preocupação, pois a cada dia ficava mais visível como sua energia se esvaía, e como apenas sua enorme força de vontade e a fé na necessidade dessas aulas davam-lhe força para continuar. Mas, assim que se sentou na poltrona, fitou os presentes com um olhar penetrante e, sorrindo, disse: "Pois não, por favor, vamos começar", ficou claro que estávamos presenciando um milagre, que a fraqueza física de Konstantin Serguêievitch se submetia à sua força espiritual. Com uma maestria indescritível, com uma voz cheia de força e beleza, ele leu:

> "Tanto contentamento quanto espanto
>   me causa ver que antes de mim chegastes.

Oh alegria de minha alma! Caso
viesse sempre depois da tempestade
semelhante bonança, poderiam
soprar os ventos de acordar a morte.
Que o meu barquinho escale montes de água
tão altos quanto o Olimpo e, após, afunde
tanto quanto distar do céu o inferno.
A morte, agora, para mim seria
uma felicidade, pois tão grande
é a ventura que da alma se me apossa,
que não pode, receio-o, reservar-me
outra igual o futuro nebuloso."[84]

Quem de nós naquele momento poderia pensar que em dois meses
Konstantin Serguêievitch nos deixaria para sempre?

Quando ele pronunciou as últimas linhas do monólogo, soaram aplausos intensos, cheios de gratidão.

Mas ele imediatamente transferiu a atenção dos alunos para grandes
questões gerais.

"— Acabei de ler para vocês o monólogo de Otelo. O que
vocês acham: haveria alguma diferença na minha interpretação se
eu fizesse o mesmo monólogo no palco?

Com certeza haveria.

Ao atuar, eu me comunicaria com Desdêmona, buscaria o seu
olhar, talvez quisesse me pôr de joelhos diante dela, pegar suas
mãos, além das palavras eu precisaria de movimentos. Em suma,
eu viveria a vida de Otelo nas circunstâncias propostas da tragédia
de Shakespeare. Ao passo que, agora, eu lia para *vocês* e via os
seus olhos.

Propus-me a tarefa de que, como resultado da minha leitura,
todos vocês entendessem a paixão com que Otelo amava Desdêmona. Eu não interpretava, e sim transmitia a lógica dos pensamentos e dos sentimentos de Otelo, agia por ele, permanecendo eu
mesmo, Stanislávski.

---

[84] *Otelo*, ato II, cena 1, tradução de Carlos Alberto Nunes, em William Shakespeare,
Teatro completo: tragédias, São Paulo, Agir, 2008, p. 622. (N. da T.)

Vocês ouviram, eu não tinha pressa, eu esperava o ritmo interior chegar até vocês. Vocês podem colocar suas visões na alma do outro com muita calma, uma atrás da outra, ou podem colocá-las rapidamente; mas, de um jeito ou de outro, devem obrigatoriamente colocar, e não entornar. Notem que o que dá ritmo à fala não é a velocidade. Vocês sentiram que, ao ler o monólogo de Otelo, mesmo quando eu parava, não deixava de falar com vocês. Não era uma parada, não era um vazio, era uma conversa através do silêncio. Eu não interrompia a comunicação com vocês. Não tenham pressa. Ofereçam o pensamento. Vocês devem amá-lo, enxergar a sua lógica.

Lembrem-se de que nas aulas de palavra artística vocês devem aprender a ter uma perspectiva na fala. Treinando com pequenos contos e monólogos, poderão transpor a experiência acumulada para a prática cênica, aprenderão a agir nos papéis por meio da palavra.

Quando Salvini[85] atuava, não fazia nenhum gesto supérfluo, nunca tinha pressa e dizia o mais sublime de maneira simples, mas significativa. Que meios-tons Salvini usava em *Otelo*! E, ao mesmo tempo, a sua fala era romântica."

Os alunos cobriram Konstantin Serguêievitch de perguntas: como abordar os monólogos de Shakespeare?

— Nós percebemos — diziam — que não se pode ler o monólogo de Otelo como se lê um fragmento em prosa. Mas, ao tentar abarcar o sublime, sem querer caímos num falso *páthos*.

— E o que é o falso *páthos*? — interrompeu Konstantin Serguêievitch — Se vocês disserem: "Que te-ee-mpo boom" com a mesma profundidade com que diriam: "A morte, agora, para mim seria uma felicidade", terão exatamente o *páthos* de mau gosto que tememos. Em Shakespeare, no monólogo de Otelo, há pensamentos grandes e sublimes, e não se pode falar sobre o grande da mesma forma que falamos do presunto no café da manhã. Mas alguns pensam que, para uma fala elevada, é preciso fazer firulas com a voz e pensar apenas na clareza da dicção. Se for só isso, será a morte! Assim que me aprofundo nas circunstâncias propostas e dou mais significado

---

[85] Tommaso Salvini (1829-1915), ator italiano. Em *Minha vida na arte*, no capítulo dedicado a *Otelo*, Stanislávski descreve a sua admiração e observações sobre a atuação e o processo de preparação do célebre ator. (N. do O.)

ao pensamento, passo a ter uma outra escala. O estilo elevado começa onde há grandes pensamentos. O elevado deve ser simples, mas profundo e significativo, e aqui são necessárias visões especialmente claras.

O problema do sublime e do poético preocupava Stanislávski. Ele dizia que é difícil atuar nas obras de Púchkin, é difícil enxergar na mesma escala em que enxergava Púchkin. Dizia que o poético surge apenas quando os atores, impregnados pelo material dramático, se contaminam com o conteúdo elevado que deu vida à obra poética e preenchem cada segundo da existência em cena com sentimentos análogos aos que o autor concebeu.

— A autêntica arte surge no teatro — dizia-nos Stanislávski — quando sentimentos e experiências humanas simples são inspirados pelo princípio poético. Mas isso não significa em absoluto que o sublime deve ser dito aos uivos. Ele não pode se basear apenas na *maneira* de falar, é aí que aparece o falso *páthos*. É preciso entender que a tragédia é uma arte simples, significativa e sublime, e que o caminho até ela se dá através da ampliação e do aprofundamento das circunstâncias propostas e de sua correta avaliação. Falem segundo a lógica da ação, e a lógica dos sentimentos surgirá. Não tenham pressa. Não pensem no ritmo, ele virá quando vocês transformarem *o difícil em habitual, o habitual em fácil e o fácil em belo*. Toda a nossa arte consiste em ver aquilo que já vimos vinte vezes. Mas hoje vemos isso de modo diferente ao de ontem, e é precisamente essa nova maneira de ver que devemos tentar transmitir.

Aulas de palavra artística

MONÓLOGO INTERIOR

A criação de visões é um dos procedimentos práticos mais importantes usados por Stanislávski no trabalho sobre a palavra.

Outro procedimento não menos importante é o que chamamos de "monólogo interior". Este é um dos caminhos cruciais para que a palavra soe de forma orgânica em cena.

Na vida, o ser humano pensa continuamente. Pensa ao perceber a realidade que o cerca, bem como ao perceber qualquer pensamento que lhe é dirigido. Ele discute, nega, concorda — não apenas com os que estão em volta, mas também consigo mesmo. Seu pensamento é sempre ativo e concreto.

Em cena, enquanto pronunciam o texto, em alguma medida os atores dominam o pensamento, mas ainda são poucos os que sabem pensar em cena durante o texto do parceiro. E é precisamente esse lado da psicotécnica do ator que é decisivo no processo orgânico contínuo da revelação da "vida do espírito humano" do papel.

Quando nos voltamos a exemplos da literatura, vemos que, ao revelar o mundo interior dos seres humanos, os escritores descrevem muito detalhadamente o fluxo de seus pensamentos. Vemos que os pensamentos ditos em voz alta são apenas uma pequena parte daquela profusão que às vezes se agita na consciência do ser humano. Dependendo das circunstâncias propostas da obra, esses pensamentos podem permanecer como um monólogo não dito, podem se tornar uma frase curta e contida e podem ainda desaguar num monólogo apaixonado.

Quero me voltar a uma série de exemplos de "monólogo interior" na literatura.

Lev Tolstói, que sabia revelar o que há de mais profundo nos seres humanos, nos oferece um material enorme para esses exemplos psicológicos.

Tomemos um capítulo do romance *Guerra e paz*.

Dólokhov foi rejeitado por Sônia, a quem havia pedido em casamento. Ele sabe que Sônia ama Nikolai Rostóv. Dois dias depois, Rostóv recebe um bilhete de Dólokhov.

"Como não pretendo mais ir à sua casa, por motivos que você conhece, e estou de partida para o exército, vou oferecer hoje à noite aos meus amigos uma festa de despedida. Vá ao Hotel Inglês."

Quando Rostóv chega, o jogo de cartas está no auge. Dólokhov fazia a banca. Todo o jogo passa a se concentrar em Rostóv, e em dado momento sua dívida já supera 20 mil rublos.

"Dólokhov não queria mais saber de ouvir nem de contar histórias, acompanhava todos os movimentos das mãos de Rostóv e, de vez em quando, passava os olhos nas suas contas. Resolveu prosseguir o jogo até que as contas alcançassem quarenta e três mil. Escolhera aquele número porque quarenta e três era a soma dos seus anos de vida com os anos de Sônia. Rostóv, com as mãos na cabeça, estava sentado à mesa, toda rabiscada, suja de vinho e atulhada de cartas. Uma impressão torturante não o largava: aquelas mãos avermelhadas, de ossos grandes, com pelos que se enxergavam por baixo das mangas, aquelas mãos que ele amava e invejava, tinham-no sob o seu poder.

'Seiscentos rublos, um ás, o canto da carta, um nove... É impossível recuperar o que perdi!... E como estaria feliz, em casa... Aposta em dobro no valete... Não pode ser!... Mas por que ele está fazendo isso comigo?...' — tais eram os pensamentos e lembranças de Rostóv.

'Afinal, ele sabe [...] o que essa perda significa para mim. Não é possível que deseje a minha perdição. Afinal, era meu amigo. Afinal, eu gostava dele... Mas não tem culpa; o que pode fazer, se tem tanta sorte? Eu também não tenho culpa [...] Não fiz nada de ruim. Por acaso matei alguém, ofendi, desejei algum mal? Então por que essa desgraça horrível? E quando começou? Faz tão pouco tempo que me aproximei desta mesa com a ideia de ganhar uns cem rublos, comprar um porta-joias para dar de aniversário à mamãe e ir para casa, eu era tão feliz, tão livre, alegre! E eu nem percebia como era feliz! Quando foi que aquilo acabou e quando começou esta situação nova, horrível? O que foi que assinalou a mudança? Fiquei o tempo todo neste mesmo lugar, diante desta mesa, tirando e baixando as cartas, e olhando para essas mãos ágeis, de ossos grandes. Quando isso aconteceu, e o que foi que aconteceu? Sou saudável, forte, o mesmo de sempre, fiquei no mesmo lugar o tempo todo. Não, isso não é possível! Com certeza, tudo isso não vai dar em nada.'

Estava vermelho, coberto de suor, apesar de no quarto não fazer calor. O seu rosto estava terrível, lamentável, sobretudo por causa do seu desejo impotente de parecer calmo."[86]

Esse é o turbilhão de pensamentos que passa pela cabeça de Nikolai durante o jogo. Turbilhão de pensamentos que é expresso por *palavras concretas*, mas não é dito em voz alta. Do momento em que pegou as cartas até o momento em que Dólokhov disse: "Conde, o senhor está devendo 43 mil", Nikolai Rostóv não falou uma palavra. Os pensamentos se amontoavam em sua cabeça, formavam palavras, frases, mas não saíam de seus lábios.[87]

Recordemos os pensamentos de Lévin sobre a vida doentia, ociosa e vazia que ele e as pessoas que lhe são próximas levam, pensamentos que surgem muitas vezes no romance *Anna Kariênina*. Ou os pensamentos de Anna no caminho para Obirálovka, de uma impressionante dramaticidade, quando os cruéis tormentos de sua alma deságuam numa torrente de palavras em seu cérebro exaltado:

> "'O meu amor se torna cada vez mais apaixonado e egoísta, enquanto o dele se apaga mais e mais, e aí está por que nos irritamos tanto', continuou a pensar. 'E não há como evitar isso. [...] Quem dera eu pudesse ser nada mais do que uma amante, quem dera eu amasse com paixão apenas os seus carinhos; mas não posso e nem quero ser diferente. [...] Acaso não somos todos nós largados neste mundo só para odiarmos uns aos outros e, portanto, para atormentarmos a nós mesmos e aos outros? [...] não consigo imaginar uma situação em que a vida não seja um tormento.'"[88]

Na literatura, o "monólogo interior" é um fenômeno profundamente orgânico.

---

[86] Lev Tolstói, *Guerra e paz*, tradução de Rubens Figueiredo, São Paulo, Cosac Naify, 2011, pp. 695-702. (N. da T.)

[87] Cf. Anexos D e H, neste volume. (N. do O.)

[88] Lev Tolstói, *Anna Kariênina*, tradução de Rubens Figueiredo, São Paulo, Cosac Naify, 2013, p. 746. (N. da T.)

Na arte do teatro, a exigência do "monólogo interior" levanta a questão do poder intelectual do ator, que deve ser alto. No teatro, é comum o ator apenas fingir que está pensando. Os "monólogos interiores" da maioria dos atores não foram preparados em sua própria imaginação, e poucos atores têm força de vontade suficiente para pensar em silêncio os pensamentos que não são ditos, mas que impulsionam a ação. Em cena, muitas vezes falsificamos os pensamentos, muitas vezes o ator não pensa verdadeiramente e não age durante o texto do parceiro, animando-se apenas na última réplica, porque sabe que, naquele momento, terá de responder.

Konstantin Serguêievitch propunha que estudássemos com atenção como se dá o processo do "monólogo interior" na vida.

Quando escutamos um interlocutor, um "monólogo interior" surge em nós como resposta ao que ouvimos; por isso, na vida sempre estamos *dialogando* interiormente com aquele que ouvimos.

É importante precisar que o "monólogo interior" está totalmente ligado ao processo de *comunicação*.

Para que surja um fluxo de pensamentos em resposta a uma determinada situação, é preciso perceber efetivamente as palavras do parceiro, é preciso aprender a perceber efetivamente todas as impressões provocadas pelos acontecimentos que surgem em cena. É a reação ao conjunto do material percebido que provoca um determinado fluxo de pensamentos.

O monólogo interior está organicamente ligado ao processo de avaliação do que acontece ao nosso redor, à atenção aguçada aos que nos cercam e à comparação de nosso próprio ponto de vista com os pensamentos que estão sendo ditos pelos parceiros.

O "monólogo interior" é impossível sem uma concentração autêntica.

Quero recorrer mais uma vez a um exemplo literário que nos revela o processo de comunicação que deve ser aprendido no teatro. Este exemplo é interessante porque, nele, Tolstói não cria o "monólogo interior" através da fala, mas usa um procedimento mais dramatúrgico — revela-o através da ação.

Eis a declaração de amor entre Lévin e Kitty Scherbátskaia no romance *Anna Kariênina*:

"— Eu queria, há muito tempo, lhe perguntar uma coisa. [...]
— Por favor, pergunte.
— Veja — disse Liévin e escreveu as letras iniciais: q, a, s, m, r, n, p, s, q, d, n, o, n, m? Essas letras significavam: 'Quando a senhora me respondeu não pode ser queria dizer nunca ou naquele

Monólogo interior

momento?'. Não havia a menor probabilidade de que ela conseguisse entender essa frase complexa; mas Liévin fitou-a com tal expressão que sua vida parecia depender da compreensão daquelas palavras. [...]

De vez em quando, dirigia os olhos para Liévin, interrogava-o com o olhar: 'Será o que estou pensando?'.

— Compreendi — disse Kitty, ruborizada.

— Que palavra é esta? — perguntou ele, apontando para o N, que significava a palavra nunca.

— Significa a palavra nunca — respondeu. — Mas não é verdade!

Liévin rapidamente apagou as letras, entregou a ela o giz e levantou-se. Ela escreveu: n, m, e, n, p, d, o, r[89] [...]

— Só naquele momento?

— Sim — respondeu o sorriso dela.

— E a... E agora? — perguntou Liévin.

— Pois bem, leia aqui. Direi o que eu gostaria. E gostaria muito! — Escreveu as letras iniciais: q, o, s, p, e, e, p, o, q, a. Significava: 'Que o senhor possa esquecer e perdoar o que aconteceu'.

Ele tomou um giz com os dedos tensos, trêmulos e, depois de parti-lo ao meio, escreveu as letras iniciais do seguinte: 'Nada tenho para esquecer e perdoar, eu nunca deixei de amar a senhora'.

Kitty olhou para ele com um sorriso indelével.

— Compreendi — respondeu, num sussurro.

Liévin sentou-se e escreveu uma frase comprida. Kitty compreendeu tudo e, sem lhe perguntar: é isto?, pegou o giz e respondeu de imediato.

Por longo tempo, Liévin não conseguiu compreender o que ela havia escrito e mirou os olhos de Kitty muitas vezes. Um estupor de felicidade o havia dominado. Não conseguia de forma alguma restituir as palavras que ela deixara subentendidas; mas nos olhos encantadores de Kitty, que reluziam de felicidade, Liévin compreendeu tudo aquilo que precisava saber. E escreveu três letras. Mas ele não havia ainda terminado de escrever e Kitty já lia,

---

[89] As palavras de Kitty são: naquele momento eu não podia dar outra resposta. (N. da T.)

ao mesmo tempo que a mão dele escrevia, e ela mesma terminou, e escreveu a resposta: sim."[90]

Esse exemplo traz um aspecto psicológico absolutamente excepcional para que se compreenda o processo de comunicação.

Uma adivinhação tão precisa dos pensamentos do outro só é possível se existe uma extraordinária e inspirada concentração, como a que naquele momento tomava conta de Kitty e Lévin. O exemplo é especialmente interessante porque foi tirado da vida. Foi exatamente assim que o próprio Tolstói se declarou para Sófia Andréevna Bers — sua futura esposa.

É necessário introduzir essa parte da psicotécnica na prática de ensaios.

Numa das aulas do Estúdio, Stanislávski se voltou a uma aluna que estava ensaiando o papel de Vária em *O jardim das cerejeiras*.

— Você se queixa — disse Konstantin Serguêievitch — de uma dificuldade na cena do acerto de contas com Lopákhin, porque Tchekhov coloca na boca de Vária um texto que não só não revela as verdadeiras vivências dela, mas claramente as contradiz. Vária espera com todo o seu ser que agora Lopákhin a peça em casamento, enquanto ele fala de coisas sem importância, procura um objeto perdido por ela etc. Para apreciar a arte de Tchekhov, você precisa antes de tudo compreender como é enorme o lugar que ocupam na vida dos personagens os monólogos interiores, que não são ditos em voz alta. Você jamais atingirá uma verdade autêntica na cena com Lopákhin se não descobrir o verdadeiro fluxo de pensamentos de Vária em cada segundo da existência dela nessa cena.

— Eu penso, Konstantin Serguêievitch, eu penso — disse com angústia a aluna. — Mas como pode o meu pensamento chegar até o senhor, se eu não tenho palavras para expressá-lo?

— É aí que começam todas as nossas mazelas — respondeu Stanislávski. — Os atores não confiam que podem ser claros e contagiar o espectador sem pronunciar os pensamentos em voz alta. Acredite que se o ator tem esses pensamentos, se pensa de verdade, isso necessariamente irá se refletir nos seus olhos. O espectador não saberá que palavras você está pronunciando em silêncio, mas adivinhará o sentir-a-si-mesmo do personagem, seu estado emocional; será tomado pelo processo orgânico que cria a linha contínua do subtexto. Vamos tentar fazer um exercício de monólogo interior.

---

[90] *Idem*, pp. 394-5.

Lembre-se das circunstâncias propostas que antecedem a cena entre Vária e Lopákhin. Vária ama Lopákhin. Todos na casa consideram resolvida a questão do casamento deles, mas por algum motivo ele demora a tocar no assunto. Passam-se dias, meses, e ele não diz nada.

"O jardim de cerejeiras foi vendido. Lopákhin o comprou. Ranévskaia e Gáev irão embora. As malas estão prontas. Faltam poucos minutos para partir, e Ranévskaia, que tem uma imensa pena de Vária, decide falar com Lopákhin. Parece que tudo foi facilmente resolvido. Lopákhin está contente que a própria Ranévskaia tenha puxado o assunto. Quer fazer o pedido de casamento agora mesmo.

"Ranévskaia, animada e feliz, vai buscar Vária. Agora vai acontecer o que foi esperado por tanto tempo", diz Konstantin Serguêievitch à intérprete do papel de Vária. "Avalie isso, prepare-se para ouvir o pedido de casamento e aceitá-lo. Eu pedirei que você, Lopákhin, diga o texto do papel, e você, Vária, além do texto do autor, vá dizendo em voz alta, durante o texto de seu parceiro, tudo o que você pensa. Pode ser que às vezes você fale junto com Lopákhin, e isso não deve atrapalhá-los. Diga essas palavras mais baixo, mas de forma que eu possa ouvi-las; de outro modo, não poderei verificar se o seu pensamento flui corretamente. E diga em tom normal as palavras do texto."

Os alunos prepararam tudo o que lhes era necessário para o trabalho, e o ensaio começou.[91]

— Agora, agora vai acontecer aquilo que quero tanto — disse baixo a aluna, entrando no cômodo onde Lopákhin a esperava. — Quero olhar para ele... Não, não consigo... Tenho medo...

E nós vimos como ela, escondendo os olhos, começou a olhar as coisas ao redor. Escondendo um sorriso constrangido, desconcertado, disse afinal:

— *Que estranho, não consigo achar...*

— *O que a senhorita está procurando?* — perguntou Lopákhin.

— Por que comecei a procurar? — soou novamente a voz baixa da aluna. — Não deveria ter feito isso. Ele provavelmente está pensando que não me importo com o que deve acontecer agora, que estou ocupada com bobagens. Agora vou olhar para ele e ele vai entender tudo. Não, não consigo — falava a aluna em voz baixa, continuando a procurar alguma coisa entre os embrulhos. — *Eu mesma guardei e não lembro onde* — disse alto.

---

[91] No texto a seguir, com as falas dos alunos, as réplicas escritas por Tchekhov estão marcadas em itálico. (N. da A.)

— *E para onde a senhorita vai agora, Varvára Mikháilovna?* — perguntou Lopákhin.

— *Eu?* — disse alto a aluna. E novamente a sua voz soou baixo: — Por que ele me pergunta para onde vou? Será que tem alguma dúvida de que vou ficar com ele? Ou talvez Liubóv Andréevna tenha se enganado e ele não decidiu se casar comigo? Não, não, não pode ser. Ele pergunta para onde eu iria se não acontecesse a coisa mais importante da vida, aquilo que vai acontecer agora.

— *Para a propriedade dos Ragúlin* — respondeu alto, com um olhar cheio de brilho e felicidade. — *Combinei com eles de dar uma olhada na casa, serei uma espécie de governanta.*

— *Em Iáshnevo? Dá umas setenta verstas* — disse Lopákhin, e se calou.

— Agora, agora ele vai dizer que não preciso ir a lugar nenhum, que não faz sentido ir para a casa de pessoas estranhas ser governanta, que ele sabe que o amo. Ele dirá que também me ama. Mas por que está há tanto tempo calado?

— *Agora acabou a vida nesta casa* — disse finalmente Lopákhin depois de uma longa pausa.

— Ele não disse nada. Meu Deus, o que é isso, será que é o fim, será que é o fim? — sussurrou com uma voz quase inaudível a aluna, e seus olhos se encheram de lágrimas. — Não posso, não posso chorar, ele vai ver as minhas lágrimas — continuava. — Sim, estava procurando alguma coisa quando entrei aqui. Tola! Como estava feliz então... Preciso voltar a procurar, e ele não verá que estou chorando — e, fazendo um grande esforço sobre si mesma para conter as lágrimas, começou a olhar com atenção para as coisas empacotadas. — *Onde é que está isso...?* — disse alto. — *Ou talvez eu tenha colocado no baú?...* Não, não consigo fingir, não consigo — disse novamente baixo. — Para quê? Como foi que ele disse? Sim, ele disse: "Agora acabou a vida nesta casa". Sim, tudo acabou — e, desistindo de procurar, falou com muita simplicidade: — *Sim, a vida nesta casa acabou... Não vai ter mais...*

— Muito bem — sussurrou-nos Konstantin Serguêievitch. — Vocês percebem como essa frase extravasou tudo o que ela tinha acumulado durante a cena?

— *E eu estou indo para Khárkov... nesse mesmo trem. Muita coisa a fazer. E aqui na propriedade deixo Epikhôdov... Eu o contratei* — dizia Lopákhin.

Enquanto isso, Vária novamente disse, de modo quase inaudível:

— A vida nesta casa acabou... Não vai ter mais...

Monólogo interior

— No ano passado, nesta época já estava nevando, se a senhorita se lembra — continuava Lopákhin —, e agora está tudo calmo, faz sol. A única coisa é este frio... Uns três graus abaixo de zero.

— Para que ele diz isso tudo? — perguntou-se a aluna, baixo. — Por que não vai embora?

— Eu não olhei — respondeu, acrescentando depois de um silêncio: — Aliás, o termômetro quebrou...

— Ermolái Alekséich — chamaram Lopákhin da coxia.

— Estou indo — respondeu imediatamente, saindo em seguida.

— Agora acabou... Fim... — sussurrou a moça, e começou a chorar amargamente.

— Muito bem! — disse Konstantin Serguêievitch, satisfeito. — Hoje você alcançou muita coisa. A partir da própria experiência, entendeu a ligação orgânica entre o monólogo interior e a réplica do texto do autor. Nunca esqueça que a quebra dessa ligação inevitavelmente leva o ator a dizer o texto de maneira formal e afetada. Agora eu pediria ao pedagogo de vocês que realize esse experimento não apenas com a intérprete de Vária, mas também com o intérprete de Lopákhin. Quando vocês obtiverem os resultados necessários, pedirei que os participantes da cena digam o próprio texto não em voz alta, mas em silêncio, de modo que os lábios fiquem em total repouso. Isso tornará a fala interior ainda mais densa. Os pensamentos, independentemente do desejo de vocês, irão se refletir nos olhos, passarão pelo rosto. Observem como esse processo acontece na vida real e verão que estamos tentando transpor para a arte um processo profundamente orgânico, inerente à psique humana.

K. S. Stanislávski e V. I. Nemirôvitch-Dântchenko sempre nos falavam da grande expressividade do "monólogo interior" e de sua capacidade de contagiar. Ambos acreditavam que ele surge da concentração máxima, de um autêntico sentir-a-si-mesmo criativo, da atenção aguçada para o ressoar das circunstâncias exteriores na alma do ator.

O "monólogo interior" é sempre emocional.

"No teatro, o ser humano em luta com o próprio 'eu' ocupa um lugar enorme", dizia Stanislávski.

No monólogo interior essa luta é especialmente clara. Ela obriga o ator a revestir com *palavras próprias* os pensamentos e sentimentos mais íntimos e profundos da figura à qual dá corpo [*voploschénie*].[92]

---

[92] Sobre o termo воплощение [*voploschénie*], ver nota 31 no capítulo "Análise pela ação", p. 127 deste volume. (N. da T.)

É impossível dizer o monólogo interior sem conhecer a natureza do ser humano representado, a sua visão e o seu modo de perceber o mundo, as suas relações com as pessoas que o cercam.

O monólogo interior exige que se conheça profundamente o mundo interior do personagem representado. Exige o mais importante na arte: *que o ator em cena saiba pensar da mesma forma como pensa a figura* [ôbraz] *criada por ele.*

A ligação do monólogo interior com a ação transversal do personagem é evidente. Tomemos como exemplo Tchítchikov, de *Almas mortas*, de Gógol.

Se observarmos como Tchítchikov consegue encantar todos os proprietários de terra,[93] veremos que Gógol lhe deu uma fantástica capacidade de adaptação, e é por isso que Tchítchikov é tão diversificado na realização do seu objetivo com cada proprietário.

Conhecendo as habilidades de Tchítchikov, o ator irá buscar em seus monólogos interiores, seja nos ensaios, seja no espetáculo, em função daquilo que recebe do parceiro, um fluxo de pensamentos cada vez mais preciso, que o leve ao texto genial de Gógol.

O "monólogo interior" exige do ator uma liberdade orgânica autêntica, com a qual surge aquele maravilhoso sentir-a-si-mesmo improvisacional, quando, a cada espetáculo, o ator tem o poder de preencher com novas nuances a forma verbal fixa.

Todo esse trabalho profundo e complexo sugerido por Stanislávski leva, como ele mesmo dizia, à criação do "subtexto do papel".

Escreve Stanislávski:

> "*O que é o subtexto?* [...] É a '*vida do espírito humano*' do papel, evidente, interiormente perceptível, que flui sem interrupções sob as palavras do texto, sempre justificando-as e lhes dando vida. No subtexto estão contidas as numerosas e diversas linhas internas do papel e da peça [...] O subtexto é aquilo que nos faz dizer as palavras do papel [...]

---

[93] No romance de Gógol, Tchítchikov, um manipulador audacioso, tenta convencer proprietários de terra a lhe vender por um bom preço o direito de posse de servos que já morreram. Faz isso para se tornar, mesmo que de forma fictícia, embora juridicamente legal, o proprietário desses servos. (N. do O.)

Todas essas linhas estão entrelaçadas de forma intrincada, como os fios de uma corda, e passam por toda a peça em direção à *supertarefa* final.

Assim que o sentimento perpassar toda a linha do subtexto, como se fosse uma corrente subaquática, surgirá a '*ação transversal da peça e do papel*'; ela se revela não apenas através da ação física, mas também através da fala: é possível agir não apenas com o corpo, mas também com o som, com as palavras.

Aquilo que no campo da ação chama-se *ação transversal*, no campo da palavra chamamos de *subtexto*."[94]

---

[94] K. S. Stanislávski, *O trabalho do ator sobre si mesmo II*, em *Obras completas*, Moscou, Iskússtvo, 1954, pp. 492-3. (N. da A.)

TÉCNICA E LÓGICA DA FALA[95]

Ao abordar o trabalho de Stanislávski sobre a palavra, não podemos nos esquecer da importância que ele dava à questão da técnica da fala, à preparação do aparato físico da fala para as complexas tarefas da arte cênica. A exigência de que o ator dominasse o seu aparato físico era enorme. No Estúdio, considerava absolutamente imprescindíveis as aulas de dicção, de colocação de voz, de movimento e de rítmica.

— Não é raro que o ator em cena sinta de forma profunda e refinada, mas, por falta de preparação do aparato corporal, ao transmitir a experiência que está vivendo, deforma-a até torná-la irreconhecível — dizia-nos Konstantin Serguêievitch, comparando um ator assim a um excelente músico que é obrigado a tocar um instrumento danificado e desafinado. — Esse músico tenta transmitir sons maravilhosos, mas as cordas desafinadas e frouxas deformam tudo, causando ao artista um sofrimento indescritível. Por isso, quanto mais complexa for a *"vida do espírito humano"* da *figura representada*, tanto mais refinada, direta e artística deve ser sua *corporificação* [*voploschénie*].

Stanislávski tinha exigências muito altas em relação à técnica exterior: à voz, à dicção, à habilidade de moldar a palavra e a frase — ou seja, à arte da fala como um todo —, e ainda à plasticidade do corpo, aos movimentos, à maneira de andar etc.

Dizia aos alunos que é preciso conduzir o aparato físico responsável pela corporificação até uma possível perfeição natural, orgânica. É preciso desenvolver, corrigir e ajustar o corpo continuamente, para que todas as partes respondam à complexa tarefa que lhes foi dada pela natureza — encarnar [*voploschénie*] o sentimento invisível. Ele repetia incessantemente que não

---

[95] Речь [*riétch*] significa a execução oral de um discurso, o fluxo da fala, incluindo as características fonéticas, fonológicas e de articulação na realização cênica. Em português, traduzimos o termo às vezes como "fala" e às vezes como "maneira de falar". Em alguns casos, *riétch* significa pronúncia, dicção, arte da eloquência, ou seja, certos elementos da técnica de atuação, que na Rússia são ensinados em aulas de *tsenítcheskaia riétch* (fala cênica). O uso do termo por Stanislávski e Maria Knebel pressupõe esse significado mais amplo. (N. do O.)

Técnica e lógica da fala

se pode estabelecer um prazo fixo para o treino do aparato físico, que a cada ano o ator se depara com dificuldades maiores, pois está sempre exigindo mais de si mesmo. Portanto, os exercícios para desenvolver a voz, dicção, movimento etc. devem ser feitos durante toda a vida.

Além disso, cada novo papel coloca diante do ator novas tarefas de incorporação [*voploschénie*].

Mas o primeiro lugar é ocupado pelo campo da fala cênica, tanto devido a uma elaboração mais detalhada, como pela importância do problema, tão acentuado por Stanislávski. Ele propõe que os atores se conscientizem dos defeitos da própria fala, para que deixem de uma vez por todas o hábito tão difundido de sempre tomar a si mesmos como referência, usando a própria fala cotidiana e defeituosa como justificativa para uma fala ainda pior em cena.

Stanislávski percebia com incrível acuidade todos os defeitos de dicção e buscava obter uma pronúncia precisa e clara, assim como a correção dos problemas patológicos nos sons.

Dizia-nos nas aulas:

"— É preciso que as consoantes sejam expressivas para que a fala seja sonora. As vogais são a água, e as consoantes são as margens, sem as quais a água vira um pântano.

A palavra com um início mal pronunciado se parece a uma pessoa de cabeça esmagada. A palavra cujo final não foi pronunciado me lembra uma pessoa com as pernas amputadas. A omissão de certos sons e sílabas é o mesmo que um olho ou um dente arrancado, uma orelha cortada, ou uma outra deformidade semelhante."

A mesma importância era dada à pronúncia correta. Stanislávski exigia que se corrigissem em cena todos os dialetos e sotaques com base nas normas ortofônicas da língua literária russa.

"*O ator deve saber falar*."

Essas foram as palavras que Konstantin Serguêievitch disse a si mesmo depois de sofrer uma grande derrota no papel de Salieri.

Ao analisar seu próprio trabalho em *Mozart e Salieri*, de Púchkin,[96] disse que, apesar de muitos o terem elogiado, concordava com aqueles que

---

[96] O espetáculo *Mozart e Salieri* foi realizado no TAM em 1915. Aleksandr Benois era o coencenador, cenógrafo e inspirador do espetáculo. A crítica foi quase unânime na avalia-

o criticaram severamente. Stanislávski via esse trabalho como um grande fracasso. Mas esse fracasso lhe trouxe um benefício tão grande, que o considerava mais valioso e importante que o maior dos sucessos.

Na severa crítica que fez a si mesmo, buscou definir as causas que o levaram a essa derrota. Constatou que, sem querer, desrespeitava a vida interior correta do papel assim que começava a dizer o texto de Púchkin. A fala saía distorcida, falseada e destoante, de modo que Stanislávski não conseguia mais reconhecer na forma exterior o seu sentimento interior sincero.

Chegou à conclusão de que não havia conseguido dominar o verso puchkiniano. Tendo sobrecarregado cada palavra isolada com um grande conteúdo psicológico, quebrou a integridade do pensamento do poeta. As palavras como que incharam — havia tanta coisa em cada uma delas, que o conteúdo não cabia mais na forma, e a palavra transbordava e se expandia em pausas silenciosas, mas cheias de conteúdo. Cada palavra inchada se separava da outra por grandes intervalos. A fala era tão esticada, que ao final da frase era possível ter se esquecido do começo.

Stanislávski descreve a tensão interior que surgia quando tentava realizar a impossível tarefa de colocar nas palavras um sentimento profundo, enquanto sentia claramente que em sua boca o texto de Púchkin soava pesado e não transmitia o pensamento do poeta. Isso o levava a violentar a si mesmo, a "fazer um esforço exagerado e se contrair em espasmos". Nesse estado, recorria a truques banais de ator, ao falso *páthos*.

Por causa da violência e da tensão, a voz ficava opaca, a sensação de falsidade e distorção gerava medo diante do texto, e lhe vinha a vontade de sussurrar, pois lhe parecia que, sussurrando, seria mais fácil encontrar a verdade. Tudo isso, ou seja, a insegurança e o sussurro, não combinava com o verso firme de Púchkin e só contribuía para aumentar a falsidade.

Que ator não conhece esse embate com o texto do autor, que Konstantin Serguêievitch revelou através de seu próprio exemplo com uma verdade tão cruel?

Nesse "período doloroso" de reflexões febris que se seguiram ao espetáculo de Púchkin, Stanislávski chega às importante conclusões que o fizeram ser tão grato ao fracasso no papel de Salieri. Essas conclusões foram resumidas e formuladas com extrema simplicidade: "*o ator deve saber falar*".

ção negativa da atuação de Stanislávski no papel de Salieri. O próprio Stanislávski estava insatisfeito com a atuação e foi obrigado a reconhecer a insuficiência do seu sistema quando aplicado a obras dramáticas escritas em forma poética. A partir desse momento, Stanislávski começa a desenvolver as ideias da ação verbal ou da "ação na palavra". (N. do O.)

"Não é estranho", escreve Stanislávski, "que eu tive de viver quase seis décadas para entender, ou seja, sentir com todo o meu ser, essa verdade simples e notória, que a maioria dos atores desconhece?"[97]

Em suas reflexões a respeito do período de trabalho sobre *Mozart e Salieri*, Stanislávski descreve como torturante o estado em que não se consegue transmitir corretamente o que se sente com tanta beleza dentro de si. Comparava-se a um mudo que tenta, com um mugido deformado, declarar-se à mulher amada.

Observando em retrospectiva o próprio percurso cênico, chega à conclusão de que os principais defeitos — a tensão física, a falta de autocontrole, a atuação afetada, o *páthos* de ator — muitas vezes surgem também porque os atores não dominam a fala, que é a única capaz de dar o que é necessário e expressar o que vive na alma! Stanislávski diz o quanto é importante perceber na própria experiência o verdadeiro significado de uma maneira de falar bela e nobre como um dos mais potentes meios de expressão e de ação sobre os outros em cena. Tentando aprimorar a própria voz ao longo do trabalho, Stanislávski compreendeu que saber falar com simplicidade e beleza é uma ciência que deve ter leis claras.

O estudo dessas leis ocupou-o por muitos anos.

Todos os atores que trabalharam com ele sabem como era fascinante a beleza de sua fala poética, sabem como zombava dos que não sabiam agrupar as palavras de maneira certa e distribuir as pausas lógicas, como imitava os atores que falavam mal, lhes fazia perguntas sobre o que de fato queriam dizer as palavras que soavam incorretas, buscando obter na fala uma clareza de significado.

Antes de tudo, é preciso estabelecer uma ordem nas palavras ditas, reuni-las corretamente em grupos ou (como dizem alguns) em compassos de fala, e para isso é necessário realizar paradas, ou, dito de outro modo, *pausas lógicas*.

As pausas lógicas reúnem palavras em grupos, ou compassos de fala, enquanto esses grupos, por sua vez, separam as palavras. Stanislávski dava um conhecido exemplo da história russa, em que o destino e a vida de um condenado dependiam da posição da pausa lógica: "Perdoar não se pode mandar para a Sibéria". Se a pausa vier depois da primeira palavra: "Perdoar — não se pode mandar para a Sibéria", tem-se o perdão; se a pausa vier depois da quarta palavra: "Perdoar não se pode — mandar para a Sibéria", tem-se o degredo.

---

[97] K. S. Stanislávski, *Minha vida na arte*, Moscou, Iskússtvo, 1948, p. 503. (N. da A.)

Como exercício, Stanislávski sempre recomendava que os alunos marcassem os compassos de fala de qualquer livro que estivessem lendo:

— Tenham o ouvido, o olho e a mão treinados para isso!

A separação em compassos de fala é necessária para uma análise mais profunda do conteúdo da frase: ela nos obriga a compreender e a pensar constantemente sobre o significado do que é dito em cena, tornando nossa fala clara na forma e compreensível na transmissão.

Como dominar isso?

Baseando-se na construção gramatical correta de uma oração o ator esclarece para si mesmo o pensamento principal e divide todas as frases em compassos de fala.

— A leitura em compassos de fala esconde também um outro benefício prático, ainda mais importante — dizia Stanislávski. — *Ela ajuda no próprio processo de vivência* [*perejivánie*].

Konstantin Serguêievitch descreve três tipos de pausas: a lógica, a psicológica e a *luftpausa*.[98]

Luftpausa, ou pausa de ar, é a mais curta, a necessária para respirar.

Muitas vezes, a *luftpausa* nem sequer é uma parada, mas apenas um diminuição do ritmo do canto ou da fala, sem a interrupção da linha de som.

O próprio Stanislávski gostava de usar a *luftpausa* na fala, sobretudo na fala rápida, para sublinhar certas palavras.

Já a pausa lógica ajuda a tornar claro o pensamento do texto.

A pausa psicológica, por fim, dá vida a esse pensamento, a essa frase, buscando transmitir seu *subtexto*. Se a ausência da pausa lógica torna a fala incorreta quanto ao sentido, sem a pausa psicológica, lhe falta vida.

Stanislávski gostava de aludir às palavras de um certo orador, que disse: "Que a sua fala seja contida e o seu silêncio, eloquente". A pausa psicológica é precisamente esse silêncio eloquente.

Ele dava uma atenção especial ao realce das palavras ou, como dizia, à "acentuação".[99]

— Um acento que foi parar no lugar errado — ensinava-nos — deturpa o sentido e mutila a frase, enquanto deveria, ao contrário, ajudar a criá-la! O acento é o dedo indicador que marca a palavra principal na frase ou no

---

[98] Stanislávski forma a palavra a partir do substantivo *Luft*, "ar" em alemão. (N. da T.)

[99] Tudo indica que Stanislávski examina aqui um significado mais amplo da acentuação, que não está apenas dentro de uma palavra, mas ao longo de toda uma frase ou oração. (N. do O.)

Técnica e lógica da fala

compasso! Na palavra destacada está contida a alma, a essência interior, estão contidos os principais momentos do subtexto.

Em cena, os acentos se espalham desordenadamente por todo o texto, e os atores esquecem a principal função da palavra — transmitir um pensamento, um sentimento, uma imagem, um conceito, figuras, visões, e não simplesmente, como ele dizia muitas vezes, "martelar os tímpanos com ondas sonoras".

E quanto mais claro está para o ator o que ele quer dizer, mais econômico ele será na distribuição de acentos.

Em vez de usá-los em excesso, o ator deve aprender a eliminar os acentos onde eles não são necessários.

A arte de tirar os acentos desnecessários nos presta um grande serviço na prática. Isso é especialmente importante na transmissão de um texto longo, com frases pesadas e compridas.

Lembro-me de quando, durante uma aula no Estúdio, Konstantin Serguêievitch propôs que analisássemos [*razbór*] um trecho de *Almas mortas*, de Gógol: "Este recém-chegado tinha um jeito especial de se encontrar bem em qualquer situação, e demonstrou ser homem de grande experiência mundana. Qualquer que fosse o assunto de uma conversa, ele sempre sabia sustentá-la [...]".[100]

Stanislávski dizia:

— A facilidade com que o vigarista Tchítchikov "sabia se encontrar" deve se tornar a chave para o caráter *da entonação* na transmissão do texto. Mas sejam econômicos ao máximo com os acentos! Perguntem a si mesmos se o significado chegará aos ouvintes caso um ou outro acento seja eliminado. Lembrem-se de que, quando há uma grande quantidade de palavras acentuadas, a frase perde o sentido.

Os alunos, buscando tirar a acentuação desnecessária, pronunciavam com pressa as palavras de ligação, tentando dizê-las rapidamente e deixando-as imperceptíveis.

— Lembrem-se de que a afobação torna a fala mais pesada. O que a torna mais leve — continuava Stanislávski — é a calma e o domínio de si. É necessário destacar claramente as palavras principais. E para atenuar as palavras que servem apenas para indicar o sentido geral, é preciso buscar uma entonação desapressada e propositadamente sem cor. É preciso buscar uma

---

[100] Nikolai Gógol, *Almas mortas*, tradução de Tatiana Belinky, São Paulo, Abril Cultural, 1979, p. 20. (N. da T.)

ausência quase total de acentos, além de ter um domínio de si e uma confiança especiais — eis o que dará à fala a clareza e a leveza necessárias.

Konstantin Serguêievitch dedicava muito tempo à questão de como destacar as palavras mais e menos importantes numa frase complexa. Dizia que as palavras não podem ter todas o mesmo valor, e que devem ser separadas em mais e menos essenciais para o significado. Depois de acentuar as palavras mais importantes, o mesmo deve ser feito com as palavras menos importantes, mas que ainda podem ter algum destaque. E as que não podem ser destacadas devem ser atenuadas.

— Nesse caso — concluía Konstantin Serguêievitch — vocês terão um conjunto de acentos — fortes, médios e fracos. Assim como na pintura existem tons, semitons, claros-escuros, da mesma forma, na arte da fala cênica, existem gamas inteiras de distintos graus de acentos que devem ser coordenados de modo que os menores não enfraqueçam a palavra principal, mas, ao contrário, destaquem-na com mais força, de modo que não concorram com essa palavra, mas participem da mesma tarefa de construção e transmissão de uma frase complexa. Em cada frase e na fala como um todo deve haver uma perspectiva.

Em suas aulas conosco, Stanislávski gostava de comparar a arte da fala cênica com a pintura.

— Vocês sabem — dizia-nos —, na pintura é possível transmitir a profundidade da imagem real, ou seja, a terceira dimensão. Esta não existe na realidade da moldura plana, em uma tela esticada, sobre a qual o pintor realiza a sua obra. Mas a pintura cria a ilusão de muitos planos. Alguns parecem ir para dentro, para o fundo da própria tela, e outros, como o primeiro plano, parecem avançar da tela e da moldura, em direção ao espectador.

Na fala, existem certos planos sonoros que formam a perspectiva da frase.[101] A palavra mais importante é destacada com mais força e levada ao primeiro plano sonoro. As palavras menos importantes criam séries inteiras de planos mais ao fundo.

Stanislávski dava extremo valor a todas as nuances de acentos. Falava não apenas da força do acento, mas também das suas qualidades, distinguindo diversas nuances; falava sobre a importância do lugar de onde vem o acento: de cima para baixo ou de baixo para cima; se pousa pesado ou leve, se é sustentado por um longo tempo ou se cai rapidamente, sendo imediatamente retirado.

---

[101] Cf. K. S. Stanislávski, *O trabalho do ator sobre si mesmo II*, cap. 4. (N. do O.)

Falava da junção de *entonações* e acentos: dizia que a palavra pode ser destacada de forma saliente quando colocada entre duas pausas, especialmente se uma delas, ou até as duas, forem psicológicas; e que a palavra principal pode ser destacada se forem retirados os acentos de todas as palavras secundárias, de modo que, no contraste com as demais, a palavra principal fique mais forte.

> *"Entre todas as palavras destacadas e não destacadas é preciso encontrar uma correlação, uma gradação de força, a qualidade de seus acentos, e criar com isso os planos sonoros e a perspectiva, que dão movimento e força à frase.*
>
> É essa correlação harmônica e ajustada entre os níveis de força dos acentos das palavras destacadas que temos em mente quando falamos de coordenação.
>
> Assim se cria a forma harmônica, a bela arquitetura da frase.
>
> Assim se formam na fala os distintos planos e suas perspectivas.
>
> Se esses planos se prolongam pela linha do subtexto e da ação transversal em direção à supertarefa da obra, seu significado na fala torna-se excepcional, porque eles ajudam na realização do que é principal, fundamental em nossa arte: na criação da vida do espírito humano do papel e da peça."[102]

Tudo o que foi dito por Stanislávski sobre a "acentuação" e a coordenação das palavras acentuadas na frase também se aplica ao processo de destacar certas frases na narrativa ou no monólogo como um todo.

A pressa na fala — eis o principal mal que impede que o ator obtenha resultados consideráveis em seu crescimento em cena! Aqueles que sofriam de pressa na fala, Konstantin Serguêievitch chamava de "atores apressadinhos".

Um dos procedimentos na luta contra a pressa patológica era o estudo das entonações ditadas pelos sinais de pontuação.

Stanislávski considerava que todos os sinais de pontuação exigem para si entonações vocais obrigatórias. O ponto, a vírgula, o ponto de interroga-

---

[102] K. S. Stanislávski, *O trabalho do ator sobre si mesmo II*, em *Obras completas*, v. 3, Moscou, Iskússtvo, 1955, pp. 125-6. (N. da A.)

ção e o de exclamação possuem figuras vocais próprias, características de cada um deles.

Essas entonações agem sobre os espectadores, obrigando-os a reagir de uma determinada forma. A figura de entonação interrogativa incita a uma resposta; a exclamativa, à solidariedade, aprovação ou protesto; dois-pontos, à percepção atenta da fala que seguirá; e assim por diante. É precisamente na propriedade específica da entonação de cada sinal de pontuação que está o efeito capaz de fazer com que o "ator apressadinho" se abstenha da pressa excessiva.

É interessante que, ao falar sobre a entonação, Konstantin Serguêievitch revela de uma forma nova esse conceito largamente difundido.

Ao descrever exemplos de entonações sem sentido, em que os atores produzem com a voz cadências e figuras vocais intrincadas, ele dizia que os atores entoam certos sons, certas sílabas, prolongam esses sons, uivam, não em função da ação ou para transmitir o que estão experienciando [*perejivánie*], mas para mostrar a própria voz, para agradar aos tímpanos.

A "escuta de si mesmo" é tão nociva e incorreta quanto o admirar-se e mostrar-se em cena, fenômeno contra o qual Stanislávski sempre lutou implacavelmente.

Para Stanislávski, a entonação surge do conhecimento das leis da fala e do desejo de transmitir na ação o conteúdo da obra.

Ele era implacável nas suas exigências, obrigando os atores a estudar as leis e saber realizá-las. Nos exercícios para adquirir o domínio da entonação interrogativa, começava com perguntas extremamente simples, como, por exemplo, "Que horas são?" ou "Para onde você vai após o ensaio?", e, até que ouvisse uma verdadeira pergunta, não deixava ninguém responder.

— Vocês estão ouvindo um ponto de interrogação? — perguntava aos presentes, primeiro com um sorriso, ou, após muitas repetições, já irritado — Eu não. Eu ouço ponto, reticências, ponto e vírgula, qualquer coisa, menos uma interrogação! E se você não me pergunta, não provoca em mim o desejo de responder.

"Aprendam a gostar da vírgula", tentava nos convencer Stanislávski, "é precisamente com ela que vocês poderão obrigar o outro a escutá-los."

Ao falar sobre a propriedade da entonação da vírgula, comparava-a com a mão que se ergue para um aviso, obrigando os ouvintes a esperar pacientemente pela continuação da frase interrompida.

— O mais importante — ele esclarecia — é acreditar que, após a curva sonora da vírgula, os ouvintes certamente estarão esperando pela continuação e conclusão da frase iniciada, de modo que não haverá motivo para pressa. Isso não só deixará o ator mais calmo, como também o ensinará a amar sinceramente a vírgula, com todas as qualidades que lhe foram dadas pela natureza.

Konstantin Serguêievitch não apenas considerava essas aulas necessárias, como também as amava. Após ter passado por uma imensa educação autodidata no campo da fala cênica e tê-la dominado com perfeição, demonstrava de maneira brilhante a sua capacidade de agir de acordo com as leis da fala. Contava sobre o deleite que o ator sentia numa longa narrativa ou frase quando conseguia realizar a curva da entonação antes da vírgula e aguardar com confiança, tendo certeza de que ninguém iria interrompê-lo ou apressá-lo.

Ao aumentar o nível de exigência quanto à riqueza de entonações da fala, sublinhava o seguinte: para que o ator possa dominar qualquer desenho de entonação, deve em primeiro lugar dominar a própria voz. Dizia que o ator muitas vezes não percebe como as suas entonações lembram um gramofone cuja agulha passa sempre pelo mesmo lugar.

— Observem que na vida vocês não encontrarão duas sílabas numa mesma nota — repetia. — Os atores, por sua vez, na maioria dos casos, buscam a força da fala na tensão física.

No jargão teatral, ele chamava essa tensão de "atuar em alta voltagem" e dizia que tal procedimento diminui a extensão vocal e leva apenas ao rangido e ao grito.

Stanislávski descreve uma aula em que propõe a um aluno (o narrador do livro *O trabalho do ator sobre si mesmo*) que verifique na própria pele o quanto é inútil tentar encontrar a força da fala na tensão muscular.

Pede a ele que diga a frase "Não posso mais suportar isso!!!" com toda a força física de que é capaz.

O aluno realiza a tarefa.

"— Está fraco, está fraco, mais forte! — ordenava Tortsóv.

Eu repeti, aumentando o quanto pude o volume da voz.

— Mais, mais forte! — exortava-me Tortsóv. — Não alargue a extensão vocal!

Eu obedeci. A tensão física provocou um espasmo: a garganta se fechou, a extensão da voz ficou reduzida uma terça, mas a impressão de força não foi obtida.

Tendo usado todas as possibilidades, diante de uma nova exortação de Tortsóv, tive de recorrer ao simples grito.

O que saiu foi a terrível voz de alguém que está sendo estrangulado."[103]

Tortsóv propõe então ao aluno um procedimento contrário: o total relaxamento dos músculos do aparato vocal, suprimindo assim toda a tensão. Propõe que ele substitua a força do som pela *amplitude*.

"[...] Diga essa mesma frase calmamente, mas ampliando ao máximo a tessitura vocal e usando *uma entonação que tenha uma boa justificativa. Para isso, imagine circunstâncias propostas que o toquem*."[104]

O aluno, livre da tensão, consegue realizar o exercício, mas Tortsóv propõe que ele o faça novamente, ampliando cada vez mais a tessitura vocal, de modo que a extensão da voz chegue a uma oitava completa. A cada repetição, impreterivelmente lembra o aluno da necessidade de criar, na imaginação, novas circunstâncias propostas, sempre mais interessantes.

Stanislávski conclui:

"Saiu forte e sem nenhum esforço, graças ao movimento do som para cima e para baixo no eixo vertical sem nenhuma 'alta voltagem', ou seja, sem nenhuma pressão no eixo horizontal, como aconteceu na experiência anterior.

Quando precisar de força, desenhe com a voz e a entonação as mais variadas linhas fonéticas de cima para baixo, como você faz com o giz no quadro-negro, desenhando todo tipo de traçado no plano vertical."[105]

O exemplo citado é típico do Stanislávski-pedagogo.

Era comum ele dizer que o aluno aprende melhor um procedimento correto depois de ter experimentado em si mesmo o efeito nocivo dos procedimentos ruins comumente usados.

Muitas vezes obrigava os alunos a contrair os músculos para que, em seguida, com os músculos relaxados, verificassem na própria pele a diferença que isso fazia para o sentir-a-si-mesmo em cena.

---

[103] *Idem*, p. 109.

[104] *Ibidem* (grifo meu).

[105] *Idem*, p. 110.

Técnica e lógica da fala

Usava esses procedimentos pedagógicos com uma frequência ainda maior nas aulas de voz. Talvez porque considerasse a fala cênica a parte mais difícil da arte dramática.

No exemplo citado, é interessante também notar que, ao propor aos alunos um exercício à primeira vista puramente técnico, Konstantin Serguêievitch ressalta que o exercício pode ser realizado apenas se o aluno imaginar circunstâncias propostas que o toquem.

Stanislávski considerava a arte da fala tão complicada quanto a arte do canto. Não é à toa que dizia com tanta frequência: uma palavra bem dita já é canto, e uma frase bem cantada já é fala.

Muitas vezes, nas observações que fazia aos atores dramáticos, citava exemplos da arte vocal, dando uma importância enorme à capacidade de dominar a voz.

— Entendam — repetia — que quando vocês não dominam a voz, quando vocês não são capazes de expressar o pensamento de forma clara, precisa e em um volume alto, quando não são capazes de fazer com que o som voe e alcance o ouvinte, vocês tentam encobrir esse defeito contorcendo a voz. Isso acaba resultando no *páthos*, mas, mesmo assim, o som, em vez de voar, é cuspido e não chega ao outro.

Com uma frequência ainda maior ele lutava contra os atores que buscavam a "força da fala" no volume da voz.

O "*forte*" não é uma certa grandeza absoluta, estabelecida de uma vez por todas como o metro ou o quilo! No capítulo "A fala em cena",[106] Konstantin Serguêievitch propõe que se estude, através de exemplos de grandes cantores, o quão poderoso é o aumento gradual do volume do som como meio de ação sobre o espectador.

"Suponhamos que vocês começaram a ler um monólogo com uma voz muito baixa. Se duas linhas adiante vocês passassem para uma leitura um pouco mais alta, já não seria o '*piano*' anterior."

A linha seguinte será lida em volume ainda mais alto, ou seja, "ainda menos *piano* que a linha anterior, e assim por diante, até vocês chegarem ao *forte*. Continuando a subir pelos mesmos degraus, finalmente chegarão àquele nível máximo de volume, que não podemos chamar de outra coisa senão *forte fortíssimo*. É nessa transformação gradual do som de *piano pianíssimo* para *forte fortíssimo* que consiste o aumento do volume relativo".

---

[106] Cf. *O trabalho do ator sobre si mesmo II*, cap. 3. O título do capítulo foi alterado: na edição de 1955, chama-se "A voz e a fala" e tem duas partes, "O canto e a dicção" e "A fala e suas leis". (N. do O.)

Ao propor aos atores o procedimento de aumento gradual do volume do som, alerta imediatamente para o perigo de usá-lo de maneira apenas formal.

Stanislávski fala sobre atores dramáticos que, não se satisfazendo com o conteúdo do texto, acham chiques os contrastes violentos entre o som baixo e alto.

A título de exemplo: o primeiro verso da *Serenata de Don Juan*, de Tchaikóvski, é cantado muito alto e as palavras seguintes — "a terra dourada" —, muito baixo (*piano pianissimo*), o verso seguinte é novamente alto etc. Por causa dessas contraposições e contrastes vocais bruscos, o sentido se perde, e resta apenas o mau gosto e a vulgaridade.

De forma análoga, no drama se grita e se sussurra exageradamente nas passagens trágicas, independentemente do sentido intrínseco ao texto e do simples bom-senso.

É irresistível a fala de um ator que domina com virtuosidade os procedimentos de entonação, de criação de perspectiva e planos. Apenas uma fala assim transmite, em todas as nuances, o pensamento contido em uma verdadeira obra de arte.

Além de lutar contra o desleixo na transmissão do texto do autor, Stanislávski queria também cultivar nos atores o pensamento de que a fala cênica é uma arte que exige trabalho cotidiano, que é preciso estudar "os segredos da técnica da fala", que é hora de acabar com o diletantismo dos atores que encobrem a própria ignorância nessa questão com palavras estereotipadas: "não fica bem a escola da experiência do vivo [*perejivánie*] se preocupar com o lado formal da fala".

Stanislávski dizia com frequência que o estudo das leis da criação é capaz de apagar a centelha de inspiração de um ator medíocre, mas, em um verdadeiro artista, esse mesmo estudo transforma a centelha numa grande chama. Ele defendia que somente um trabalho cotidiano e sistemático pode levar o ator a dominar as leis da fala a ponto de torná-lo incapaz de infringi-las. Um trabalho criativo incansável está na base do que Stanislávski exige do ator, que deve "transformar o difícil em habitual, o habitual em fácil e o fácil em belo".

Em Stanislávski, as questões ligadas à perspectiva da fala ocupam um lugar importante.

Geralmente, quando se fala de perspectiva da fala, tem-se em mente apenas a perspectiva lógica.

Ampliando o círculo de questões ligadas a esse problema, Stanislávski escreve:

Técnica e lógica da fala

"1) *Sobre a perspectiva do pensamento transmitido* (isto é, a perspectiva lógica);

2) *Sobre a perspectiva durante a transmissão de um sentimento complexo*;

3) *Sobre a perspectiva artística*, que distribui as cores com arte."[107]

Colocando a questão exatamente dessa forma, Konstantin Serguêievitch acentua: a natureza criativa do artista não é capaz de expressar-se apenas pela lógica do pensamento transmitido.

Ao dominar a perspectiva lógica, o ator naturalmente envolve nesse processo todo o conjunto de tarefas artísticas que o ajudam a dar corpo [*voploschénie*] à concepção artística. Na transmissão de uma narrativa ou de um monólogo, a lógica do pensamento morrerá se a psicotécnica do ator não for capaz de transmitir a essência emocional da obra, se não for capaz de encontrar uma diversidade de cores e invenções de jogo.

Mas é preciso sempre lembrar que nem a perspectiva da transmissão de um sentimento complexo, nem a perspectiva da distribuição artística dos meios de expressão podem surgir de forma orgânica se o ator não dominar a sequência do pensamento desenvolvido, cuja lógica deve ser obrigatoriamente direcionada para o alvo [*tsel*] principal. O ator que não estuda a sintaxe do autor passa pelo texto sem notar as indicações que este lhe oferece.

Mas o mais importante no domínio da perspectiva do pensamento transmitido é conseguir *fazer com que o pensamento principal atravesse toda a sequência das frases que o formam.*

Do mesmo modo que Konstantin Serguêievitch lutava contra a representação de um episódio isolado do papel, sem ligação com o desenvolvimento da ação posterior, ele lutava contra a incapacidade de sentir [*otschuschát*] a perspectiva na fala.

— Por que você colocou um ponto? Por acaso o pensamento acabou aqui? — ele interrompia o aluno, irritado.

— Konstantin Serguêievitch — respondia o aluno timidamente —, o autor colocou um ponto aqui.

— E você se esqueceu da lei da gradação? Por que você acha que ela não diz respeito à pontuação?

---

[107] K. S. Stanislávski, *O trabalho do ator sobre si mesmo*, *cit.*, p. 343. (N. da A.)

E, após nos lembrar do famoso paradoxo de Bernard Shaw, de que, apesar de toda a elaboração gramatical, a arte da escrita não é capaz de transmitir a entonação, de que existem cinquenta maneiras de dizer "sim" e quinhentas maneiras de dizer "não", mas apenas uma maneira de escrever isso, Stanislávski perguntou:

— Será que existe apenas um único jeito de colocar um ponto com a entonação?

Por que o autor colocou aqui um ponto, e não um ponto e vírgula ou reticências? Talvez ele quisesse destacar esse pensamento de forma especial, ou talvez, desse modo, ele conseguiria dar destaque ao pensamento seguinte.

Vocês devem conhecer o desenho das entonações dos sinais de pontuação e usá-lo para *expressar o pensamento como um todo*. Quando tiverem pensado sobre um fragmento e o analisado como um todo, e quando diante de vocês se abrir uma perspectiva longínqua, bela e atraente, nesse momento a fala de vocês se tornará, por assim dizer, *capaz de enxergar longe*, e não será tão *míope* como agora.

Então vocês serão capazes de dizer não frases ou palavras soltas, mas o *pensamento como um todo*.

Imaginem que estão lendo um livro qualquer pela primeira vez. Não sabem como o autor irá desenvolver o pensamento. Num processo de leitura assim, a perspectiva está ausente, vocês percebem apenas as palavras e frases mais próximas. É o autor que revela gradualmente para vocês a própria perspectiva.

Na arte cênica o ator não pode prescindir da perspectiva, do alvo final, da supertarefa, pois, caso contrário, não será capaz de se fazer ouvir! E se concluir o pensamento a cada frase, como poderemos falar sobre uma perspectiva da fala? Assim, quando terminarem um pensamento, coloquem um ponto, mas um ponto tal que me faça entender que vocês realmente concluíram o pensamento.

Criem uma imagem disso que estou falando, imaginem esse ponto no fim de uma sequência. Imaginem que acabamos de escalar a montanha mais alta, estamos sobre um enorme abismo, pegamos uma pedra pesada e a jogamos para baixo, bem no fundo.

Para *concluir um pensamento*, é preciso aprender a colocar pontos assim.[108]

---

[108] Cf. Anexo I, neste volume. (N. do O.)

Tomemos um exemplo: uma das maravilhosas passagens de *A tempestade*,[109] de A. N. Ostróvski — o monólogo de Katerina no quinto ato.

O ato anterior terminou com o "arrependimento" de Katerina. A tempestade, as conversas dos transeuntes assustados, dizendo que uma tempestade assim não vai passar em branco, que alguém vai morrer... A aparição da Velha Aristocrata, a profecia dirigida a Katerina: "Para que se esconder, sua tonta?! De Deus não se pode fugir! Vocês todos vão arder no fogo eterno!". Tudo isso perturbou o ânimo exaltado de Katerina: o sentimento de culpa diante do marido e o sentimento de pecado ficaram tão insuportáveis que desaguaram numa confissão apaixonada em forma de monólogo.

> "Ai! Estou morrendo! Ai! O inferno! O inferno! A Geena de fogo! Meu coração está todo rasgado! Não suporto mais! Mamãe! Tíkhon! Sou culpada diante de Deus e diante de vocês! E eu que jurei que não olharia para ninguém na sua ausência! Lembra, lembra?! E o que foi que eu, insensata, fiz sem você?! Já na primeira noite saí de casa... E todas as dez noites eu vadiei... Com Boris Grigórevitch!"[110]

No início do quinto ato, no diálogo de Tíkhon ficamos sabendo que ele tem medo que Katerina "de tristeza, acabe com a própria vida! Está tão triste, mas tão triste, que... ai!".

E eis que... "Katerina entra no palco e anda lentamente".

Ostróvski escreve sobre Katerina nas rubricas: *"Diz todo o monólogo e todas as cenas seguintes esticando e repetindo as palavras, pensativa e como que em torpor"*.

Ostróvski define com precisão o sentir-a-si-mesmo físico de Katerina ("como que em torpor") e propõe uma caracterização extremamente sutil do seu modo de falar ("pensativa [...] esticando e repetindo as palavras").

O talento do escritor encontra palavras admiráveis, que expressam a infinita angústia de Katerina. Mas o surpreendente é que ele *ouve* como ela

---

[109] No século XIX, numa pequena cidade da Rússia, vive Katerina junto com o seu marido Tíkhon e sua sogra Kabanikha, uma mulher autoritária e intolerante que oprime o próprio filho e humilha a nora. Katerina ama Boris em segredo e, durante a viagem do marido, passa a se encontrar com ele. Com a volta de Tíkhon, Katerina fica cada vez mais atormentada com a situação e confessa tudo. A reação do meio em que vive a levará ao suicídio. (N. da T.)

[110] A. N. Ostróvski, *A tempestade*, ato IV, cena 6. (N. do O.)

fala, ouve as suas entonações, e por isso a sintaxe do monólogo é tão expressiva, os sinais de pontuação são tão interessantes, a perspectiva é tão nítida.

E a intérprete de Katerina deve não apenas entender as circunstâncias propostas do papel, os acontecimentos e as ações que antecedem o momento cênico em questão, precisa não apenas compreender o sentimento de amor absoluto de Katerina por Boris, compreender o que são as dores de consciência da heroína, compreender quão infinitamente só ela está em meio às pessoas que a cercam — a intérprete precisa descobrir o que significa, para ela mesma, estar "como que em torpor". Ostróvski construiu o monólogo de modo que Katerina fica concentrada com todas as forças de sua alma sobre uma única coisa: rever Boris nem que seja só mais uma vez, despedir-se dele. Depois disso a morte não será tão terrível.

A intérprete de Katerina deve compreender por que o autor ouvia a personagem *"esticando e repetindo as palavras"*, *"pensativa"*. E para isso é preciso estudar não apenas o *conteúdo* da fala, mas também a expressividade *da entonação* que Ostróvski usava de maneira tão brilhante, sendo capaz de individualizar a fala de cada personagem e também de transmitir os movimentos de alma mais sutis de seus personagens através da palavra, do sinal de pontuação, da pausa e da repetição.

Vejamos o monólogo de Katerina.

"Katerina *(só)* — Não, não está em lugar nenhum! O que será que ele, coitado, está fazendo agora? Só quero me despedir, e depois... e depois posso até morrer. Por que fui levá-lo para a desgraça? Isso não me aliviou nada! Que me perdesse sozinha! E agora eu me perdi e fiz ele se perder, para mim a desonra — para ele a eterna vergonha! Sim! Para mim a desonra — para ele a eterna vergonha. *(Silêncio)* Deixe-me lembrar, o que era mesmo que ele dizia? Como era mesmo que tinha pena de mim? Que palavras dizia? *(Segura a cabeça com as mãos)* Não me lembro, esqueci tudo. As noites, as noites para mim são um tormento! Todos vão dormir, eu também vou; todos ficam bem, e para mim é como estar num túmulo. E o medo que o escuro dá! Começa um barulho estranho, e vem uma cantoria, como se estivessem enterrando alguém; mas tão baixinho, mal dá para ouvir, longe, longe de mim... E quando vem a luz, que alegria! Mas não dá vontade de levantar, de novo as mesmas pessoas, as mesmas conversas, o mesmo suplício. Por que eles me olham assim? Por que não se mata mais hoje em dia? Por que foi que fizeram isso? Dizem que antes se matava. Que me

Técnica e lógica da fala

pegassem e jogassem no Volga; eu ficaria contente. 'Se matassem você', dizem, 'ficaria livre do pecado. Pois viva e sofra com ele.' Mas eu já sofri demais! Quanto mais tenho que sofrer?... Para que tenho que viver ainda, para quê? Não quero nada, não quero bem a nada, nem este mundo de Deus! — mas a morte não chega. Você a chama, e ela não chega. Não importa o que eu veja, o que eu ouça, aqui *(mostra o coração)* só tem dor. Se ainda vivesse com ele, talvez tivesse uma alegria... Pois bem: agora já tanto faz, já arruinei a minha alma mesmo. Como tenho saudade dele! Ai, como tenho saudade dele! Se não for mais para ver você, pelo menos me ouça de longe. Ventos tempestuosos, levem para ele a minha triste desgraça! Ai, meu Deus, tenho saudade, saudade! *(Aproxima-se da margem e diz alto, com toda a sua voz)* Minha alegria! Minha vida, minha alma, te amo! Responda! *(Chora)*."[111]

Se quisermos, nem que seja por curiosidade, analisar os sinais de pontuação característicos desse monólogo, veremos que o que predomina é o *ponto de exclamação*. Ostróvski utiliza-o nesse monólogo *dezessete vezes*! É possível passar ao largo disso? É possível não perceber que essa quantidade de pontos de exclamação obriga o ator, por um lado, a uma certa intensidade na vida interior, e, por outro, ao estudo do *crescimento gradual* da força expressiva contida na entonação do ponto de exclamação, ao estudo das leis da perspectiva artística?

Vamos comparar o ponto de exclamação após a primeira frase de Katerina — "Não, não está em lugar nenhum!" —, que manifesta a desistência de procurar Boris e a consciência amarga da própria solidão, com os pontos de exclamação das réplicas finais do monólogo — "Como tenho saudade dele! Ai, como tenho saudade dele! [...] Ventos tempestuosos, levem para ele a minha triste desgraça! Ai, meu Deus, tenho saudade, saudade! Minha alegria! Minha vida, minha alma, te amo! Responda!".

Existe nesses pontos de exclamação uma única gota de submissão? Não, eles são um protesto, a revolta de um ser humano indomado!

Os pontos de interrogação também são interessantes nesse monólogo. São *dez*. E são sempre perguntas que Katerina faz a si mesma, e que tenta responder. Essas perguntas não a deixam em paz, mas a profundidade delas varia.

---

[111] *Idem*, ato V, cena 2. (N. do O.)

O primeiro grupo de questões se refere a Boris: "O que será que ele, coitado, está fazendo agora? [...] Por que fui levá-lo para a desgraça? [...] Deixe-me lembrar, o que era mesmo que ele dizia? Como era mesmo que tinha pena de mim? Que palavras dizia?".

E quanto mais insistentes as perguntas, mais terrível a resposta: "Não me lembro, esqueci tudo".

Só resta uma coisa na vida: "[...] de novo as mesmas pessoas, as mesmas conversas, o mesmo suplício".

Surge o segundo grupo de questões: "Por que eles me olham assim? Por que não se mata mais hoje em dia? Por que foi que fizeram isso? [...] Quanto mais tenho que sofrer?... Para que tenho que viver ainda, para quê?".

E a resposta vem: "mas a morte não chega".

E agora não há mais pontos de interrogação no monólogo. São pontos-finais, reticências, pontos de exclamação... Será um acaso? Não!

Quero sublinhar mais uma vez que os problemas técnicos da fala devem ser propostos aos intérpretes já no primeiro momento de trabalho sobre o papel, no período da "análise ativa", na primeira etapa do trabalho — quando a intérprete de Katerina, ao criar o seu filme de visões, o seu subtexto ilustrado, ainda usa as próprias palavras!

Depois de um *étude* assim, ao cotejar com o texto a precisão com que os intérpretes tocaram num ou noutro tema, o quão correta foi a sua posição em relação aos pensamentos e fatos do drama, eu sempre chamo a atenção dos atores para as particularidades estilísticas do vocabulário do autor. Os pontos de exclamação no monólogo de Katerina, por exemplo, são um dos caminhos que nos ajudam a descobrir a essência da obra.

No período de finalização do trabalho, porém, devemos aprender a falar do modo que o autor exige. Não observar os sinais de pontuação ou mudar a posição das palavras numa frase é a mesma coisa que considerar possível dizer os versos de Púchkin em prosa!

A cada ano, Stanislávski insistia ainda mais que se estudassem as leis da fala, exigia um treino constante e um trabalho específico sobre o texto.

Mas Konstantin Serguêievitch também chamava a nossa atenção de forma categórica para o cerne da ação verbal: as palavras estarão mortas se não forem aquecidas pela vivência [*perejivánie*] interior do intérprete. Não cansava de repetir algo de que cada ator deveria se lembrar: no momento da criação, as palavras vêm do poeta, e o subtexto vem do ator; se não fosse assim, ninguém iria ao teatro para assistir aos espetáculos, mas ficaria em casa e leria a peça.

Stanislávski escreveu:

Técnica e lógica da fala

"Para o texto da peça, o ator deve criar a música do seu próprio sentimento e aprender a cantar essa música do sentimento com as palavras da peça. Apenas quando ouvimos a melodia de uma alma viva podemos de fato avaliar tanto a beleza do texto como aquilo que ele esconde."

PAUSA PSICOLÓGICA

Numa das aulas, ao explicar a natureza da pausa psicológica, Konstantin Serguêievitch deu o seguinte exemplo:

— Suponhamos — disse — que amanhã, após um longo intervalo, eu atue no papel de Fámussov[112] e convide a classe inteira para assistir à peça, com exceção de duas pessoas. Não irão ao espetáculo os alunos com os quais não estou satisfeito, por questões de disciplina. Você não irá — disse severamente Konstantin Serguêievitch, voltando-se ao aluno mais indisciplinado. E... — voltou-se a um aluno muito talentoso, que havia pouco tempo tinha chegado atrasado na aula pela primeira vez — você!

"Você notou", perguntou Stanislávski ao segundo aluno, "que fiz uma pausa depois da conjunção 'e'? Você sabe que isso vai contra as leis da fala, já que essa conjunção não admite qualquer interrupção depois de si. Mas fiz essa *pausa psicológica* para amenizar o golpe que estava preparando para você. Acredito que a sua atitude não vai se repetir e, ao puni-lo, queria dar-lhe a entender isso.

"Lembrem-se de que a pausa psicológica é uma arma de comunicação extremamente importante!", continuou Stanislávski.

Ele considerava que a ação verbal autêntica surge quando o ator, após ter dominado a primeira fase da arte da fala — a lógica — aprende a descobrir e a revelar o subtexto através da pausa psicológica. Mas, ao mesmo tempo, ele prevenia contra o perigo de usar essa pausa em excesso, um perigo que surge a partir do instante em que a ação produtiva é interrompida.

Sabemos de casos em que um ator talentoso, após perceber corretamente a necessidade de uma pausa psicológica, começa a abusar dela. Consciente da força de sua ação sobre o espectador, parece fazer a plateia esperar antes de passar ao texto seguinte. Com esse procedimento ele transfere a atenção do espectador do desenvolvimento da ação para sua própria "maestria".

---

[112] Stanislávski interpretou várias vezes, em diversas encenações, esse personagem da comédia de Griboiédov, *O mal de pensar*. (N. do O.)

Nesses casos, a pausa psicológica se degenera numa pausa "de ator", o que cria um mal-entendido cênico — a pausa pela pausa. Qualquer interrupção da ação é um buraco na obra artística.

A pausa psicológica justificada, por sua vez, é considerada um elemento importante da fala cênica.

— Não raro cenas inteiras são criadas a partir da pausa psicológica, cenas que em nosso jargão chamamos de "pausas de mestre"[113] — dizia Stanislávski.

Uma "pausa de mestre" só é possível quando, durante o processo de trabalho, o ator acumula material suficiente a partir das circunstâncias propostas, quando a linha de ação lhe é absolutamente clara, quando não só conhece de perto a natureza do estado do personagem, como também domina interna e externamente o tempo-ritmo[114] desse estado.

A "pausa de mestre" é um recurso poderoso da psicotécnica do ator, e vários dentre os maiores atores russos expressavam nas pausas de mestre vivências extremamente sutis de seus personagens.

É conhecida a famosa pausa do ator Lenski[115] no papel de Benedito no segundo ato da comédia de Shakespeare *Muito barulho por nada*. Lenski (Benedito) acaba de ouvir uma cena de zombaria, feita especialmente para ele, sobre como Beatriz o ama. Assim que os autores da brincadeira vão embora, Benedito (Lenski) sai de seu esconderijo. Está aturdido pela notícia: Beatriz o ama loucamente, mas não quer confessar o seu sentimento por medo de chacotas. Há então um monólogo admirável de Benedito, porém Lenski não tinha pressa em começar o texto de Shakespeare. Precisava de tempo para se entregar aos pensamentos que se amontoavam em sua cabeça.

Um contemporâneo de Lenski descreve essa pausa assim:

"[...] durante muito tempo Benedito fica parado e olha fixamente para os espectadores com um rosto estupefato e petrificado. De repente, um pequeno músculo se mexe no cantinho dos lábios,

---

[113] Em russo, a tradução literal desse termo é "pausa de turnê" [*gastrólnaia pauza*]. Optamos, porém, por traduzi-lo como "pausa de mestre", pois trata-se de uma marca de atores que possuem um alto nível de maestria. (N. da T.)

[114] Ver capítulo "Tempo-ritmo", no presente livro. (N. da T.)

[115] A. P. Lenski (1847-1908) foi ator do Teatro Máli, em Moscou, pedagogo e diretor. Atuava em peças de Shakespeare e Ibsen, e também de Ostróvski, Griboiédov, entre outros. (N. do O.)

sob o bigode. Agora prestem atenção: os olhos de Benedito ainda estão concentrados e petrificados, mas sob o bigode, com uma gradação imperceptível, começa a aparecer um sorriso de vitória e felicidade; o ator não diz uma palavra, mas vocês percebem com todo o seu ser que do fundo da alma de Benedito se levanta uma onda de alegria que nada pode deter. Como que por inércia, depois dos lábios, os músculos da face começam a rir. O sorriso vai se espalhando pelo rosto trêmulo. De repente, esse sentimento de alegria inconsciente é atravessado pelo pensamento e, como um acorde final de uma sequência mímica, os olhos, até então petrificados de surpresa, se iluminam com uma alegria viva. Nesse instante, toda a figura de Benedito é tomada por um contínuo elã de felicidade arrebatadora, e a plateia estoura em aplausos, apesar de o ator não ter dito ainda uma palavra sequer, e estar começando seu monólogo só agora..."

V. N. Davidov[116] era famoso por suas "pausas de mestre" impecavelmente elaboradas (em *O casamento*, de Gógol, em *As bodas de Kretchínski*, de Súkhovo-Kobílin, em *O coração ardente*, de Ostróvski).[117] As "pausas de mestre" de K. A. Varlámov[118] entraram para os anais do teatro russo. Sabemos que elas eram usadas tanto na comédia como na tragédia.

Stanislávski afirmava:

— Como a "pausa de mestre" surge da pausa psicológica, a capacidade de expressar uma gama de pensamentos e sentimentos nessa pausa depende totalmente da intensidade dos monólogos interiores, do contínuo fluxo de pensamentos que nascem da avaliação das circunstâncias propostas.

O ator deve treinar desde o início do trabalho essa capacidade de, estando no papel, pensar ininterruptamente, de modo a ampliar o texto do autor. Assim, como resultado dos ensaios, durante a pausa sentirá a necessidade de dar corpo aos pensamentos e sentimentos acumulados.

---

[116] V. N. Davidov (1849-1925), ator. Atuou na província, em Moscou e, sobretudo, no teatro Aleksandrínski, em São Petersburgo. Seu repertório consistia principalmente de peças russas. (N. do O.)

[117] Trata-se, respectivamente, das peças *Svádba Kretchínskogo* (1854), de Súkhovo-Kobílin, e *Goriátchee Sérdtse* (1859), de Ostróvski. (N. da T.)

[118] K. A. Varlámov (1849-1915), ator cômico de São Petersburgo. (N. do O.)

Lembro-me de como Stanislávski trabalhava com L. M. Leonídov[119] sobre o papel de Otelo. Falava muito sobre a distribuição consciente do temperamento, e com insistência estimulava Leonídov a usar pausas.

— Lembre-se — aconselhava Konstantin Serguêievitch — de que nas pausas o ator *termina de ver* mentalmente aquilo de que está falando! Essas pausas preparam e reforçam o temperamento e o ritmo, e protegem contra o uso de um temperamento "irrefreado", do qual não se pode abusar. Ao temperamento "irrefreado" devem ser reservados determinados lugares do papel, assim como acontece com o dó agudo do tenor. Se na partitura houvesse uma grande quantidade de dós agudos, o cantor correria o risco de perder a voz.

Em muitos lugares intensos do papel, que parecem impelir o ator a extravasar com o temperamento irrefreado o sentimento acumulado, é preciso tentar se conter: é preciso recusar um caminho direto demais, que na maioria das vezes leva ao grito, e, em vez disso, procurar e encontrar meios diversificados para expressar o sentimento numa pausa psicológica.

Ao ensaiar com Leonídov uma cena do terceiro ato de *Otelo*, ao revelar a natureza do sentir-a-si-mesmo de Otelo nesse quadro trágico, Stanislávski propunha considerar como fragmento decisivo no papel aquele que ocorre após Iago envenenar a imaginação do mouro com a ideia da infidelidade de Desdêmona. O terrível pensamento se insinua então pela primeira vez e destrói imediatamente a felicidade de Otelo. Ele ainda não sabe que atitude deve ser tomada; a dor, uma dor insuportável, turva a sua consciência, e ele precisa de tempo para se dar conta do que aconteceu. Os intérpretes desse papel raramente transmitem a infinita felicidade que Otelo sentia antes das dúvidas cruéis que lhe foram incutidas pelas palavras de Iago. Mas, na realidade, isso é extremamente importante — o trágico da cena está precisamente no fato de que Otelo *se despede* da possibilidade de felicidade suprema que sentia e da realidade à qual se acostumou.

O que fazer daqui para a frente? Como viver sem a felicidade que preenchia todo o seu ser?

Ao perder a felicidade, Otelo a valoriza ainda mais e, comparando-a ao futuro que lhe parece infinitamente desolador, sofre.

— Você precisa — dizia Stanislávski a Leonídov — se voltar para dentro de si, a fim de lembrar o passado e ver o triste futuro. É um momento de

---

[119] Ver nota 69 do capítulo "Caracterização", em *Sobre a análise ativa da peça e do papel*, p. 77 deste volume. (N. da T.)

profunda introspecção. Otelo não percebia o que estava acontecendo à sua volta e, quando se depara com a realidade, não pode deixar de extravasar a amargura e a dor acumuladas.

Num dos ensaios, quando Leonídov, com uma tragicidade indescritível, ensaiava o monólogo e a cena com Iago, Stanislávski, satisfeito e feliz, propôs:

— Tente agora fazer essa cena sem palavras. Lembre o que faz uma pessoa sob o efeito de uma terrível dor interior, quando não consegue mais achar lugar para si mesma, quando tenta encontrar as posições mais inacreditáveis para aplacar essa dor, quando os dedos fazem movimentos mecânicos, uma espécie de arranhar sem sentido, expressando o ritmo interior desse sofrimento.

Ator de mente e temperamento apaixonados, Leonídov fez essa cena de tal modo que guardo-a na memória como uma das impressões mais fortes de minha vida.

— Volte novamente ao texto — disse Konstantin Serguêievitch, abraçando e beijando Leonídov. — Lembre-se de que, para a realização de qualquer tarefa, o ator precisa antes de tudo da palavra, do pensamento, do texto do autor. O ator deve antes de tudo agir por meio da *palavra*, o que muitas vezes é esquecido. E agora amplie a cena, alargue-a com a ajuda de pausas, de modo que o espectador veja os enormes suplícios interiores que nós acabamos de ver.

Konstantin Serguêievitch marcou no texto as possíveis pausas. Avisou Leonídov que ele deveria vê-las não como obrigatórias, mas possíveis, e propôs que o próprio Leonídov assinalasse pausas por todo o papel, para, ao final do trabalho, demarcar duas ou três grandes pausas que deveriam ser elaboradas como "pausas de mestre".

> "Feliz teria sido, muito embora
> todo o campo, inclusive a recovagem
> lhe tivesse provado o doce corpo,
> sem que eu conhecimento houvesse disso. (*pausa*)
> Oh! mas agora, adeus tranqüilidade
> de espírito! Oh! Adeus, contentamento! (*pausa*)
> Para sempre. Adeus, tropas de penacho,
> exércitos altivos, que em virtude
> mudam toda ambição! Adeus! Adeus! (*pausa*)
> Adeus cavalos relinchantes, trompas
> belicosas, tambores animosos,

Pausa psicológica

pífaros estridentes, reais bandeiras, (*pausa*)
tudo o que o orgulho constitui, a pompa
e a aparelhagem da gloriosa guerra
E a vós também, adeus, mortais engenhos,
cujas rudes gargantas os estrondos
terrorantes imitam do alto Jove;
a obra de Otelo já não tem sentido. (*pausa*)"[120]

As pausas de Leonídov nasciam de um único pensamento, que tomava Otelo por completo e pulsava como um enigma insolúvel. Esse pensamento sobre Desdêmona o levava a um sofrimento atroz, ele se agitava, gemia como se fosse uma dor física, e, sem saber o que fazer, se atirava por fim sobre Iago, para nele descarregar sua raiva.

A "pausa de mestre" é impossível sem um monólogo interior — ao ampliar o texto do autor e revelar a mola interior da ação, é esse monólogo que impele o ator a expressar o seu sentimento na pausa.

Konstantin Serguêievitch dizia que, além das pausas, existem também outros procedimentos técnicos auxiliares para evitar uma atuação que se vale apenas do temperamento.

Muitas vezes nos lembrava de Salvini no papel de Otelo. Impressionava-o como o famoso ator trágico construía o plano do papel, medindo suas forças criativas interiores e as possibilidades exteriores de expressão, o que lhe permitia distribuir corretamente o material que acumulara para o papel e usá-lo de forma racional.

— Salvini — dizia Stanislávski — tinha o tempo todo consciência da *linha da perspectiva*, começando com os momentos da arrebatadora paixão juvenil na primeira aparição e terminando com o imenso ódio de um assassino ciumento no final da tragédia. Com uma precisão matemática e uma coerência implacável, revelava ao longo de todo o papel a evolução que ia amadurecendo na sua alma.

---

[120] *Otelo*, ato III, cena 3, tradução de Carlos Alberto Nunes, em William Shakespeare, *Teatro completo: tragédias*, São Paulo, Agir, 2008, p. 636. (N. da T.)

ADAPTAÇÕES E INVENÇÕES DE JOGO[121]

Para explicar o seu pensamento, Stanislávski gostava de usar exemplos da pintura. Buscava atentamente nessa arte a expressão de leis criativas que fossem igualmente próximas da arte teatral.

A figura monumental de Répin[122] o atraía pela potência de seu talento. Queria compreender os meios pictóricos através dos quais o artista conseguia revelar a profundidade psicológica do conteúdo de sua obra, como conseguia mostrar o mundo espiritual, interior, do ser humano, transmitir as nuances mais sutis de sentimentos e pensamentos, com que meios nos obrigava a ouvir o timbre da voz de Ivan, o Terrível[123] gritando de horror, como conseguia transmitir através da pintura o que até então parecia inatingível para esta arte.

Estudioso da obra de Répin, o crítico de arte I. E. Grabár[124] afirma: "Com a sua arte, Répin alargou todos os limites das possibilidades pictóricas que existiam em seu tempo. Mostrou que o que era considerado inatingível para a pintura e realizável apenas por meio da literatura passou a ser totalmente acessível também aos meios da arte pictórica!".

Veja-se a carta de Kramskói para Suvórin,[125] escrita imediatamente

---

[121] Приспособления [prispossoblénia], "adaptações e invenções de jogo". São ferramentas de interpretação usadas pelo ator. Podem ser artimanhas e diferentes invenções que permitem ao ator aproximar-se do personagem ou enriquecer o papel e suas ações. Permitem que ele *se adapte* ao papel, conferindo-lhe diversas nuances a partir de sua própria habilidade de observação ou de sua própria inventividade. Devido a essa multiplicidade de sentidos, na tradução brasileira optamos por utilizar ora a palavra "adaptações", ora "invenções", ora as duas palavras juntas. Além disso, o verbo russo *igrat* (atuar), significa igualmente *jogar*, *brincar*, aspecto raramente associado ao sistema de Stanislávski. Para tornar mais claro esse contexto, acrescentamos a palavra "jogo". (N. do O.)

[122] Ver nota 74 no capítulo "Visão", p. 156 deste volume. (N. da T.)

[123] O quadro *Ivan, o Terrível e seu filho Ivan, 16 de novembro de 1581* foi pintado em 1885 e encontra-se na Galeria Tretiakóv, em Moscou. (N. do O.)

[124] Igor Grabár (1871-1960), pintor, restaurador e historiador de arte. (N. do O.)

[125] Ivan Kramskói (1837-1887) foi um dos maiores pintores russos. Famoso por seus retratos, esteve nas origens dos Itinerantes (ver também nota 8 no texto "Aluna de Mikhail

após Kramskói ter visto no ateliê de Répin o quadro ainda não terminado de *Ivan, o Terrível e seu filho Ivan*.

Impressionado, Kramskói escreve:

"[...] Antes de tudo, fiquei extremamente contente por Répin. Aí está — uma obra à altura de seu talento. Julgue o senhor mesmo. O caráter fortuito do assassinato ficou expresso e destacado no primeiro plano! Esse é o traço mais fenomenal, extremamente difícil, e resolvido com apenas duas figuras. O pai acaba de bater com o cetro na têmpora do filho, de modo que este desabou e começou a perder sangue imediatamente. Passa-se um minuto, e o pai grita de horror, corre para o filho, agarra-o, senta-se no chão, levanta-o e o põe no colo; com uma das mãos, tapa com muita força a ferida na têmpora (enquanto o sangue continua a jorrar por entre os dedos), com o outro braço envolve pela cintura seu pobre, extremamente simpático filho, aperta-o contra si e com muita, muita força beija-o na cabeça, enquanto berra (literalmente berra) de horror numa situação de impotência. Ao se jogar e agarrar também a própria cabeça, o pai suja de sangue metade de seu rosto (a parte de cima). Um detalhe de comicidade shakespeariana. Esse animal-pai, uivando de horror, e esse amável e querido filho, que se apaga, resignado, esse olho, essa boca de um fascínio surpreendente, essa respiração ruidosa, essas mãos impotentes! Ah, meu Deus, será que não se pode socorrê-lo depressa, depressa?! Que importa se no chão do quadro já há uma verdadeira poça de sangue no lugar onde o filho bateu com a têmpora, que importa se ainda haverá uma bacia inteira de sangue? — Isso é tão natural! Um homem mortalmente ferido perderá, é claro, muito sangue, e isso não causa irritação alguma! E como está pintado, meu Deus, como está pintado!

De fato, imagine uma quantidade enorme de sangue, mas você nem sequer pensa nele e ele não o incomoda, porque no quadro está presente a dor de pai, uma dor terrível e ruidosa, e seu grito forte, enquanto tem nos braços o filho, o filho que ele matou, e este... já não consegue controlar os olhos, respira com dificuldade e,

---

Tchekhov", p. 100 deste volume). Já Aleksei Suvórin (1834-1912) foi um famoso jornalista e editor, apaixonado por teatro. (N. do O.)

percebendo a dor do pai, o seu horror, o seu grito e choro, quer, feito uma criança, sorrir para ele: 'Não foi nada, papai, não tenha medo!'. Ah, meu Deus! Decididamente, o senhor precisa ver!!!"[126]

Stanislávski gostava de repetir as palavras de uma carta que L. Tolstói escrevera para Répin a respeito desse quadro: "[...] bom, muito bom... Além do mais, há tanto domínio técnico que não se vê a técnica [...]".[127] Essa forma de domínio técnico superior, "imperceptível", notada por Tolstói era o ideal que Stanislávski buscava ao apresentar aos atores exigências muito elevadas no que diz respeito à técnica.

A habilidade de Répin de expressar através da cor, da composição e de outros meios da arte da pintura motivos psicológicos de extrema complexidade deixava Stanislávski muito entusiasmado.

Ao falar sobre a "mancha de cor", chamava a nossa atenção para como, por meio da cor, o pintor transmite as emoções características do enredo. No quadro *Ivan, o Terrível e seu filho Ivan* há nuances de vermelho incrivelmente diversificadas — escarlate-escuro, framboesa, romã, cereja, púrpura —, além dos tantos outros tons com que foi feito o tapete, o sangue no rosto do *tsarévich*,[128] seu cafetã rosa, as botas verdes e calças azuis, o cafetã preto do tsar Ivan, a mancha de sangue no tapete — toda essa sinfonia de cores está em harmonia com a impressão geral do trágico que existe em um assassinato acidental.

— O próprio caráter inesperado da mudança de cores é uma força de ação sobre o espectador! Na nossa arte — observava Stanislávski — a cor é a invenção de jogo [*prispossoblénie*]. Quanto mais rica for a gama de invenções de jogo, quanto mais diversificadas e inesperadas forem as guinadas psicológicas [*psikhologítcheskie khodi*][129] e sua justificativa interior, tanto maior e mais intensa será a expressão do sentimento nos lugares em que for preciso dar o *fortíssimo*.

Enquanto forma interior e exterior de comunicação entre seres humanos, as adaptações de jogo — os movimentos psicológicos utilizados na comunicação com o outro, a inventividade na ação de um ser humano sobre o

---

[126] I. N. Kramskói, *Cartas*, t. II, Moscou, Izogiz, 1937, p. 324. (N. da A.)

[127] Igor Grabár, *I. E. Répin*, t. I, Moscou, Izogiz, 1937, p. 262. (N. da A.)

[128] Título atribuído na Rússia tsarista ao herdeiro do trono. (N. da T.)

[129] Психологические ходы [*psikhologuítcheskie khodi*], foi traduzido ora por "guinadas psicológicas", ora por "movimentos psicológicos". (N. da T.)

Adaptações e invenções de jogo   213

outro — são, do ponto de vista de Stanislávski, um fator importantíssimo na técnica do ator.

Ele afirma: para entrar na alma do outro, para perceber sua vida, é necessário encontrar uma maneira de fazê-lo, uma adaptação; entretanto, uma adaptação é igualmente necessária para esconder o próprio sentimento.

Na vida, as adaptações e invenções nascem espontaneamente. A comunicação natural necessariamente provoca no ser humano uma série de movimentos psicológicos que o ajudam na realização de suas ações. Em cena, as adaptações vivas surgem apenas quando o ator chega a uma comunicação orgânica autêntica.

Stanislávski dizia que a própria qualidade das adaptações, sua vivacidade, brilho e sutileza têm um papel importante.

Em sua opinião, existem atores que possuem uma excelente imaginação no que diz respeito às adaptações e invenções para vivências no drama, mas não têm a habilidade de encontrá-las na comédia, e, ao contrário, atores que impressionam com uma inventividade surpreendente na comédia, mas que não possuem adaptações vigorosas no drama.

"Mas existem muitos atores desafortunados cujas adaptações, embora corretas, são ruins, monótonas e sem brilho. Essas pessoas jamais ocuparão as primeiras posições entre os artistas de teatro."[130]

Assim, Stanislávski afirma que o talento do ator se revela mais claramente na *qualidade* das adaptações encontradas para os papéis interpretados, e que as adaptações mais interessantes nascem apenas quando há uma "entrega total dos sentidos".

Ele fala sobre a alegria que o espectador sente quando nascem em cena adaptações e invenções corajosas e ousadas. Elas o conquistam e surpreendem com uma verdade inesperada, contagiam com a originalidade do sentimento do personagem, e o espectador tem a impressão de que essa é a única interpretação possível.

Stanislávski não cansava de repetir que o maior perigo para o ator surge quando este, entusiasmado pela descrição ou relato de excelentes invenções encontradas por outros atores, tenta copiá-las. É aí que surgem os clichês.

Buscando todos os meios para conduzir o ator a um sentir-a-si-mesmo orgânico, que cria a base para adaptações e invenções próprias, Stanislávski,

---

[130] K. S. Stanislávski, *O trabalho do ator sobre si mesmo I*, em *Obras completas*, Moscou, Iskússtvo, 1954, p. 301. (N. da A.)

no entanto, admitia que, em alguns casos, é possível usar adaptações sugeridas por outros. Dizia, porém, que tais adaptações deveriam ser usadas "com cuidado e sabedoria".

— Não se pode tomar para si as adaptações exatamente da forma como o outro as concebeu. Não se pode simplesmente copiá-las. É preciso saber transformar as adaptações alheias em próprias, familiares e próximas. Para isso, é necessário um grande trabalho de imaginação, são necessárias novas circunstâncias propostas.

"Devemos agir dessa mesma forma", dizia Stanislávski, "quando nos depararmos, na vida real, com adaptações típicas para o nosso papel e quisermos usá-las para a figura cênica. Também nesse caso é preciso evitar a cópia, que sempre leva a uma interpretação forçada e mecânica."

Adaptações e invenções de jogo

TEMPO-RITMO

O "tempo-ritmo" é uma parte importante e ainda pouco desenvolvida do sistema.

Nos últimos anos de sua vida, Konstantin Serguêievitch dava muita atenção a esse problema cênico. Dizia ter feito uma descoberta importante, referente à existência de uma ligação indissolúvel entre o tempo-ritmo e o sentimento e, vice-versa, entre o sentimento e o tempo-ritmo.

"Examinem profundamente o que estou dizendo e deem o devido valor à nossa descoberta. Ela é de extrema importância", escreve Stanislávski no capítulo "Tempo-ritmo".[131]

> "Estamos falando de *uma ação imediata, muitas vezes mecânica, do tempo-ritmo exterior sobre o nosso sentimento caprichoso, volúvel, desobediente e assustadiço; sobre aquele sentimento que não recebe ordens, que se assusta com a menor violência e se oculta nos esconderijos mais profundos,*[132] *onde não podemos alcançá-lo; aquele sentimento sobre o qual até hoje só podíamos agir por vias indiretas, por meio de iscas. E agora foi encontrado um acesso imediato e direto a ele!!!*
> Afinal, isso é uma descoberta enorme!"[133]

Muitos anos antes de Konstantin Serguêievitch ter escrito essas palavras, não só nós, que formávamos na época a juventude do Teatro de Arte, como também os "velhos" admiráveis, encabeçados por Moskvín, Kachálov, Knipper-Tchekhova, Leonídov,[134] entre outros, éramos divididos em grupos

---

[131] Cf. K. S. Stanislávski, *O trabalho do ator sobre si mesmo II*, cap. 5. (N. do O.)

[132] Em seu sistema, Stanislávski fala com frequência dos "esconderijos profundos" do inconsciente (ou do subconsciente). Cf. K. S. Stanislávski, *O trabalho do ator sobre si mesmo I*, cap. 2. (N. do O.)

[133] K. S. Stanislávski, *O trabalho do ator sobre si mesmo II*, pp. 602-3 (grifo meu). (N. da A.)

[134] Nos anos 1920 e 1930, o Teatro de Arte era constituído por várias gerações de

de dez a quinze pessoas com os quais Stanislávski regularmente fazia exercícios de tempo-ritmo.

Todos nós nos lembramos das fascinantes aulas com metrônomos, que marcavam batidas de diversas velocidades.

A quantidade insuficiente de metrônomos era compensada pelo próprio Konstantin Serguêievitch, que batia com chaves na mesa em diferentes velocidades. O resultado era toda uma orquestra de batidas.

Ele nos fazia realizar os mais diferentes exercícios, começando por bater palmas dentro de determinado compasso, em diversos andamentos e com diferentes acentos — ora na primeira batida do compasso, ora numa outra —, ralentando e acelerando o andamento dos metrônomos.

As aulas eram alegres e divertidas. Stanislávski mudava bruscamente os tempos-ritmos e tínhamos de nos readaptar num instante.

— Vejam a minha mágica — dizia Konstantin Serguêievitch —, consigo dominar não apenas os músculos de vocês, mas também o sentimento e o humor! Posso, segundo o meu arbítrio, anestesiá-los ou levá-los à máxima animação.

Marcar com palmas as batidas e os compassos era apenas um exercício inicial, depois fazíamos exercícios muito mais complexos. O objetivo era aprendermos na prática que qualquer situação da vida e qualquer ação estão ligadas a um determinado tempo-ritmo.

— Onde há vida, há ação; onde há ação, há movimento; onde há movimento, há tempo; e onde há tempo — há ritmo!

"Rejam para mim o tempo-ritmo de uma pessoa que está fazendo a mala uma hora antes da partida do trem. E agora rejam o tempo-ritmo de uma pessoa que desfaz a mala em seu primeiro dia de colônia de férias. E agora imaginem que vocês estão num consultório, e a qualquer momento o médico virá lhes contar sobre o resultado da operação a que foi submetida a mãe de vocês. Por favor, agora rejam esse tempo-ritmo", insistia Stanislávski.

Ele era incansável na invenção de exercícios que nos levassem a compreender, através da nossa própria experiência, que é impossível recordar e sentir um tempo-ritmo sem ter antes criado as visões correspondentes, imaginado as circunstâncias propostas e elaborado, na nossa imaginação, as possíveis tarefas e ações.

Trabalhando posteriormente sob a direção de Konstantin Serguêievitch como pedagoga no Estúdio, eu ficava impressionada com a importância que

---

atores. Todos os atores citados ("os velhos") pertencem à geração que o fundou, em 1890. (N. do O.)

Tempo-ritmo

ele dava ao trabalho sobre o tempo-ritmo e com a forma ampla e completa com que tinha desenvolvido essa parte da psicotécnica cênica.

Falava com frequência sobre a enorme utilidade do tempo-ritmo para todo o espetáculo. Dizia que muitas vezes uma excelente peça, aparentemente bem encenada e representada, não faz sucesso porque não se adivinhou seu tempo-ritmo correto.

Se tivéssemos procedimentos psicotécnicos para determinar um tempo-ritmo eficaz e adequado ao alvo da peça ou do papel, isso nos seria de enorme ajuda.

— Mas não temos quaisquer procedimentos psicotécnicos nesta área — dizia-nos Stanislávski — e, por isso, eis o que acontece na realidade, na prática: em geral, o tempo-ritmo de um espetáculo dramático se cria ao acaso, por si só. Se o ator, por um determinado motivo, sente corretamente a peça e o papel, ou se está de bom humor, se o espectador está receptivo, então a vivência correta e, em seguida, o tempo-ritmo correto se estabelecem por si mesmos. Quando isso não acontece, ficamos desamparados.

Ao comparar os artistas dramáticos com artistas de ópera e balé, Stanislávski exclama:

"Os músicos, cantores e dançarinos são felizes! Eles possuem metrônomo, regente, regente de coro, mestre de capela!
Conhecem a questão do tempo-ritmo de forma elaborada, e estão conscientes da excepcional importância que ele tem na criação."[135]

A música dita a necessidade de uma execução rítmica, e o regente é quem regula a velocidade e a cadência corretas. Os atores dramáticos, por sua vez, encontram-se numa situação muito pior, já que não têm nem partitura, nem regente.

"Por isso, a mesma peça, dependendo do dia, é feita com um tempo e um ritmo diversos. Nós, atores dramáticos, não temos quem nos ajude em cena com o tempo-ritmo. E como precisamos dessa ajuda!"

Achava preocupante o fato de o ator muitas vezes transferir para a cena o tempo-ritmo de sua própria vida, sem se importar se esse tempo-ritmo cotidiano é adequado ao papel e à peça interpretados.

O tempo-ritmo da vida do ator muda constantemente, dependendo da influência de diversas circunstâncias cotidianas. Às vezes, o ator chega para

---

[135] K. S. Stanislávski, *O trabalho do ator sobre si mesmo II, cit.*, p. 576. (N. da A.)

o espetáculo entusiasmado com certos acontecimentos de sua vida pessoal, e, às vezes, ao contrário, chega abatido. E é esse tempo-ritmo do dia atual que o ator leva, como lixo cotidiano, para a cena. "Dessa forma, o espetáculo começa a depender de fatos corriqueiros da vida, e não da psicotécnica de nossa arte",[136] escreve Stanislávski.

Muitas vezes o ator nem percebe o erro cometido e fica satisfeito consigo mesmo. Isso acontece não só porque no teatro dramático há ainda poucos atores educados no tempo-ritmo, mas também porque não há sequer consciência da importância do tempo e do ritmo no drama.

A atuação de grandes atores era um objeto de estudo constante de Konstantin Serguêievitch. Ele escreve que os nossos grandes antepassados — Schépkin, Sadóvski, Samárin[137] e muitos outros — chegavam à coxia muito antes de entrar no palco e ouviam com atenção o que estava acontecendo em cena.

A antecedência de sua chegada não era ditada apenas pelo esmero: para eles, era importante perceber em que tempo-ritmo se realizava o espetáculo.

Descrições de espetáculos, relatos sobre diversos casos da prática teatral de grandes atores e observações pessoais levaram Stanislávski a pensar "que eles eram, consciente ou intuitivamente, sensíveis ao tempo-ritmo e, a seu modo, o conheciam bem. Aparentemente, guardavam na memória a ideia de lentidão e velocidade, de distribuição do ritmo da ação em cada cena e na peça como um todo... Chegavam ao tempo-ritmo correto através da intuição ou, talvez, de um jeito próprio...".[138] Stanislávski vê nesse conhecimento sutil um dos motivos pelos quais seus precursores eram capazes de levar vida e verdade para a cena.

Ele fala sobre o tempo-ritmo como uma das faces surpreendentes da psicotécnica, que, por um lado, permite penetrar na essência da figura e da peça e, por outro, garante a preservação do que foi encontrado nos espetáculos que já estão em cartaz.

Em que se baseia a psicotécnica de criação do tempo-ritmo de toda a peça e do papel?

Stanislávski responde:

---

[136] *Idem*, p. 577.

[137] Iuri Samárin (1817-1885), ator do Teatro Máli, aluno de Schépkin; atuava em peças de Griboiédov, Shakespeare e em melodramas franceses. (N. do O.)

[138] K. S. Stanislávski, *O trabalho do ator sobre si mesmo II, cit.*, p. 579. (N. da A.)

"O tempo-ritmo de toda a peça é o tempo-ritmo de sua ação transversal e do subtexto. Vocês sabem que para a ação transversal são necessárias duas perspectivas de toda a obra: a do ator e a do papel. Assim como o pintor coloca e distribui cores por todo o quadro, buscando a correlação correta entre todas elas, também o ator busca a distribuição correta do tempo-ritmo por toda a linha transversal da ação da peça."[139]

Como compreender a afirmação de Stanislávski de que o tempo-ritmo de toda a peça é o tempo-ritmo de sua ação transversal e do subtexto?

Vamos começar pela tese principal. O tempo-ritmo surge da avaliação de um determinado acontecimento em função das circunstâncias propostas da peça.

A partir do momento em que um acontecimento da peça é examinado isoladamente, à parte da supertarefa, sem ligação com as circunstâncias propostas da peça, o diretor e os atores do espetáculo podem esperar grandes dificuldades, que com frequência levam a erros graves.

Não se pode fechar os olhos para o fato de que esse processo depende totalmente da qualidade da síntese dos juízos que o artista forma a partir do material da peça.

Interpretações diferentes de uma mesma situação cênica levam a distintas avaliações dos acontecimentos e, às vezes, provocam tempos-ritmos diametralmente opostos.

Tentarei analisar essa afirmação tomando como exemplo o final do terceiro ato de *O mal de pensar*, de Griboiédov.[140]

Stanislávski e Nemirôvitch-Dântchenko encenaram essa comédia várias vezes.[141] Deixaram análises extraordinárias sobre ela em seus cadernos de direção. O interessante é que em todas as versões cênicas menciona-se a dificuldade da cena final do terceiro ato.

Apesar do enorme domínio de atuação e direção, apesar do sucesso junto ao público, Nemirôvitch-Dântchenko achava que a trupe não tinha sido "particularmente bem-sucedida" no final do terceiro ato.

---

[139] *Idem*, cap. 4. (N. do O.)

[140] Sobre a peça, ver nota 40 no capítulo "Análise pela ação", p. 133. (N. da T.)

[141] A peça de Griboiédov foi encenada sob direção de Stanislávski e Nemirôvitch-Dântchenko em 1906, retomada em 1914 e depois em 1924. Em todas essas versões Stanislávski fazia o papel de Fámussov. O espetáculo continuou a ser representado no Teatro de Arte até 1938. (N. do O.)

O que incomodava Stanislávski e Nemirôvitch-Dântchenko era a passagem às danças, sem nenhuma justificativa psicológica, após os convidados de Fámussov terem acreditado na loucura de Tchátski.

Baseando-se em documentos históricos, a crítica literária M. V. Nétchkina, em seu trabalho "A. S. Griboiédov e os dezembristas", polemiza com a interpretação do TAM: "Nas encenações teatrais (inclusive na do TAM), o boato sobre a loucura de Tchátski é interpretado como uma informação real sobre a situação: sim, todos os convidados, as velhas e os velhos, Khlióstova e Fámussov, todos estariam sinceramente convencidos de que Tchátski realmente enlouquecera".[142]

Tal interpretação diminui a gravidade da situação e não corresponde ao verdadeiro sentido da comédia. Em *O mal de pensar* estamos lidando não com uma ideia equivocada por parte de Fámussov e de seus convidados quanto à loucura de Tchátski, mas com uma *calúnia* consciente.

A autora do estudo prova de maneira convincente que declarar o adversário como louco era algo real para o contexto da Rússia dos anos de 1820 a 1830. O mundo de Fámussov, o mundo da capital, já condenado pela história, mas ainda detentor de um poder enorme, usa essa arma na luta contra aquele que pensa de forma diferente. Para provar essa tese, a autora cita uma carta notável de Griboiédov ao amigo P. Katénin, em que o ponto de vista do autor sobre essa situação é explicado de modo exaustivo. Ao revelar a Katénin a concepção da peça, enfatizando as contradições entre Tchátski e a sociedade "dissimulada... sinistra... irascível", Griboiédov escreve: "Por maldade, alguém inventou que ele é louco. Ninguém acredita nisso, mas todos repetem, e a voz da malevolência geral chega também até ele".

Analisando uma vez mais a comédia, vamos nos deter em como, de maneira coerente, Griboiédov dá corpo à sua concepção: no quarto ato, tendo descoberto que havia sido declarado insano, Tchátski avalia esse fato ativo [*diéistvennii fakt*] como uma calúnia consciente contra ele.

"O que é isso? Ouvi com meus ouvidos?!
Não é riso, mas certamente raiva..."

---

[142] M. V. Nétchkina (1901-1985), historiadora e crítica de arte soviética. Em seu trabalho "A. S. Griboiédov e os dezembristas", reúne evidências do envolvimento de Griboiédov e de suas relações com as organizações secretas liberais que organizaram o levante de dezembro de 1824, duramente reprimido pela polícia do tsar. (N. da T.)

Tchátski admite que entre os que espalharam o boato sobre a sua loucura houve também "tolos" que acreditaram na fofoca. Mas não é com a tolice desses "sabichões desastrados, simplórios ardilosos, esses velhos e velhas funestos" que está revoltado, e sim com a maldade. Exclama com amargura:

> "Oh! Se alguém pudesse adentrar nos homens:
> O que há de pior aí? A alma ou a língua?
> Quem terá sido o inventor de tudo isso?!"

Com a mesma coerência, Griboiédov desenvolve o pensamento transversal sobre a calúnia consciente contra Tchátski que está na boca de Fámussov, Khlióstova e outros convidados... Que argumentos são esses, que serviriam como prova de que Tchátski estaria realmente louco?

> "Há tempos me admira: por que ninguém o prende?!
> Tente falar dos poderosos, e ele dirá deus sabe o quê!
> Curve-se um pouquinho mais na saudação, dobre-se feito um
> arame,
> Nem que seja diante do monarca,
> E ele o chamará de salafrário!..."

A tese de Nétchkina, baseada num estudo atento e ativo da concepção dramática de Griboiédov, demonstra que não é possível que nenhum desses personagens — "a multidão de algozes" — entenda que o conselho dado ao marido de Natália Dmítrievna de viver no campo ou a recomendação feita a Moltchálin de servir nos arquivos não caracterizem em absoluto a loucura de Tchátski! As acusações traiçoeiras deixam bem claro que esses "inventores" querem afastar Tchátski, difamá-lo, paralisá-lo enquanto progressista. Fámussov define com precisão o motivo da "loucura" de Tchátski:

> "A instrução — que grande praga; o estudo — aí está a razão
> Por que hoje, mais do que em tempo algum,
> Há pessoas, feitos e opiniões tão loucos."

E no seu desejo fervoroso de exterminar o movimento de progresso da cultura, que toma um número cada vez maior de pessoas da nova geração, Fámussov exclama:

"[...] se é para acabar com o mal de vez,
o certo é jogar os livros todos na fogueira."

Por fim, no desfecho do quarto ato, na cena da partida dos convidados, a Princesa conclui, hostil a Tchátski:

"Há tempos era hora de prendê-lo...
Acho que ele é um jacobino,
O tal do Tchátski!"

Nessas palavras está o verdadeiro motivo da calúnia!

M. V. Nétchkina polemiza com os críticos que escreveram sobre uma série de "defeitos" do final do terceiro ato.

As reclamações dos críticos dizem respeito ao fato de que Fámussov, como anfitrião, não toma nenhuma medida para afastar imediatamente o louco; ao contrário, discute longa e despreocupadamente com Khlióstova sobre quantos servos Tchátski possui. Alegam também que o monólogo considerável de Tchátski não é interrompido por nenhuma rubrica do autor que indique o comportamento da multidão. Não estaria claro como os convidados assustados pudessem passar às danças e às cartas sem terem ouvido até o fim o monólogo sobre "o francesinho de Bordeaux".

O modo como o Teatro de Arte interpretou essa cena coincidiu com a interpretação tradicional da comédia pela crítica literária do passado. É natural que a passagem às danças e ao jogo de cartas depois do horror provocado pela loucura de Tchátski não tenha sido "particularmente bem-sucedida", segundo as palavras de Nemirôvitch-Dântchenko. Se concordarmos com a interpretação contemporânea quanto aos motivos que levaram todo o mundinho moscovita de Fámussov a declarar Tchátski louco — sem realmente acreditar em sua insanidade — entenderemos de outra forma o comportamento dos convidados no baile.

Tendo espalhado o rumor sobre a loucura, ficam completamente satisfeitos: a tentativa de contrapor o progresso a eles, guardiões fervorosos da ordem antiga, foi vingada. Aquele que riu deles foi castigado, enquanto eles, os inimigos de Tchátski, foram absolvidos e glorificados.

Com essa interpretação, justifica-se a conversa entre Fámussov e Khlióstova sobre quantos servos Tchátski possui no momento em que o "louco" está no cômodo vizinho. Em relação à ação e ao tempo-ritmo, é absolutamente lógica a passagem dos convidados ao baile e às cartas durante o mo-

Tempo-ritmo

223

nólogo de Tchátski. Os convidados dançam com "máximo empenho", deixando sozinho aquele que ousou se revoltar.

Com esse exemplo, vemos a importância que tem na criação cênica a análise precisa das circunstâncias propostas da obra, e como é fundamental ter consciência da ligação que há entre cada acontecimento particular, cada atitude do personagem, e a supertarefa da obra.

No processo de corporificação, a avaliação de um determinado acontecimento por esse ou aquele personagem e o tempo-ritmo decorrente dessa avaliação estão totalmente ligados à interpretação do acontecimento em questão.

Se a trupe decide que para os convidados reunidos na casa de Fámussov o acontecimento fundamental é a loucura verdadeira de Tchátski, temos o direito de exigir dos intérpretes um comportamento e um tempo-ritmo característicos de pessoas que se encontram num cômodo junto a um louco, cujas ações são perigosas para cada um dos presentes.[143]

Mas se, em vez disso, a trupe está de acordo com a interpretação de Griboiédov, e decide que o acontecimento principal dessa cena não é a *loucura*, mas a calúnia que a multidão conservadora dos convidados de Fámussov espalha com entusiasmo, então o caráter da cena e o seu tempo-ritmo serão totalmente diversos.

A ação principal dos convidados será o desejo de acertar as contas com o "jacobino" que está entre eles, castigá-lo sem ouvir até o fim a sua fala "demente", responder com um silêncio desdenhoso, passando às danças e às cartas, ao alegre passatempo que motivou a reunião na casa de Fámussov.

Com essa interpretação, o comportamento e o tempo-ritmo serão diametralmente opostos aos tradicionais, e estarão, a meu ver, organicamente ligados à ação transversal da comédia — à luta entre dois campos rivais.

Portanto, a avaliação correta ou incorreta dos acontecimentos, o tempo-ritmo correto ou incorreto da cena são para nós questões absolutamente essenciais e têm um papel decisivo no desenvolvimento correto da ação, na descoberta artística do sentido da obra.

Stanislávski exigia do ator o cultivo consciente, em si mesmo, de um determinado tempo-ritmo, que correspondesse à análise da cena e de toda a peça.

---

[143] No capítulo "Circunstâncias propostas", da parte I do livro *O trabalho do ator sobre si mesmo*, Tortsóv propõe aos alunos um *étude* em que eles devem se proteger de um louco que os ameaça por detrás da porta. (N. do O.)

Propunha que ele prestasse atenção em si mesmo em diversas circunstâncias propostas, e aconselhava que se lembrasse com a maior frequência possível de diversos casos de sua própria vida, imaginando o tempo-ritmo correspondente a determinado momento vivido:

— Lembrem-se de que, ao buscar o tempo-ritmo, vocês descobrem o sentimento dentro de si. A sensação do tempo-ritmo está sempre conosco, por assim dizer, ao alcance da mão. Sempre lembramos mais ou menos a imagem geral, aproximada, de cada momento vivido. A lembrança desse tempo-ritmo nos leva a resgatar os detalhes que escaparam da memória. Consequentemente, ela é um dos instrumentos e um dos fatores que permitem extrair da alma o material emocional necessário à criação.

Ao fazer aos alunos e pedagogos perguntas como "Em que tempo-ritmo o prefeito chega à pensão para encontrar Khlestakóv?",[144] "Em que tempo-ritmo Katerina chega para o encontro com Boris?",[145] "Em que tempo-ritmo os convidados deixam a casa de Fámussov?",[146] Stanislávski pretendia que nos tornássemos capazes de reger esses diversos ritmos. Ele era cruelmente rigoroso na verificação dos ritmos regidos, exigindo de nós detalhes minuciosos sobre as circunstâncias propostas, sobre as definições e avaliações dos fatos, sobre os modos como buscávamos a ação e as tarefas. Sempre repetia que, se "pegarmos" o tempo-ritmo corretamente, o sentimento e a vivência adequados surgirão de forma natural, por si sós. Mas se o tempo-ritmo não estiver correto, então, exatamente da mesma forma, nascerá o sentimento inadequado, que não pode ser corrigido, a não ser que se altere o respectivo tempo-ritmo.

Treinar e cultivar em si mesmo o tempo-ritmo correto é uma tarefa difícil e necessária para o teatro; com ela o ator adquire uma espécie de bússola, que o ajuda a direcionar a própria intuição para o caminho certo.

Vamos tentar analisar uma vez mais a questão do tempo-ritmo com um exemplo de um dos personagens da peça *Pequenos burgueses*, de Górki.[147]

Começaremos pelo fato de que encontrar o tempo-ritmo característico do patrão Bessemênov não é uma tarefa fácil. O velho Bessemênov sempre viveu sem pressa e concentrado. Mas já há algum tempo passou a viver em

---

[144] Gógol, *O inspetor geral*, ato II, cena 8. (N. do O.)

[145] Ostróvski, *A tempestade*, ato V, cena 2. (N. do O.)

[146] Griboiédov, *O mal de pensar*, ato IV. (N. do O.)

[147] Essa peça foi encenada por Stanislávski no Teatro de Arte em 1902. (N. do O.)

um estado de excitação nervosa, provocado pela consciência cada vez maior de que a sua casa e o seu mundo estão ruindo.[148]

Na carta memorável a Stanislávski sobre a encenação de *Pequenos burgueses* no Teatro de Arte, Górki escreve sobre Bessemênov:

> "O velho está numa situação disparatada, irritante para a alma. Viveu deus sabe quantos anos, trabalhou sem descanso, trapaceou para melhorar os resultados do trabalho, e, de repente, vê que tudo isso foi à toa! Talvez não tenha valido a pena! Não havia para quem fazê-lo. Os filhos foram, definitivamente, um fracasso. E o sentido da vida, que ele não consegue entender, começa a assustá-lo. Ao falar, corta o ar com a mão, como com uma faca — ele a levanta até o rosto e, a partir do nariz, sem dobrar o cotovelo, só com o movimento do braço, corta o ar. Os movimentos são lentos."[149]

É preciso cultivar em si essa lentidão dos movimentos, encontrar o jeito típico de Bessemênov, um jeito desapressado e prolixo, de expor os pensamentos com uma irritação que nunca o deixa, que o corrói, que o obriga a ouvir com desconfiança cada conversa, a perceber as menores mudanças naqueles que o cercam, a estar o tempo todo alerta.

Tudo isso são pré-requisitos para o tempo-ritmo interior e exterior bessemenoviano da figura cênica.

Um tempo-ritmo de Bessemênov verdadeiro e fidedigno em relação à vida nos levará junto com o ator para a atmosfera da existência bessemenoviana.

Mas não importa o quão profunda e corretamente elaboremos as questões do tempo-ritmo, elas permanecerão um peso morto se o ator não conseguir aplicá-las ao *campo da fala*.

Até hoje existe a ideia de que Konstantin Serguêievitch não prestava atenção na forma e na técnica da fala cênica. A subestimação dessa parte extremamente importante do sistema de Stanislávski, entre outros motivos sérios, levou ao fato de a fala em cena ser a parte mais atrasada da psicotécnica para a maioria dos atores dramáticos.

---

[148] Cf. Anexo J, neste volume. (N. do O.)

[149] M. Górki, *Obras completas*, v. VI, Moscou, GIKhL, 1950, p. 545. (N. da A.)

Na maioria das vezes, jovens atores interrompem o trabalho sobre a dicção e a respiração assim que recebem o diploma de conclusão da escola de teatro. Já os atores da geração mais velha, depois de desenvolver aquele "mínimo necessário", suficiente apenas para que os espectadores possam ouvi-los, se acomodam na rotina. Raramente se preocupam com os diversos problemas sérios do campo da fala que as particularidades do vocabulário do dramaturgo colocam diante do teatro. Raramente usam a experiência dos mestres no campo da ciência da palavra.

Uma geração inteira de atores tem uma fala de ritmo confuso. A mudança de ritmo surge ao acaso, sem nenhum motivo interior; às vezes, o ritmo muda dentro de uma frase. Muitas vezes, o ator diz de propósito metade da frase com lentidão e a outra metade rapidamente — quase como um trava-língua. Às vezes encontramos um ritmo confuso até em palavras isoladas. Por exemplo, um ator pronuncia rapidamente metade de uma palavra e estica a segunda, para lhe dar uma importância maior.

"Muitos atores", escreve Stanislávski, "são desleixados com a língua e desatentos com a palavra. Devido a uma pressa sem sentido na fala, o desperdício de finais de palavras chega ao ponto de deixarem de pronunciá-los completamente, ou de interromperem palavras e frases."[150]

Será que com uma observação puramente técnica — "Não tenha pressa!" — pode-se obter do ator ou do aluno os resultados necessários?

Claro que não. E seria ingênuo acreditar que existem diretores e pedagogos que, em cada caso particular, não lembrem ao jovem ator que não se deve ter pressa! O fato é que o ensino da fala cênica exige do pedagogo uma qualificação extremamente alta. Além disso, continua existindo uma ruptura entre o método de ensino da fala cênica e o método de ensino da técnica de interpretação. É preciso saber mostrar, em total coerência com o sistema de Stanislávski, a ligação interior, orgânica, entre todas as questões da psicotécnica.

Todas as observações de Stanislávski sobre o tempo-ritmo incorreto da frase, que mutila o conteúdo do monólogo, se apoiavam na exigência de ver em cada letra uma parte harmônica do todo. Ao trabalhar, por exemplo, sobre o monólogo de Otelo, Konstantin Serguêievitch explicava para os alunos com uma clareza surpreendente os erros técnicos que cometiam. Exigia que os alunos respondessem qual é a ação transversal de todo o monólogo, que

---

[150] K. S. Stanislávski, *O trabalho do ator sobre si mesmo II*, v. III, cit., p. 173. (N. da A.)

lugar ocupa esse monólogo na linha de todo o papel, qual é o tempo-ritmo interior de Otelo no momento em que diz o monólogo e se nesse instante não existiriam dois tempos-ritmos na alma de Otelo: o interior e o exterior. Um transmitiria as verdadeiras vivências de Otelo e o outro, aparentemente calmo, esconderia essa inquietação.

À luz dessas perguntas, a incapacidade técnica parecia algo vergonhoso e desajeitado, e tanto nos alunos como nos pedagogos amadurecia um desejo de superar todas as dificuldades. Ficava claro que, sem uma técnica autêntica, era impossível transmitir na arte as grandes tarefas que Stanislávski punha diante de nós.

Ele frequentemente nos dizia que a estilística da linguagem de cada dramaturgo exige uma atenção muito especial.

"O nosso problema está no fato de que muitos atores não dominam elementos muito importantes da fala: de um lado, *a sua fluidez, a ligação lenta e sonora*, e, de outro, *a rapidez, a pronúncia leve, clara e cunhada*",[151] escreve Stanislávski no capítulo sobre o tempo-ritmo.

Konstantin Serguêievitch nota com tristeza que na maioria dos casos ouvimos em cena pausas artificialmente longas intercaladas por palavras ditas com extrema rapidez, enquanto o que se deve buscar é uma cantilena sonora ininterrupta, que se prolonga e forma um canto — só então obteremos uma fala expressiva e lenta. Entretanto, mais raros ainda são os atores que dominam uma fala veloz, precisa e clara na dicção, na ortofonia e, sobretudo, na transmissão do pensamento.

Nas aulas práticas, ele obrigava os alunos a lerem muito lentamente, buscando obter a "ligação" entre as palavras nos compassos da fala, exigindo obrigatoriamente uma justificativa interior para a lentidão da fala. Dizia que o ator não tem o direito de subir ao palco sem ter desenvolvido uma fala lenta e fluida.

Stanislávski propunha que a fala veloz fosse desenvolvida a partir de uma fala muito lenta, exageradamente nítida: "Com a repetição longa e assídua das mesmas palavras o aparato da fala se ajusta a tal ponto que aprende a executar o mesmo trabalho no andamento mais rápido possível. Isso exige exercícios constantes, e vocês devem fazê-los, já que a fala cênica não pode abrir mão da velocidade".[152]

---

[151] *Idem*, pp. 173-4. (N. da A.)

[152] *Idem*, p. 174. (N. da A.)

Chamando atenção, durante o processo de trabalho, ora para um, ora para outro elemento do sistema, Konstantin Serguêievitch não cansava de repetir que a importância de cada elemento não está neles mesmos — eles são apenas os condutores que levam à natureza orgânica. Basta não agir como uma criança que, tendo acabado de plantar a semente de uma flor, desenterra-a de meia em meia hora para vê-la, pois essa flor não irá crescer!

As forças físicas de Konstantin Serguêievitch estavam se esgotando, e no verão de 1938 ele já quase não se levantava mais da cama. Foi categoricamente proibido pelos médicos de dar aulas. Mas não deixava de pensar no Estúdio, e chamava ora um, ora outro pedagogo, fazia perguntas, falava...

Jamais me esquecerei de meu último encontro com Konstantin Serguêievitch.

Grandes sombras escuras rodeavam seus olhos, que brilhavam como antes, com um pensamento profundo.

— O que está acontecendo no Estúdio? Como andam as aulas? — perguntava. — Os alunos estão percebendo a necessidade orgânica do trabalho sobre a ação física? Estão dominando o processo da visão? Estão compreendendo que a comunicação é o prelúdio para a ação? Estão agindo com a palavra? Você nota neles um interesse pela caracterização orgânica [*organítcheskaya kharákternost*]? E, principalmente, estão entendendo que é preciso entregar-se à arte por inteiro e que, para isso, é preciso ter uma supertarefa também na vida? Não se pode encontrar essa supertarefa sem conhecer profunda e amplamente as tarefas que a própria vida põe diante de nós. Por isso, as questões da ética são a base da vida na arte.

Essas foram as últimas palavras que ouvi de Konstantin Serguêievitch.

Como carregar por toda a vida a semente daquela coisa imensa e luminosa que ele tentava plantar em nós? Quando penso sobre Stanislávski, lembro-me de como uma vez Leonid Mirónovich Leonídov, ator do Teatro de Arte, me disse:

— O mais terrível na vida é o que se torna habitual, mas há dois fenômenos aos quais jamais consegui me habituar, e eles nunca deixaram de me impressionar. Não ria, Maniácha![153] São o sol e Konstantin Serguêievitch.

---

[153] Diminutivo de Maria. (N. do O.)

Tempo-ritmo

CONCLUSÃO

Chego à conclusão de que para solucionar a principal questão da arte dramática — a questão da arte da palavra — Stanislávski e Nemirôvitch-Dântchenko propunham a nós, pedagogos, diretores e atores de teatro, um caminho dialético. Ao considerar a palavra do autor tanto o ápice quanto a origem da criação, eles nos preveniam contra o perigo que se esconde numa abordagem "demasiado direta" do texto.

Contudo, ao pensar sobre a prática de ensaios nos teatros dramáticos, constata-se que em muitos casos ainda não foi erradicada a abordagem simplória do texto. Embora o sistema de Stanislávski tenha entrado na vida cotidiana de todos os teatros, em boa parte deles sua compreensão e reconhecimento não levaram à mudança no método de ensaios.

Claro que quebrar tradições formadas ao longo de várias décadas é algo muito difícil.

Não raro o conservadorismo, a rotina das formas de ensaio, impedem pessoas inteligentes e talentosas de mudar radicalmente a prática dos ensaios, ainda que elas vejam a frequência com que o sentimento vivo do ator morre nas amarras do texto percebido de maneira mecânica. E isso acontece apesar de nenhum diretor ou ator ter qualquer dúvida quanto ao postulado geral da escola realista de arte cênica, segundo o qual o ator deve se apropriar das palavras alheias (do autor).

Mas Stanislávski nos mostrou um caminho radical de como fazer isso!

Os postulados teóricos de Stanislávski podem e devem se tornar realidade, mas para isso é preciso estudar com toda a seriedade as mudanças que ele propôs na prática dos ensaios.

Ao ampliar e aprofundar a cada ano seu ensinamento sobre a ação, Stanislávski colocava diante dos atores exigências cada vez maiores quanto ao caráter consciente da criação. A criação consciente consiste sobretudo no fato de que o ator deve dominar fluentemente todo o conjunto de imagens e pensamentos contidos no texto da obra, deve saber "pensar por meio do texto", agir sobre o outro [*vozdéistvovat*] através do pensamento, expresso por palavras vivas e ativas.

Os fundadores da escola[154] nos deixaram um material enorme, e a partir dele devemos pensar e experimentar amplamente, para implementar na prática aquilo que sem dúvida renovará a nossa arte.

A principal ideia do procedimento pedagógico proposto por Stanislávski consiste em, desde o início do trabalho, ligar de forma indissolúvel a palavra aos pensamentos, às tarefas e às ações do personagem.

A memorização mecânica do texto mata o trabalho da imaginação. O ator que cai nas amarras de um texto que não compreende será incapaz de, no futuro, atingir uma harmonia autêntica no sentir-a-si-mesmo em cena.

Stanislávski propunha ao ator que antes de tudo analisasse minuciosamente os acontecimentos e as circunstâncias propostas da peça, para que pudesse entender com clareza a linha do seu comportamento.

Não se pode compreender a linha do comportamento sem conhecer as relações que se tem com cada um dos personagens da peça.

Após esboçar a linha de sua ação (transversal) e escolher em nome de que objetivos está agindo, o ator, em certa medida, já está tateando a estrutura interior da peça — o seu esqueleto. Essa consciência da lógica e da sequência de seu comportamento ao longo de toda a peça traz enormes benefícios ao ator. Assim que começa a conhecer o papel ele já aprende a abarcá-lo como um todo.

Ao desmontar a peça em grandes acontecimentos, o ator aprende a definir o lugar que determinado acontecimento ocupa na vida do personagem. E como os acontecimentos que ocorrem na peça sempre provocam em cada um dos personagens uma certa posição, o ator toma consciência de como, de acordo com essa posição, nascem determinadas ações, que, por sua vez, geram os acontecimentos posteriores, e assim por diante. Desde o início do trabalho os atores se habituam a pensar de forma concreta, a olhar os acontecimentos da peça como uma causa ou um motivo para determinados atos. Em outras palavras, aprendem a perceber cada momento da existência cênica não de forma isolada, mas em sua ligação indissolúvel com o comportamento de todos os personagens.

Esse período de compreensão da estrutura interna da peça tem um significado decisivo.

"Tudo o que acontece na peça — cada uma das pequenas ou grandes tarefas, todas as intenções criativas do ator, todas as suas

---

[154] Na tradição teatral russa, o ensinamento de Stanislávski é comumente chamado de "sistema", "método" ou "escola". (N. do O.)

Conclusão

ações análogas às do papel, dirigem-se à realização da supertarefa da peça. A ligação entre tudo o que se faz no espetáculo e a supertarefa é tão grande, tudo depende tanto dela, que até o mais ínfimo detalhe que não tenha uma relação com a supertarefa torna-se nocivo e supérfluo, pois tira a atenção da essência da obra.

A aspiração à supertarefa deve ser contínua, ininterrupta, e deve perpassar toda a peça e todo o papel."

Assim escreve Stanislávski no capítulo sobre a supertarefa e a ação transversal.[155]

Se pedirmos aos atores que respondam honestamente em que medida eles colocam em prática a base das bases do ensinamento de Stanislávski — a supertarefa —, tenho certeza de que a maioria irá falar sobre a quantidade de tempo que gastam trabalhando às cegas. Isso acontece quando, ainda sem conhecer a ligação entre os eventos, o ator ensaia a peça passando de uma cena à outra, tentando buscar cores e entonações no material que lhe é estranho. Nesses casos, o ator se esquece de que a mais simples ação deve ser esboçada a partir da sensação do todo, e que essa sensação tornará o trabalho incomparavelmente mais fácil e produtivo.

Stanislávski insistia que é desperdício de tempo ensaiar prematuramente com um texto que não foi compreendido mas que já está decorado. Ensaios assim só levam ao clichê.

Meditando sobre o texto e compreendendo a fábula da obra, estabelecendo a sequência dos acontecimentos, o ator se habitua a reter em sua consciência as atitudes [*postúpok*] do seu personagem. Começa a perceber o papel em seu desenvolvimento interior, em movimento. Apenas quando o ator tiver, na expressão de Stanislávski, "anatomizado" a obra e estiver munido da compreensão da obra dramática como um todo, bem como do lugar que ocupa nela, ele terá o direito de passar ao texto do autor.

Stanislávski afirma que o processo de conhecimento torna-se infinitamente mais efetivo quando se desenrola na ação.

Konstantin Serguêievitch baseava o novo procedimento de trabalho sobre o princípio da unidade entre o psíquico e o físico, afirmando que, com esse procedimento, a "sensação do papel" é provocada pela criação da "vida física do corpo humano" do papel. Propunha que se começasse o trabalho sobre a "vida do corpo humano" do papel desde os primeiros dias de ensaio.

Quando o ator analisa em ação, quando cria a "vida do corpo huma-

---

[155] Cf. K. S. Stanislávski, *O trabalho do ator sobre si mesmo I*, cap. 15. (N. do O.)

no" do papel, ele aos poucos encontra a verdade da sua existência em cena, a fé na autenticidade das ações cênicas propostas pelo autor e, sem violentar a si mesmo, chega ao sentimento. "Na nossa arte, conhecer significa sentir", repetia Stanislávski. E, realmente, o método elaborado por ele faz com que o sentimento autêntico, ardente — sem o qual a criação não existe — seja atraído de forma imperceptível.

Ao descrever o processo de trabalho sobre *Otelo*, Stanislávski chegou a conclusões decisivas: assim que começou o trabalho, tirou o texto dos atores e os obrigou a falar com as próprias palavras. Eles escolhiam, como na vida, aquelas que mais os ajudavam a realizar a tarefa estabelecida. Por isso a fala era ativa e atuante. Manteve os atores nessa condição até que a linha correta de tarefas, ações e pensamentos tivesse amadurecido. Somente após essa preparação em *études* o texto impresso do papel foi devolvido aos atores. Eles quase não tiveram que decorar as réplicas, porque muito antes disso Stanislávski já lhes soprava as palavras de Shakespeare, quando estas eram necessárias, quando os atores as procuravam para realizar verbalmente uma determinada tarefa. Os atores recebiam essas réplicas com avidez, porque o texto do autor expressava melhor que o deles um determinado sentido ou ação executada. Memorizavam as palavras de Shakespeare e começavam a amá-las, e essas palavras tornavam-se indispensáveis a eles.

Como resultado do trabalho por *études*, as palavras de outrem enraizaram-se nos intérpretes de um jeito natural, sem violência, e apenas por isso não perderam sua principal qualidade — a qualidade de serem atuantes [*aktívnost*].

Escreve Stanislávski:

> "Pensem bem e me digam: vocês acham que se tivessem começado o trabalho sobre o papel decorando o texto, como acontece na maioria das vezes em todos os teatros do mundo, teriam conseguido atingir o que atingiram com o meu procedimento?
>
> Digo-lhes de antemão que não, de forma alguma teriam atingido os resultados de que precisavam. Teriam imprimido à força na memória mecânica e nos músculos do aparato da fala os sons das palavras e as frases do texto. Com isso, os pensamentos contidos na fala se dissolveriam e desapareceriam, e o texto ficaria separado das tarefas e das ações."[156]

---

[156] K. S. Stanislávski, *O trabalho do ator sobre o papel*, em *Obras completas*, v. 4, Moscou, Iskússtvo, 1957, p. 380. (N. da A.)

É errônea a opinião de alguns trabalhadores da arte, ao afirmar que trabalhar segundo o sistema de Stanislávski exige um certo tempo, e que uma série de teatros, cujo fluxo de estreias é muito grande, não têm condições nem podem se permitir realizar experimentos.

Esse ponto de vista é profundamente equivocado! É preciso lembrar as palavras de Stanislávski: "Difícil é apenas o inorgânico, tudo o que é orgânico é fácil".

Nessas palavras está escondida uma verdade muito profunda. O ator que cria o papel segundo o método proposto por Stanislávski escapa de um processo inorgânico e, ao entrar num caminho orgânico, descobre com maior facilidade a si mesmo e a seu potencial criativo. Torna-se um criador livre e consciente.

Procuro, na medida de minhas forças, aplicar a nova metodologia de Stanislávski no meu trabalho de direção e de pedagogia. Estou profundamente convencida de que esse caminho permite criar um espetáculo em prazos extremamente curtos, porque se fundamenta na exigência de solucionar o particular em função do principal, de ligar num único processo a vida física e psíquica do papel, de pensar dentro do papel segundo as leis de um pensamento humano normal.

Essas exigências colocam o ator em condições que permitem um trabalho produtivo, e necessariamente se refletem na organização da criação do espetáculo e na sua qualidade.

Stanislávski estava profundamente convencido do significado prático daquilo que frequentemente chamava de sua "descoberta".

Numa conversa com seus alunos, dedicada aos quarenta anos de criação do TAM, disse: "Se aqueles que dão o rumo do teatro acham que compreenderam definitivamente seu caminho, se não seguem em frente no ritmo da vida atual [...] não podem criar um teatro que esteja a serviço do seu país, um teatro que perdure no tempo, teatro de toda uma época, que participa da criação de toda a vida que lhe é contemporânea".[157]

---

[157] *Diálogo com K. S. Stanislávski*, anotado por K. E. Antárova, Moscou, Iskússtvo, 1952, p. 35. (N. da A.)

ANEXOS

Vassili Súrikov, *A boiarda Morôzova*, 1887, óleo sobre tela, 304 x 587 cm, Galeria Tretiakóv, Moscou.

A)
QUADRO *A BOIARDA MORÔZOVA*, DE SÚRIKOV[1]

Vamos pegar um exemplo da pintura russa. Todos, claro, conhecem bem o quadro de Súrikov *A boiarda Morôzova*.[2] Nele está representado o heroísmo de uma mulher russa disposta a suportar qualquer tortura e a morrer pela sua verdade. Esse conteúdo tão amplo até hoje impressiona o espectador, mesmo tratando-se de uma fábula já não muito atual.

Jogada sobre um monte de feno, acorrentada, sendo levada para as mais terríveis torturas, a boiarda Morôzova não se conforma, não se submete. Seus olhos faíscam, seu rosto pálido expressa indignação e inspiração, e a mão está levantada com os dedos em riste, preparados para o sinal da cruz de dois dedos. Todos os seus movimentos, todo o seu ímpeto levam a uma única ação transversal: afirmo minha fé e quero convencer o povo de sua legitimidade.

O genial pintor revela a ação transversal com uma expressividade surpreendente.

Mas agora imaginemos que essa ação transversal seja trocada por outra. Por exemplo: vou para a tortura e quero me despedir de Moscou e do povo; ou: desejo ver meu inimigo, o tsar Alexei Mikháilovitch, que me assiste através da janela da igreja; ou ainda... Enfim, é possível imaginar muitas outras ações, e, no entanto, nenhuma delas substituiria a ação transversal tão profunda e exata encontrada por Súrikov.

Acredito que até mesmo o espectador mais ignorante entenderá que, independentemente da qualidade da pintura das pessoas, da Moscou do século XVII e da neve, o quadro não produziria uma impressão tão forte se Súrikov tivesse se desviado da ação transversal.

---

[1] Vassili I. Súrikov (1848-1916) foi um pintor russo, conhecido por suas grandes pinturas de temas históricos. (N. da T.)

[2] O quadro retrata o momento em que a boiarda Feodócia Morôzova é levada ao degredo por se recusar a aceitar a reforma dos rituais da Igreja Ortodoxa, ocorrida em 1666. (N. da T.)

B)
O RELÓGIO DO KREMLIN, DE N. POGÔDIN

Tomemos como exemplo a peça *O relógio do Kremlin*, de N. Pogôdin, e analisemos a linha do engenheiro Zabêlin, um dos personagens principais.

Através de sua figura aparece na peça um dos problemas mais importantes dos primeiros anos de instauração do poder soviético — o problema da passagem da velha e honesta *intelligentsia* ao serviço do jovem Estado soviético.

O ator precisa reconhecer como a psique de Zabêlin muda sob a influência de um encontro pessoal com V. I. Lênin; como, sob as impressões causadas por esse encontro, o engenheiro se reencontra no trabalho honesto.

Zabêlin é um grande engenheiro elétrico e acha que a vitória da revolução representa o fim do mundo civilizado, o fim da ciência e da cultura.

Forte e talentoso, Zabêlin ama a pátria "a sua própria maneira", mas, tendo perdido o chão sob os pés, deixa de aceitar tudo o que vem com a revolução.

A colisão entre dois mundos: eis o tema a partir do qual começa o espetáculo *O relógio do Kremlin*, na cena "Em Íverskaia". O engenheiro Zabêlin, a fim de manifestar toda a sua reprovação ao poder soviético, opta pelo simbólico gesto de vender fósforos.

Então, perto da praça Íverskaia, onde as pessoas se reúnem para comercializar os destroços de toda uma época, mostra-se a colisão entre dois mundos através de pessoas e fatos vivos. Aqui, entre especuladores, trapaceiros e ladrõezinhos, Zabêlin, proclamando-se "Prometeu, dando o fogo à humanidade", vende fósforos para, pelo menos assim, expressar seu protesto.

Mas também aqui, entre essa escória, ele está só. Considerando que a Rússia morreu com a revolução, Zabêlin atribui a seu destino pessoal o que lhe parece um verdadeiro desastre.

Ele considera o silêncio do relógio do Kremlin — "o principal relógio do país" — o símbolo da queda da Rússia. Ao falar com um especulador, Zabêlin pergunta:

ZABÊLIN — Escute, senhor vendedor de grãos!

ESPECULADOR — Estou escutando, Vossa Excelência!

ZABÊLIN — Se as badaladas do relógio da abadia de Westminster, em Londres, parassem, o que é que diriam os ingleses?

ESPECULADOR — Não faço ideia, Vossa Excelência!

ZABÊLIN — Os ingleses diriam que é o fim da Inglaterra.

ESPECULADOR — Sem dúvida, sem dúvida!

ZABÊLIN — Isso, senhor vendedor de grãos, é uma parada cardíaca!

Zabêlin encara tudo como o caos, e para ele a Rússia tornou-se o centro do caos mundial. Ele — o engenheiro Zabêlin — não é mais necessário a ninguém, e aí reside sua tragédia pessoal.

Numa das cenas posteriores ele diz: "Os selvagens tomaram o navio da civilização, mataram todas as pessoas de classe, atiraram a tripulação ao mar e comeram tudo o que havia no estoque... Tá, mas e depois? É preciso saber dirigir o navio, e eles não sabem. Prometeram o socialismo, mas ninguém sabe... por onde começar".

Eis a percepção de Zabêlin sobre a nova Rússia, sobre o novo poder.

Além do "colapso" social, para Zabêlin está em jogo o colapso de todas as categorias morais. Não é capaz de aceitar nenhuma novidade. Sua amada filha, Macha, está saindo com um marinheiro vermelho. Em determinado momento, ela foi encontrá-lo no hotel Metrópole, onde agora funciona a segunda Casa dos Sovietes. Zabêlin encara isso a sua própria maneira. Ali mesmo, nos degraus de Íverskaia, discute o assunto com sua esposa, que veio buscá-lo.

ZABÊLINA — Anton Ivânovitch! Por que não vem para casa?!

ZABÊLIN — Eu vivo na rua.

ZABÊLINA — Quem é que o força a viver na rua? Quem é que o pôs na rua? Ninguém.

ZABÊLIN — O poder soviético.

ZABÊLINA — Não entendo isso.

ZABÊLIN — Então conversaremos quando seu entendimento for mais abrangente. Olha, na verdade eu a aconselho a cuidar com mais atenção é da nossa filha... Eu não preciso de babá.

ZABÊLINA — Macha também não é mais criança. Ela já está começando uma vida independente.

ZABÊLIN — É verdade. Se amanhã ela cair na vida, não vou ficar nada impressionado.

B) *O relógio do Kremlin*, de N. Pogôdin

ZABÊLINA — Anton Ivânovitch, tenha vergonha! Você está falando isso de Macha?

ZABÊLIN — Há uma hora sua filha entrou no hotel Metrópole sozinha com um homem...

ZABÊLINA — O Metrópole não é mais um hotel... Fizeram lá a segunda Casa dos Sovietes.

ZABÊLIN — Não sei o que é isso, Casa dos Sovietes. O Metrópole é um hotel. Nossa filha foi para um quarto de hotel com um homem...

Em seguida, depois de algumas réplicas, Zabêlin diz: "Se ao final de três dias esse senhor não aparecer lá em casa, vou ter de tomar providências...".

Precisamos nos deter sobre as características de Macha, filha de Zabêlin, e do marinheiro Ribakov, que a ama. Isso é imprescindível para que possamos entender o papel de Zabêlin.

Macha é uma moça jovem e intelectual, que acredita forte e apaixonadamente na revolução. Ao mesmo tempo, porém, está ligada a um outro mundo, o mundo de seu pai, o engenheiro Zabêlin. Ela ama o pai com todas as forças de sua alma e tenta, o máximo possível, familiarizá-lo com sua nova verdade, sofrendo por ele, mas sem perdoá-lo por nada.

O marinheiro Ribakov, herói do *Aurora*,[3] conquista agora o que há de mais elevado na cultura humana com a mesma paixão com que antes se lançara ao ataque das trincheiras inimigas. Ribakov é nosso novo homem, que começou desde baixo na revolução, que lê *O herói do nosso tempo*[4] pela primeira vez e que sonha com a eletrificação da Rússia. Foi com um grande conhecimento de vida e uma sensação precisa da época que Pogôdin criou a figura de Ribakov com uma vívida individualidade de caráter. Ribakov e Zabêlin são dois mundos diferentes, e a colisão entre eles desvenda um dos conflitos fundamentais da peça.

Em seguida, encontramos Zabêlin na sétima cena. Os Zabêlin recebem seus vizinhos. É neste mundo que vive Zabêlin. São pessoas de outra época, para as quais — assim como para Zabêlin — a revolução é o caos, o fim do mundo civilizado. No entanto, se para Zabêlin a sensação de sua própria inutilidade está ligada ao grande colapso interno de sua natureza profissio-

---

[3] Trata-se do cruzador *Aurora*, tomado pelos marinheiros vermelhos durante a Revolução de Outubro e posto a serviço dos bolcheviques. (N. da T.)

[4] *O herói do nosso tempo*, obra em prosa de Mikhail Liérmontov escrita em 1840, um dos clássicos mais importantes da literatura russa. (N. do O.)

nal, se ele ama seu povo e seu país, seus vizinhos são sinônimo de mediocridade, burrice e fraqueza de espírito.

Estar cercado por essas pessoas fez com que Zabêlin tivesse constantemente uma sensação de superioridade espiritual.

O complicado drama psicológico de Zabêlin reside no fato de que ele não conhecia e nem desejava conhecer aqueles que fizeram a revolução. Para ele, essas pessoas novas e desconhecidas estão muito abaixo daquelas com quem vivera até então.

Então Macha, por insistência da mãe, chega com Ribakov. Ela o apresenta a Zabêlin e aos convidados. O primeiro encontro de sua vida com um comunista, com uma pessoa vinda de outro mundo, é uma etapa séria para Zabêlin.

Na discussão com Ribakov, Zabêlin está certo de sua superioridade, de que a verdade está em suas palavras. Então, Zabêlin e Ribakov entram num duelo verbal para ver quem ganha. Nessa luta, abrem-se em Zabêlin percepções com as quais até então não estava acostumado acerca do modo como se sente um homem vindo de outro mundo, com sua "autoconfiança ingênua", nas palavras de Zabêlin.

Nesse diálogo, Zabêlin mostra a Ribakov que ele, um velho especialista, foi atirado ao mar do convés da vida, que tanto seus conhecimentos quanto seu trabalho não são mais necessários a ninguém. Ribakov rechaça os ataques de Zabêlin acusando-o de ser o único culpado de sua própria inutilidade.

Durante a polêmica, Zabêlin diz:

ZABÊLIN — Espera! Que eu estou desempregado, é mentira?

RIBAKOV — Mentira!

ZABÊLIN — Que vocês me jogaram fora como uma bota velha, é mentira?

RIBAKOV — Mentira!

ZABÊLIN — Então, meu senhor, vá-se embora daqui! Eu não o conheço e não desejo conhecê-lo!

RIBAKOV — Eu não saio.

ZABÊLIN — Ah é... Tinha me esquecido de que você pode confiscar o meu apartamento!

RIBAKOV — Eu não vim confiscar...

ZABÊLIN — Pode ficar! Quem vai sou eu!

RIBAKOV — Eu não vou deixar o senhor sair. Acho ridículo o senhor se irritar. Acho o senhor um homem selvagem!

B) *O relógio do Kremlin*, de N. Pogôdin

ZABÊLIN — Selvagem?

RIBAKOV — Selvagem.

ZABÊLIN — E o senhor veio me instruir?

RIBAKOV — O que é que o senhor achou? Mas é claro!

ZABÊLIN — *(rindo)* Que tragédia... Senhores, ele me conquistou com sua autoconfiança ingênua! Mas que patacoada! Quer instruir!... Estou ouvindo, senhor camarada missionário! Instrua-me!

Zabêlin tem sentimentos complexos. Quer expulsar Ribakov, e ao mesmo tempo sente um certo magnetismo por ele. Observa-o com curiosidade. O próprio desentendimento com Ribakov o atrai, já que deseja entender o que representam esses "selvagens" que tomaram o poder: quem são estes, para os quais ele não passa de um *bourbon* e um contrarrevolucionário, ele, Zabêlin, que trabalhou a vida inteira para a sua pátria.

Segue-se a prisão imaginária de Zabêlin, encarada como o tão esperado e inevitável fim de sua vida. Ele já havia inclusive preparado uma trouxa com coisas para tal casualidade.

Na próxima cena, vemos Zabêlin no escritório de Lênin, para onde foi convidado como o maior especialista em eletrificação.

O encontro de Zabêlin com Lênin é uma cena decisiva em sua linha comportamental.

Zabêlin entende, desde o início, a grandeza do que lhe é proposto. Mas, ao mesmo tempo, continua acesa nele a viva indignação de um homem que, acostumado com seu papel de cientista, construtor e especialista, é jogado para escanteio pelos bolcheviques, os quais não precisam de seus conhecimentos, de sua especialidade, de seu talento.

Um enorme embate de forças ocorre na alma de Zabêlin. Ele deseja resolver as coisas amigavelmente, mas ao mesmo tempo entusiasma-se com as questões colocadas por Lênin. Atormentado, sofre com a ideia de que, se recusar a proposta de trabalho com a qual sonhara por toda a sua vida, tolherá para sempre a possibilidade de obter esse cargo e acabará no ostracismo total. Entende perfeitamente a raiva de Lênin no momento em que este, ao saber que Zabêlin vende fósforos, joga-lhe a frase: "Pode ir vender seus fósforos". Quando Lênin, deixando de se interessar por ele, passa a suas tarefas corriqueiras, a vaidade de Zabêlin é profundamente ferida.

"Não sei se sou capaz", diz Zabêlin, sem querer entregar de vez os pontos e, ao mesmo tempo, sentindo com maior intensidade que já não pode voltar a Íverskaia, que seus protestos não são necessários a ninguém, nem mesmo — e principalmente — a ele mesmo.

Então Zabêlin volta para casa depois da conversa com Lênin. Precisa dividir com alguém esse grande acontecimento. Quando a esposa lhe pergunta por que estivera ausente de casa por três horas inteiras, Zabêlin responde: "Não foram três horas, mas três anos", tamanha a grandiosidade, segundo o engenheiro, do que lhe aconteceu ao conversar com Lênin.

Zabêlin deseja livrar-se dos convidados o mais rápido possível; precisa ficar sozinho com a filha.

Influenciado pelo encontro com Lênin, Zabêlin reexamina, na conversa com Macha, tudo o que se passou consigo até esse encontro, toda a sua existência ao longo dos ameaçadores anos vividos pelo país. Percebendo com todo o coração que Macha acredita no que ele diz, Zabêlin põe-se com coragem no novo caminho: "Macha, então quer dizer que a Rússia... a Rússia do samovar, e dos padrecos... eles querem mudar... que coisa...".

Ele precisa gastar logo a forte energia que o toma, e, agitado, começa a tirar fósforos, cigarros e outros objetos de sua escrivaninha. Aí está a felicidade da volta à vida, ao trabalho, à ciência.

A continuação lógica da cena com Lênin é a cena na mansão vazia que lhe foi entregue para trabalhar.

Andando em meio ao lixo e à sujeira, ele carrega uma enorme poltrona gótica, imagina seu futuro e diz com raiva que ali, na sala vazia daquela mansão, onde entram vândalos, especuladores e ratazanas, seria melhor interpretar a cena da loucura do rei Lear do que trabalhar na eletrificação do país.

Zabêlin sente um entusiasmo verdadeiro por tudo isso, uma espécie de alegria que afirma a vida de um homem que acaba de se encontrar; um homem que, entretido com seu trabalho, observa como ele se transformou após o encontro com Lênin.

Zabêlin aceita com um ar provocativo a ajuda de Ribakov, que acaba de se designar, para o prazer de Zabêlin, secretário acadêmico da instituição científica.

"Eu e o marujo no mesmo barco!", exclama Zabêlin. A combinação, que antes lhe parecia inacreditável, agora é alegre e simples.

E ao final acontece o segundo encontro de Zabêlin com Lênin, encontro de cúmplices de trabalho, seguidores de um único grande caminho.

Eis a linha do engenheiro Zabêlin na peça *O relógio do Kremlin*, de Pogôdin.

A "exploração mental", atividade fundamental para que se conheça a peça não de maneira genérica, mas através de uma imersão em seus acontecimentos e atos, possibilita que o coletivo entenda a obra a partir de seus

B) *O relógio do Kremlin*, de N. Pogôdin

principais pontos e alcance a ideia principal, aquilo que está em sua base. Em outras palavras, possibilita que se compreenda o fundamental: a supertarefa da peça.

Compreender a supertarefa da peça significa compreender a concepção do autor. Todo ator deve aspirar a esse objetivo. Qualquer ator que for interpretar Zabêlin deve estudar e entender o material de toda a peça.

E sempre haverá tantos Zabêlins quanto atores que o interpretem.

Em minha prática como diretora cheguei a trabalhar com cinco Zabêlins, todos eles veneráveis atores do TAM: Tarkhânov, Khmelióv, Bolduman, Livánov e Amtman-Briedit (de Riga, Letônia). O Zabêlin de cada um deles percorria caminhos complexos. Todos eram guiados pelo autor mas, ao mesmo tempo, a individualidade de cada intérprete fazia com que seu Zabêlin fosse diferente dos outros. Cada um dos atores criou o seu próprio Zabêlin, enfatizando os traços que lhe eram mais próximos. Dessa forma, aparecia um fenômeno único na arte, que Stanislávski chama de ator-papel.

C)
PÁGINAS DA VIDA, DE V. RÔZOV,
E *O RELÓGIO DO KREMLIN*, DE N. POGÔDIN

Penso ser conveniente dar alguns exemplos de análise de diferentes trechos de peças de dramaturgos soviéticos, e exemplos de *études* feitos a partir desses trechos. Detenhamo-nos sobre duas peças muito famosas e muito frequentes em nossos teatros: *O relógio do Kremlin*, de N. Pogôdin, e *Páginas da vida*, de V. Rôzov.

O *étude* faz com que o ator, após incorporar uma série de ações concretas, escolha as mais típicas da figura a ser criada; além disso, sugerindo ao ator traços individuais inéditos, ensina-lhe a concretizar o sentir-a-si-mesmo do herói nas circunstâncias específicas do momento em questão.

Vamos descrever um exemplo de preparação para um *étude*. Peguemos a cena noturna do quarto quadro da peça *Páginas da vida*, de V. Rôzov.

Pensando na quantidade de texto, a cena não é longa. Kóstia veio à casa de Boris, pediu para passar a noite, brigou com o amigo e foi embora. Eis os fatos em seu aspecto direto, nu. Isso, no entanto, ainda está longe de ser suficiente para que se faça um *étude*. É preciso entender a essência da briga, entender a complexidade da relação entre Kóstia e Boris no episódio a ser ensaiado.

Durante o dia, houve na fábrica um acontecimento importante: os planos de Kóstia falharam, ele inventou o já inventado e, certamente pela primeira vez na vida, sentiu a insuficiência de seu conhecimento, entendeu que, se depender apenas do que sabe, não alcançará grande coisa. Em algum lugar do fundo de sua alma admite que Boris, que vara noites e noites às voltas com livros de estudo, está certo. Kóstia joga o modelo inventado ao fogo e, ainda por cima, acaba queimando a própria mão. Depois de receber a atadura, desconsidera as indicações médicas e foge do hospital. Começa a vagar pela rua pensando no ocorrido, na vida, até sentir um vazio, uma solidão, e voltar para casa. Mas em casa também não consegue se acalmar: Kóstia sente a necessidade de uma boa conversa com um amigo. Assim, enfrenta sua falsa vaidade, esquece-se da desavença que teve com Boris e dirige-se à casa do colega, avisando em sua casa que passaria a noite lá. Ronda algumas vezes a porta sem se decidir por tocar a campainha, e, enfim, bate timidamente na janela.

É esse complexo mundo de vivências que o ator deve criar antes de começar a fazer o *étude*.

Em seguida: os primeiros minutos incômodos, a alegre sensação da retomada da proximidade, do entendimento mútuo e da relação de amizade entre os dois. Kóstia já acha que sua mão nem dói tanto, e ele se sente mais leve. Já o vemos confortavelmente instalado no sofá, deitado e fumando, olhando para as costas do amigo que se debruça sobre os cadernos. Mas os pensamentos voam, não o deixam dormir, fazem-no voltar incessantemente ao ocorrido na fábrica: ele quer saber o que os colegas pensam sobre ele, se não o reprovam, se não teriam achado graça em sua invenção azarada. Ele faz a pergunta a Boris, desejando secretamente ouvir palavras de consolo, desejando que o amigo coloque bálsamo em sua alma machucada.

Mas a verdadeira amizade é direta e imparcial. Apesar de Boris ter pena de Kóstia, não pode deixar de dizer que ele está profundamente errado, que há um erro em sua vida. O próprio Kóstia, em verdade, está bem próximo de ganhar essa consciência. Hoje, porém, lhe é ainda muito difícil escutar a verdade. É justamente a verdade quem o golpeia com mais força nesse momento. A briga interna que já há muito separava os dois amigos reaparece, com força duplicada. Kóstia veste o casaco por sobre os ombros e sai pela noite, solitário, e Boris, consumido por sensações contraditórias, assiste ao amigo partir. Sentimos que mais um segundo e ele se atirará pela porta, trará o amigo de volta e se desculpará por ter sido tão direto. Mas seu coração lhe diz que ele agiu corretamente, que essa lição cruel será útil a Kóstia. Espera mais um momento e senta-se teimosamente em frente aos cadernos. Ouve-se de novo sua voz monótona, lendo o enunciado da lição: "... o avião faz um *loop*...".

Esse é o conteúdo da cena, contado de uma forma bem resumida. Tudo isso o ator, querendo ou não, deve pegar para si, como um todo, sem deixar passar nada, se possível. De outro modo, não terá material para entrar no *étude*, e este simplesmente não funcionará; a cena, que é toda construída a partir de guinadas interiores, não ocorrerá.

Não há mais perguntas. Os intérpretes já têm tudo mais ou menos claro. Analisaram a cena empolgados, excitados. Pode-se começar o *étude*. Os atores levantam-se da mesa e vão se preparar.

Mas o que é que aconteceu? Vejo perplexidade, incômodo, movimentos presos. O futuro Kóstia avisa Boris de algo e este acena positivamente com a cabeça, dizendo que entendeu, ainda que obviamente não esteja escutando nada do que Kóstia diz.

O que atrapalha os atores?

Como não se esquecer da sequência dos acontecimentos, não entrar em cena antes da hora e não estragar a cena anterior — como não deixar passar nenhum pedaço fundamental? E o mais importante: o texto. Falar o quê? Usar as próprias palavras? Vai ser engraçado.

"Será que precisa mesmo? Já entendemos tudo..."

Precisa. Mesmo. E começa o *étude*.

Boris, debruçado sobre seus cadernos, estuda. No quarto ao lado, Nádia dorme. Silêncio. Ouve-se apenas Boris sussurrando os enunciados das questões. De repente, da janela ouve-se um assobio. O que é isso?... Os intérpretes não haviam combinado um assobio. O ator, levantando a cabeça, põe-se a pensar. Não é difícil adivinhar seu pensamento: "É... vai ficar um tanto falso se eu acreditar logo de cara que é Kóstia". E debruça-se à mesa mais uma vez. O assobio se repete, mais insistente. "Agora sim ficou claro que é Kóstia." Outra coisa também ficou clara: o ator ainda age como intérprete, autor do *étude*, e não como Boris. Aparece uma nova circunstância: Kóstia vaga sem rumo pela rua. Segundo a peça, ele deveria entrar direto ou tocar a campainha. Boris corre para a janela, olha através do vidro embaçado e, vendo Kóstia, faz um sinal e se adianta para abrir a porta. Bom. Todos esses detalhes foram executados com muita precisão. Mas notem que eles também não estavam indicados, nem haviam sido combinados: apareceram ali naquele momento, por si sós. O mais fiel de todos os detalhes foi o sinal que Boris fez a Kóstia. Era realmente muito difícil que Kóstia enxergasse algo além de um vulto através do vidro embaçado, e por isso Boris acena levantando os braços, de modo que Kóstia entenda que o amigo irá abrir a porta para ele.

Como tudo mudou rápido! Ainda há um minuto víamos em cena um homem tímido, meio preocupado, e de repente vemos o completo oposto: um Boris vivo e muito enérgico. E ainda que não houvesse concretamente nenhuma rua ou vidro embaçado, o ator agiu como se tudo isso existisse. Por quê? O que o ajudou a ganhar confiança?... Ele parou de inventar o *étude* e foi obrigado a agir.

Como é que acontece o encontro entre os dois amigos?

Kóstia entra primeiro. Sombrio. O chapéu amassado quase cobrindo os olhos. O braço acidentado envolto numa faixa. Sem tirar o casaco, ele anda pela sala. Boris acompanha-o em silêncio: "Como o meu parceiro soube se transformar bem... como a mão enfaixada parece natural". Percebemos esse pensamento, que o inibe de agir. Mas então alguma coisa toca a psique de Boris: ou a sensação de seriedade do momento ou a compaixão por Kóstia.

C) *Páginas da vida*, de V. Rôzov, e *O relógio do Kremlin*, de N. Pogôdin

Pausa... Como começar a cena? Boris lembra-se que Kóstia deve lhe perguntar o que houve na fábrica, o que disseram os colegas sobre o acontecido. Mas Kóstia está calado.

— Sente-se — diz Boris, e entrega uma cadeira ao amigo.

Kóstia, olhando para a cadeira, decide não se sentar e, segurando cuidadosamente a mão machucada, começa a andar de um lado para o outro.

— Como você está? — pergunta Boris de novo, tentando fazer a ligação com a cena.

Kóstia não responde. Continua a andar pela sala, do mesmo modo como — ao que parece — andara pela rua, de um lado para o outro, sem se decidir a entrar na casa.

— Está doendo? — pergunta Boris mais uma vez, depois de uma certa pausa.

Mas Kóstia cala. Enfim, joga o chapéu desajeitadamente à mesa e senta-se imponentemente, como se estivesse muito concentrado em algum pensamento. Boris ganha uma tarefa: Por que Kóstia não fala nada? Por que não começa a cena?... Kóstia, porém, age muito fielmente: ele não consegue começar a conversa de jeito nenhum. Sente que, por nervosismo, agiu sem pensar. Olhando de fora, toda a história parece ridícula, e isso certamente o incomoda.

— Ei, toca violão aí! — ordena Kóstia em vez de pedir, com um certo desespero.

"Hein...? Que violão?", Boris congela de surpresa. "Ele pulou um pedaço inteiro!"

— Toca! É muito difícil? — implora Kóstia.

Mas Boris está completamente confuso. Acha que o *étude* já foi para o brejo. Mais um segundo e interromperá tudo para discutir com o parceiro o que ele está fazendo. Até possuía uma frágil sensação correta do que estava acontecendo, mas essa sensação evaporou. Agora está preocupado com apenas uma coisa: como corrigir a situação. E, de repente, algo inesperado até para si mesmo, Boris começa a consolar Kóstia.

— Ah, pare com isso... Pense um pouco, que besteira. Ué, não funcionou? Você vai morrer por causa disso? Vai passar, você acaba esquecendo. Vale a pena se desesperar?

— Quem está desesperado? Para que essa lenga-lenga? Chorão!... Já estava péssimo sem a sua ajuda — interrompe Kóstia. Ele sentiu corretamente o erro do amigo. Boris não seria capaz de ser tão insensível nessas circunstâncias. Não é esse o tipo de amizade que há entre os dois, não é esse o tipo de relação.

Boris fica paralisado. Ele mesmo sente que errou, mas finge que se ofendeu com a rudeza de Kóstia. Pausa... Os parceiros começam novamente a tatear a possibilidade de costurar a cena dentro das circunstâncias criadas.

Kóstia levanta-se mais uma vez e começa a andar pela sala. O ator tenta voltar ao que o ajudara a encontrar a chave para o correto sentir-a-si-mesmo de Kóstia. De que se trata? De uma vida corporal adequada! Passam-se alguns segundos e o ator volta a si.

— O que é que aconteceu... depois que eu saí? — começa Kóstia, com cuidado. — Como reagiram?

Mas Boris também não quer ficar para trás. Afinal, ele foi ofendido. Por que encara Kóstia tão fixamente? Está errado! O ator senta-se de costas para Kóstia e começa a batucar com os dedos na escrivaninha. O ritmo das batucadas torna a situação ainda mais falsa.

— Comeu a língua? — Kóstia tenta trazer Boris de volta.

— O que é que você quer? Veio aqui para quê? O que você acha que está fazendo? — fica difícil entender se quem fala é Boris ou o intérprete, que se dirige ao companheiro de cena.

— Tá bom, tá bom... Não precisa me olhar assim — Kóstia lembra-se de uma frase de seu papel, mas de outra cena, relacionada a outro personagem. — Mas e aí, tiraram muito com a minha cara, falaram muito mal de mim?

— É, um pouco, sim — provoca Boris.

— É sério que riram? — essa é a maior preocupação de Kóstia.

— Fica calmo.

— Quem riu?

— Todo mundo riu.

— Até você?

— Até eu.

— Mentira!

— Se não quiser acreditar, não precisa — responde Boris, exagerando um pouco na seriedade.

— E... — Kóstia está preocupado com outra coisa. — Até Aninha?

— Se até Aninha? Ela foi a primeira a rir...

— Chega! Até ela?... Não pode ser! — aqui Kóstia claramente se confundiu. Na peça ele se relaciona com Aninha de uma forma irônica, negativa até. Com essa fala, poderíamos pensar que ela traiu sua amizade e que ele considera muito a sua opinião. — O que é que ela disse?

— Aninha? — Boris tenta pensar em uma frase ofensiva e cruel que Aninha poderia ter dito. Enquanto isso, vê, com o canto dos olhos, que Kós-

C) *Páginas da vida*, de V. Rôzov, e *O relógio do Kremlin*, de N. Pogôdin

tia já entendeu a brincadeira. Os olhares se encontram e... ambos caem na gargalhada.

Nesse ponto, nada poderá interromper o *étude*. As palavras necessárias aparecem por si mesmas. Podem até ser estranhas e toscas, mas na essência são fiéis.

Os dois já estão sentados lado a lado há um tempo, Boris com a cadeira virada. Kóstia acomodou-se confortavelmente numa poltrona, apoiando sua mão machucada no braço de madeira. Ele pegou a poltrona durante a conversa, embora ninguém tenha percebido exatamente como ou quando. Então Boris tira cigarros e fósforos do bolso de Kóstia, põe um cigarro na boca do amigo e o acende. Nenhum dos dois está forçando a atuação nesse momento: ambos acreditam seriamente que Kóstia, por causa de sua mão machucada, não pode pegar seu próprio cigarro.

— Ah, Bórka, Bórka,[5] toca um pouco de violão! Por favor!

— Não dá, Nádia está dormindo. E, depois, eu ainda tenho que estudar.

— Vá, vá, estude. Eu fico até amanhã, pode ser? Não estou com vontade de ir para casa.

— Deite aí no sofá, eu não vou dormir mesmo...

E logo surge um pensamento que poderia atrapalhar o *étude*: "Preciso arrumar um lugar para Kóstia dormir, mas esqueci de separar, antes do *étude*, um travesseiro e uma roupa de cama!". O ator olha para o quarto, desamparado. Mais uma vez, está prestes a interromper o *étude*. De repente, no entanto, percebe que alguém deixou um jogo de lençóis atrás do biombo. Ele se transforma mais uma vez. Para não acordar Nádia, vai na ponta dos pés pegar o travesseiro e os lençóis. E quanto mais delicadamente pisa, mais alto range o assoalho, e ambos, Boris e Kóstia, acham graça da situação.

Boris ajeita o sofá para Kóstia dormir, e este procura algo para comer na despensa...

Ambos sentem-se à vontade, leves e naturais. Não se apressam. A imaginação sugere aos dois inesperadas adaptações de jogo.

Enquanto zombam e riem um do outro, tentando não fazer barulho, cada um se ocupa de seus afazeres. Kóstia deita-se para dormir com cuidado, lembrando-se o tempo todo de seu braço machucado, e Boris volta aos estudos. Porém, mais adiante, há ainda outro acontecimento, o principal desta cena: a saída repentina de Kóstia. Nos olhos dos atores, percebe-se

---

[5] Diminutivo de Boris. (N. da T.)

mais uma vez a confusão. Os dois tentam se lembrar de como, na peça, desenvolve-se o final da cena. O primeiro a lembrar é Kóstia.

— Bom, chega de brincadeiras. Conte-me o que disseram de mim na fábrica.

Boris silencia.

— Quer dizer, você mentiu sobre ninguém ter dito nada, não é? — continua Kóstia, insistindo.

— Menti — responde Boris, ríspido. — Agora durma, que eu estou estudando.

— Me conte o que disseram. Está me ouvindo?

— Você não é criança, sabe muito bem o que falaram, não me atrapalhe.

Um longo silêncio.

Kóstia enrola um cigarro com dificuldade. Pensa no que fazer... Depois levanta-se com cuidado e aproxima a cadeira onde se sentara do cinzeiro, no qual deixa a bituca do cigarro. Olha para Boris, que, no entanto, nem sequer reage ao som da cadeira se movendo. "Entendi", pensa Kóstia, balançando tristemente a cabeça. "Ele nem esconde o fato de todo mundo ter falado mal de mim na fábrica. Primeiro ficou com dó, e agora... Preciso ir embora daqui."

Kóstia decide partir, mas de forma que Boris não perceba. E ele realmente sai com um cuidado incrível: levanta-se em silêncio, calça os sapatos, pega o casaco pendurado no encosto da cadeira, veste-o, põe o maço de cigarros e uma caixa de fósforos no bolso... Faz tudo com muita dificuldade, já que uma de suas mãos está presa numa tipoia. Quanto mais cuidadosos são seus movimentos, maior e mais nítida é sua crença de que todos o ofenderam injustamente e, portanto, não deseja nenhuma ajuda de Boris.

Kóstia se movimenta tão silenciosamente que, ao pegar seu chapéu e seu casaco, que estavam pendurados bem perto de Boris, este *realmente* não escuta nada.

E aqui o ator que interpreta Kóstia novamente sai do *étude* por um segundo. Como prosseguir, se na peça Boris impede a saída de Kóstia?

Então acontece um dos melhores momentos do *étude*. O ator sente que Kóstia, apesar de estar fazendo todo o possível para sair imperceptivelmente, na verdade, no fundo de sua alma, deseja ver como Boris reagirá à sua partida. Compreende isso intuitivamente, graças a um comportamento corporal adequado que desvela, para o intérprete de Kóstia, o traço mais essencial de seu herói. Kóstia, já em pé, pensando, cuidadosamente se põe em direção à porta e *meio que sem querer* esbarra numa cadeira. A cadeira não

C) *Páginas da vida*, de V. Rôzov, e *O relógio do Kremlin*, de N. Pogôdin   251 cai, mas Boris sente, às suas costas, o ruído, e volta-se em direção à porta. Vê que Kóstia está vestido, pronto para partir.

— Aonde vai? O que aconteceu?

— Vou para casa. Aqui está cheio de intelectuais, engenheiros... Eu sou o quê? Um zé-ninguém, estou sobrando — e sai.

Boris, sem entender, fica olhando o amigo partir... Depois, sente um impulso de ir atrás dele. Porém, antes mesmo de alcançar a porta, para, pensa e senta-se lentamente à mesa de estudos.

Fim do *étude*.

Os dois intérpretes, alegres, ainda um pouco confusos, interrompendo-se mutuamente, explicam e justificam ao diretor tanto os lugares onde quebraram o *étude* quanto aqueles onde se sentiram bem.

Cadê a peça?! Tragam a peça, rápido, para que possam avaliar a si mesmos! Como é alegre essa verificação! Como todos desejam fazer, o quanto antes, o *étude* uma segunda vez![6]

* * *

Tomemos a sexta cena da peça *O relógio do Kremlin*, de N. Pogôdin, e, a partir dela, vamos tentar explicar o método de trabalho por meio do *étude*.

Sexta cena. O encontro entre Ribakov e Macha no passeio público, ao pé da estátua de Gógol.

Tentemos definir resumidamente o que ocorre nesta cena.

O marinheiro Ribakov, apaixonado por Macha, atrasa-se para o encontro que havia marcado com ela.

Não se trata de um encontro comum. Nesse dia, Macha deve levá-lo à sua casa, e ainda não lhe disse o que pode acontecer por lá. Ainda não contou para o namorado sobre a atitude de Zabêlin em relação ao poder soviético.

Ribakov explica a Macha os sérios motivos que o fizeram se atrasar: Lênin ordenara que ele encontrasse um relojoeiro capaz de consertar o relógio do Kremlin.

É preciso esclarecer os acontecimentos que definem as ações e influenciam o comportamento dos personagens:

1) O atraso de Ribakov ao encontro;

---

[6] A anotação do *étude* foi feita por S. G. Sokolóv durante os ensaios da peça *Páginas da vida*, de N. Rôzov, no Teatro Central Infantil. (N. da A.)

2) O encontro de Ribakov com Lênin e a conversa entre os dois, na qual Lênin fala sobre o futuro da Rússia e incumbe Ribakov de encontrar um relojoeiro capaz de consertar o relógio do Kremlin.

O que se pode extrair desses acontecimentos? Que ações eles provocam?

Para Ribakov: alcançar Macha e se explicar, justificar seu atraso.

Para Macha: fazer com que Ribakov sinta-se culpado.

Tentemos fazer um *étude* nesta etapa. Agindo a partir de nós mesmos, sentimos que ainda não incluímos tudo em nosso *étude*. Embora tenhamos utilizado o tema principal da cena, sentimos que os acontecimentos que definimos não foram suficientes. Não foi incluída na ação a velhinha com o bebê, através da qual Ribakov tenta descobrir onde está Macha.

Mas a imaginação dos atores foi despertada, e imediatamente surge uma avalanche de perguntas: Por que a velha tem medo do marinheiro? Por que esse encontro é tão importante? Por que Ribakov se atrasa e por que Macha acaba desculpando-o pelo atraso? Para onde vão Ribakov e Macha, e que horas são?... Muitas perguntas surgem a partir da linha de ação, da época, das inter-relações etc.

Voltamos então ao texto do autor, à peça. Ao reler o texto, precisamos os acontecimentos que movem a ação da peça *como um todo*, e imediatamente percebemos que deixamos passar dois acontecimentos fundamentais: a "Revolução" e o "Silêncio do relógio do Kremlin".

Logo de cara vemos que esses acontecimentos explicam muito: quem é a velha e por que teme Ribakov, encarando-o como um "agente", por que os sinos estão calados e por que Ribakov se atrasa para o encontro. Se não fosse necessário consertar o relógio, Ribakov não teria saído à procura de um relojoeiro e não teria se atrasado para um encontro tão importante.

Nesse encontro, Macha queria falar a Ribakov justamente sobre o caráter complicado de Zabêlin.

Fazendo uma análise detalhada, conseguimos precisar os acontecimentos, que podem ser listados da seguinte forma:

1) A revolução;

2) O silêncio do relógio do Kremlin;

3) O atraso de Ribakov;

4) O encontro de Ribakov com Lênin;

5) A tarefa que Ribakov recebe de Lênin;

6) A futura apresentação de Ribakov a Zabêlin.

C) *Páginas da vida*, de V. Rôzov, e *O relógio do Kremlin*, de N. Pogôdin

Partindo daí, precisamos as ações:

Para Ribakov:

1) Descobrir através da velha para onde foi Macha, alcançá-la e explicar o motivo de seu atraso;

2) Contar a Macha sobre Lênin.

Para Macha:

1) Fazer com que Ribakov sinta-se culpado pelo atraso no encontro;

2) Depois de ouvir o motivo do atraso, fazer as pazes com Ribakov e saber se ele conseguiu ou não cumprir a tarefa dada por Lênin;

3) Preparar Ribakov para o encontro com seu pai.

Para a velha:

1) Salvar-se desse marinheiro horrível, que é na verdade um "agente".

Quando fazemos novamente um *étude* após ter precisado os acontecimentos, definido as ações e incluído todos os temas presentes na cena, começamos a agir mais organicamente e nos tornamos mais sinceros, tanto em nossas relações com os outros como em nossas próprias ações; encontramos o sentir-a-si-mesmo adequado e passamos a ser muito mais concretos em nossos monólogos interiores.

Podem aparecer ainda outras questões — a necessidade de precisar e conhecer a época, o caráter das inter-relações, e assim por diante. Lemos então mais uma vez a cena e esclarecemos o que ainda nos passou batido no *étude*, verificando mais uma vez quais são as circunstâncias propostas.

Buscamos conhecer as descrições literárias da época, procuramos material iconográfico, penetramos a fundo na atmosfera dos acontecimentos de que estamos tratando e nos apropriamos dos primeiros anos da revolução, com novas sensações do tempo e do lugar de ação.

Quando fazemos novamente o *étude*, ele já possui um material acumulado e concretizado que o aproxima ainda mais da concepção do autor. Então, acontece o seguinte:

No passeio público vazio, durante um agitado dia primaveril dos primeiros anos da revolução, está sentada uma velha, antiga senhora de posses, com um bebê, último herdeiro de uma família que um dia foi nobre. A revolução inverteu toda a ordem das coisas do império russo. Nada restou de concreto; era necessário salvar a própria vida a cada dia que passava... De repente, um marinheiro brutamontes chega correndo. É preciso que ele não a note, mas ele aproxima-se para lhe perguntar algo. A velha faz de conta que não escuta, que está ocupada com o bebê. O marinheiro teimoso insiste e, pegando-a pelo braço, pergunta para onde foi uma certa moça. Que horror! É um agente de polícia! Vai matá-la!... Eis a revolução! E a velha "dedura" a moça perseguida para livrar-se do terrível marinheiro. Ele sai, e a velha, com medo, pega o carrinho onde está o neto e foge correndo, temendo a volta do "agente".

O "agente", na verdade, era um conhecido da moça, e volta com ela para o parque. Ambos discutem a relação. O marinheiro atrasou-se para um encontro e quer se justificar, mas a moça, sem escutá-lo, o repreende por ter se atrasado logo hoje, quando ele havia combinado de ir pela primeira vez à casa dos pais dela. Ele é culpado e deve assumir a culpa. O marinheiro tenta explicar o motivo de seu atraso, mas sem sucesso, e Macha diz que ele não conhece seu pai e que, por isso, não dá tanta importância ao encontro de hoje.

Não, dá importância sim! O que acontece é que Ribakov teve de encontrar um relojoeiro que consertasse o relógio do Kremlin. E quem lhe mandou fazer isso foi Lênin. Por isso o atraso.

Mas isso é muito importante! Por que não disse logo de uma vez? Conseguiu encontrar um técnico?

Ribakov conta então a Macha de seu encontro com Lênin, de sua grandeza e simplicidade, de sua fé no futuro. Macha o escuta encantada. Todas as brigas e dúvidas desaparecem. Tudo é claro e simples. E o mais importante: tudo está bem!

Eles partem juntos à casa dos Zabêlin, alegres e felizes.

O *étude* está feito. Tudo agora está claro para os atores. Pode-se passar ao texto exato do autor.

C) *Páginas da vida*, de V. Rôzov, e *O relógio do Kremlin*, de N. Pogôdin

D)
A MÃE, DE M. GÓRKI

Confirmemos isso com um exemplo da literatura, extraído de uma obra conhecida de todos, *A mãe*, de Górki.

Depois que condenaram Pável ao exílio, Nílovna tentava concentrar todos os seus pensamentos em como realizar a imensa tarefa que tomara para si: disseminar o discurso do filho.

Górki conta com que alegre tensão a mãe se preparava para esse acontecimento. Como ela, entusiasmada e satisfeita, levando em mãos a maleta que lhe haviam confiado, senta-se na estação de trem. O trem ainda não havia chegado, e ela devia esperar. Olhava os passageiros, levantava-se e sentava-se em outro banco, mais próximo à saída das plataformas. De repente, percebe o olhar de um homem que lhe parecia familiar.

"O olhar atento a alfinetava; suas mãos, que seguravam a maleta, tremeram, e a carga ficou insuportavelmente pesada.

'Já o vi em algum lugar!', pensou, abrandando a sensação ruim e desagradável que havia em seu peito. Sem deixar que outras palavras definissem o que sentia, tentou, silenciosa e controladamente, esfriar o sangue. Mas a sensação aumentara e subira-lhe até a garganta, enchendo sua boca de uma amargura seca, e ela quis imediatamente virar-se, encará-lo mais uma vez. Assim o fez: o homem, passando cuidadosamente seu peso de um pé para outro, estava parado no mesmo lugar, como se não se decidisse por algo... Ela, sem se agitar, aproximou-se do balcão e sentou-se, calma, devagar, como se temesse quebrar algo dentro de si. A memória, despertada por um agudo pressentimento de tragédia, mostrou-lhe as duas vezes em que havia visto o homem: uma no campo, fora da cidade, depois da fuga deRíbin, e outra no tribunal...

Sabiam quem era ela, perseguiam-na, isso estava claro.

'Fui pega?', perguntou-se.

No instante seguinte, respondeu, estremecendo: 'Talvez ainda não...'.

Imediatamente, fazendo uma força enorme, disse, rígida: 'Fui pega!'.

Olhou ao redor e não viu nada, mas os pensamentos já fagulhavam um atrás do outro em sua mente. 'Deixar a mala e ir embora?' Mas uma outra centelha queimava mais forte: 'Largar as palavras de meu filho? Nas mãos deles...'. Apertou a maleta contra si. 'Sair com a mala?... Correr...'

Esses pensamentos lhe pareciam alheios, como se alguém os tivesse enfiado em sua cabeça. Fulminavam, e suas queimaduras ardiam, e transpassavam-lhe o coração como um fio incandescente...

Então, um enorme e ríspido esforço do coração como que a sacudiu, e ela apagou todos os lampejos de maldade, pequenos e fracos, dizendo a si mesma, cheia de vontade:

'Tenha vergonha!'

Imediatamente sentiu-se melhor. Fortaleceu-se por completo, dizendo:

'Que vergonha para seu filho! Ninguém tem medo...'

Era como se os segundos de indecisão houvessem fortalecido tudo dentro dela. O coração batia calmo.

'O que vai acontecer?', pensou, observando.

O espião chamara o guarda e sussurrava-lhe algo nos ouvidos, apontando para ela.

Afundou-se no banco.

'Podiam ao menos não me bater...'

Ele [o guarda] veio para perto dela, ficou um segundo em silêncio e perguntou, seco e baixo:

— O que é que está olhando?

— Nada.

— Ah, é, ladra? Uma velhota dessas, e ladra!

Sentiu que aquelas palavras estapeavam-lhe a face, uma, duas vezes; maldosas e roucas, doíam como se lhe rasgassem as feições, arrancando-lhe os olhos...

— Eu? É mentira, não sou uma ladra! — gritava a plenos pulmões, e tudo diante dela ficava embaçado, distorcido pelo incômodo, embebendo seu coração na amargura da ofensa.

A acusação mentirosa de ladra despertava nela, uma mãe velha e grisalha, que vivia para o filho e suas ideias, um protesto raivoso. Quis contar a todos, a todos os que ainda não haviam en-

D) *A mãe*, de M. Górki

contrado o caminho, sobre o filho e sua luta. Orgulhosa, sentindo a força da luta pela verdade, não pensava mais no que poderia acontecer com ela. Queimava de vontade de poder dizer a todos a verdade sobre o discurso do filho.

Ela desejava e apressava-se em falar às pessoas tudo o que sabia, todas as ideias, cuja força já sentia."

As páginas em que Górki descreve a fé apaixonada da mãe na força da verdade transmitem o poder de ação da palavra e são para nós um grande modelo de "descoberta da vida do espírito humano". Górki descreve com uma força abaladora os pensamentos não ditos de Nílovna, sua luta consigo mesma. Por isso é tão impressionante o impacto que suas palavras tem sobre nós, palavras que emergem tempestuosamente das profundezas de seu coração.

E)
MONÓLOGO DE TCHÁTSKI
NO PRIMEIRO ATO DE *O MAL DE PENSAR*

Tomemos como exemplo o monólogo de Tchátski, extraído do primeiro ato de *O mal de pensar*.

Aturdido com sua chegada a Moscou depois de uma longa ausência e com o encontro com Sofia, Tchátski quer saber de seus velhos conhecidos. Porém, não consegue esperar pelas respostas de Sofia às suas perguntas. Em seu cérebro as lembranças irrompem, pululam, precisamente pululam, e ele, sem dó, com toda a sua aguçada inteligência sarcástica, desenha retratos dos "velhos conhecidos" da forma como ficaram em sua memória. Ele deseja saber se algo mudou enquanto estava fora ou se tudo "continua como sempre".

Está curioso para saber se mudaram as simpatias de Fámussov, ou se ele

> "do clube inglês ainda é sócio
> fiel, e até a morte?"

Deseja saber se o tio de Sofia já "bateu as botas", se está vivo o "moreninho de pernas de cegonha" que aparecia sempre nos "jantares e salões", de quem já esqueceu o nome, mas lembra que é "turco ou grego". Quer saber também dos três "homens do bulevar, que há cinquenta anos se fazem de jovens". E então salta em sua memória imediatamente uma nova imagem:

> "E nosso tesourinho? O nosso sol?
> Na cara tem escrito: teatro e carnaval."

Uma lembrança alegre liga-se a esse homem, que é "gordo", enquanto "seus artistas não têm o que comer": durante um de seus bailes de inverno, Tchátski descobrira, com Sofia, a porta de "um dos quartos secretos", onde havia um homem "dando uma de rouxinol".

Mas essa lembrança logo dá lugar a uma nova. Deseja saber como vive um dos parentes de Sofia, que é "tísico" e

"[...] inimigo dos livros,
se enfiou no comitê de acadêmicos
e, aos gritos, exigia juramentos
de que ninguém iria estudar?"

Tchátski deseja papear com sua amiga de infância sobre essas pessoas enfadonhas, das quais fugiu num determinado momento e às quais o destino o trouxe de volta. Porque, quando se

"[...] viaja e volta para casa,
até o fumo da pátria é doce e agradável."

Por isso suas perguntas não têm fim.

É preciso saber como anda a tia — uma velha donzela, "com a casa cheia de cachorros pequeninos e moças a serem educadas" —, como anda o tema da educação na Rússia, se ainda

"Contratam-se professores a rodo,
Em maior quantidade, menor preço?
E nosso mentor, lembra-se de seu avental, do capelo,
Do dedo indicador, de todos os sinais de sapiência..."

E então uma nova lembrança surge em sua memória, o professor de dança:

"Guillaume, francês, faceiro e saltitante?
Que vontade de saber: casou-se enfim
Com uma princesinha?
Pulkhêria Andréevna, talvez?"

Segundo uma afirmação de V. I. Nemirôvitch-Dântchenko, que montou *O mal de pensar* muitas vezes, esse monólogo é a parte mais difícil do papel.

Conseguiria o ator dizê-lo corretamente sem antes ter criado seu próprio "moreninho", seu próprio Guillaume, sua Pulkhêria Andréevna etc. sobre o genial material de Griboiédov?

Ele deve vê-los. Trata-se de um processo complexo e que requer muito trabalho.

O ator deve ver os retratos sobre os quais Tchátski fala. Em vez disso, na maioria das vezes, contenta-se com vislumbres que qualquer leitor de Griboiédov teria, e que, embora também sejam visões, são ora nítidas, ora turvas, e geram imagens que, infelizmente, dissipam-se muito rápido. O ator deve ver as pessoas dos retratos de modo que a memória sobre elas torne-se *sua lembrança pessoal*, da qual compartilhará com o público apenas uma pequena parte.

Konstantin Serguêievitch afirmava que, quando olhamos para Tchátski como um ser humano vivo (e não como um personagem teatral), entendemos que ele vê as pessoas das quais fala no monólogo da maneira como as deixara há três anos.

O ator, sem ver absolutamente nada por trás do texto, simplesmente simula o interesse por essas pessoas, mas na realidade permanece indiferente, pois em sua imaginação não existe um "velho conhecido" sequer.

Nós falamos muito sobre o fato de o músico possuir seus próprios exercícios, que o permitem treinar diariamente. O ator dramático, no entanto, faz de conta que não sabe que precisa trabalhar em casa, fora do horário de ensaio.

Trabalhar sobre a visão no papel é treinar a imaginação, um treinamento que dá frutos gigantescos, a nada comparáveis.

E) Monólogo de Tchátski no primeiro ato de *O mal de pensar*

F)
MONÓLOGO DE JULIETA EM *ROMEU E JULIETA*

Vamos tomar outro exemplo: o monólogo de Julieta na terceira cena do quarto ato da tragédia shakespeariana *Romeu e Julieta*.

Amanhã é o dia de seu casamento com Páris. O frei Lourenço, que a casara secretamente com Romeu, propusera-lhe um plano, com o qual ela poderia fugir do casamento odioso e unir-se ao fugitivo Romeu, em Mântua. Julieta deve beber uma poção sonífera que fará com que seus familiares tomem seu sono como morte e a levem para ser velada no mausoléu dos Capuleto. Enquanto isso, o frei contaria o plano a Romeu, que viria para levá-la.

A ação nesse monólogo parece muito simples: Julieta deve beber a poção. Mas para fazer com que o espectador sinta a dificuldade que a boa filha dos Capuleto tem em seguir o conselho do frei, a própria atriz deve vivenciar em seu pensamento a luta moral que se passa na alma da heroína, quando, ao fim, ela se convence de tomar a poção. Shakespeare desvela a profundidade do que vive Julieta com uma força incrível. Ela já se decidiu: seguirá o conselho do padre, prometendo-lhe, em nome de seu amor por Romeu, encontrar a força e a coragem necessárias para tal. É chegado o momento de beber a poção. Um medo tão grande se apodera dela, que a vemos pronta a abandonar seu plano para chamar de volta a mãe ou a ama, a quem acabara de mandar embora. Julieta imagina tudo o que poderá acontecer se ela entregar-se ao medo e não beber o líquido: a separação eterna de Romeu, o casamento odioso com Páris. Escolhe por fim. "Onde está o frasco?", exclama, e de repente um pensamento terrível a paralisa:

> "E se esta droga não fizer efeito?
> Terei de me casar amanhã cedo?"[7]

A ideia do casamento por si só é tão repugnante para Julieta, unir-se a Páris parece-lhe tão impossível, que ela prefere morrer caso a bebida não

---

[7] *Romeu e Julieta*, ato IV, cena 3, tradução de Carlos Alberto Nunes, em William Shakespeare, *Teatro completo: tragédias*, São Paulo, Agir, 2008, p. 64. (N. da T.)

funcione. Esse pensamento lhe sugere que deixe uma arma ao alcance de suas mãos, e Julieta esconde um punhal sob o travesseiro, enquanto sua imaginação desenha como, daqui a quarenta e oito horas, ao final do efeito da poção, ela se encontrará com Romeu; como os dois serão felizes por finalmente se verem depois de tanto sofrimento. Dissipada a dúvida, ela leva o frasco aos lábios, mas detém-se mais uma vez:

> "E se for um veneno que esse frade
> com astúcia me deu para matar-me
> o opróbrio podia vir-lhe
> do casamento, por me haver casado
> com Romeu antes disso?"

Um novo e terrível quadro surge em sua visão interior: Lourenço, temendo a repressão e salvando a si mesmo, deve ter decidido matá-la. Lembra-se então imediatamente de tudo que sabe sobre Lourenço: lembra-se do respeito que as pessoas sentem por ele, de como falam de sua vida santa, e de como ele aceitou, de muita boa vontade, ajudá-la. Não, a imagem de Lourenço que aparece em sua memória não condiz com tal covardia. "Tudo será como disse o frei; não morrerei, apenas sonharei." Sua imaginação então desenha um novo perigo:

> "E se, depois de estar na sepultura,
> eu vier a despertar, sem que Romeu
> chegue para salvar-me? Oh caso horrível!"

Com horror ela imagina a terrível imagem de seu despertar: o frio, a noite, o mausoléu fétido onde descansam inúmeras gerações de seus antepassados, o cadáver ensanguentado de Teobaldo, as assombrações que, dizem, andam por ali durante a noite. "Mas e se eu não aguentar e enlouquecer?!", um pensamento horrível lhe atravessa repentinamente. Enquanto sua imaginação traça horrendos quadros de loucura, surge em seus pensamentos algo que a obriga a afugentar o medo. Ela vê como Teobaldo, levantando-se do túmulo, procura por Romeu. Romeu em perigo! E Julieta, vendo apenas Romeu à sua frente, sem mais pensar, bebe o líquido.

F) Monólogo de Julieta em *Romeu e Julieta*

G)
MAIAKÓVSKI DESCREVE SEU TRABALHO SOBRE O POEMA "A SIERGUÉI IESSIÊNIN"

"Começo a escolher as palavras.

Você partiu, Sierioja, para o outro mundo...
Você partiu, inapelável, para o outro mundo.
Você partiu, Iessiênin, para o outro mundo.

Qual dessas linhas é a melhor?
Todas são uma droga! Por quê?
A primeira linha é falsa por causa do nome 'Sierioja'. Eu nunca me dirigi a Iessiênin nesse tom *ami cochon*, e este nome é inaceitável agora, pois ele trará uma infinidade de outras palavrinhas falsas, inadequadas a mim e às nossas relações: 'tu', 'querido', 'meu velho' etc.

A segunda linha é ruim porque, nela, a palavra 'inapelável' é casual, foi colocada ali apenas para atender à medida: ela não só não ajuda e não explica nada, ela simplesmente atrapalha. Realmente, o que é este 'inapelável'? Será que alguém já morreu de modo apelável? Acaso existe morte com regresso imediato?

A terceira linha não serve, devido à sua absoluta seriedade (o objetivo a alcançar faz penetrar pouco a pouco na mente a noção de que há defeito nas três linhas). Por que esta seriedade é inaceitável? Porque ela dá margem a que me atribuam a fé numa vida além-túmulo, no sentido evangélico, o que não seria verdade — isto em primeiro lugar, e em segundo, esta seriedade torna o verso simplesmente fúnebre, e não tendencioso; ela obscurece o objetivo a alcançar. É por isto que introduzo as palavras 'como se diz'.

'Você partiu, como se diz, para o outro mundo.' A linha está feita: não sendo uma zombaria direta, 'como se diz' faz baixar sutilmente o patético do verso e ao mesmo tempo afasta toda suspeita de que o autor acredite em quaisquer galimatias sobre o além. A linha está feita e logo se torna fundamental, a linha que determina toda a quadra; é preciso torná-la dúplice, não sair dançando a propósito de um desgosto e, por outro lado, não soltar uma lenga-lenga lacrimejante. É preciso cortar imediatamente a quadra em duas metades: duas linhas solenes e duas coloquiais, cotidianas, e que sublimem uma à outra, por contraste."

Em seguida, Maiakóvski escreve:

"Sem qualquer comentário, vou copiar a elaboração gradual das palavras de uma linha:
Para as alegrias nossos dias estão bastante imaturos.
Para a alegria nossos dias estão bastante imaturos.
Para a felicidade nossos dias estão bastante imaturos.
Para a alegria nossa vida está bastante imatura.
Para as alegrias nossa vida está bastante imatura.
Para a felicidade nossa vida está bastante imatura.
Para o alegre nosso planeta está bastante imaturo.
Para as alegrias nosso planeta está bastante imaturo.
Nosso planeta não está muito maduro para os júbilos.
Nosso planeta não está muito maduro para o júbilo.
Para os prazeres nosso planeta está bastante imaturo.

E finalmente:

Para o júbilo o planeta está imaturo.

Eu poderia pronunciar todo um discurso em defesa da última destas linhas, mas agora me contentarei simplesmente em copiá-las do meu caderno de rascunho, para mostrar quanto trabalho é necessário para elaborar umas poucas palavras."[8]

---

[8] A tradução utilizada, de Boris Schnaiderman, encontra-se em *A poética de Maiakóvski através de sua prosa*, São Paulo, Perspectiva, 1979, pp. 189 e 196-7. (N. da T.)

G) Maiakóvski descreve seu trabalho sobre o poema "A Sierguéi Iessiênin"   265

H)
EXEMPLOS DE A. TOLSTÓI E M. SHÔLOKHOV[9]

Peguemos outro exemplo, agora do romance *O caminho do calvário* [*Khojdiénie po mukam*], de Aleksei Tolstói.

Rôschin serve ao lado dos brancos.

"A tarefa que o torturava como uma doença da alma desde a vinda de Moscou — vingar-se dos bolcheviques pela ofensa — era cumprida. Estava se vingando."

Tudo acontece exatamente como ele deseja. Mas o pensamento sobre estar certo ou não começa a persegui-lo irritantemente. E eis que num dia de domingo Rôschin se encontra em um antigo cemitério ao lado de uma igreja. Ouve-se um coro de vozes infantis e os "entusiasmados aplausos do diácono". Os pensamentos o queimam, penetram sua carne como uma faca.

"Minha pátria — pensou Vadim Petróvitch... — é a Rússia. Aquilo que a Rússia foi... Não resta mais nada daquilo, ela não voltará... O menino da camisa de cetim tornou-se um assassino."

Rôschin quer se livrar desses pensamentos torturantes. Tolstói descreve como ele "levantou-se e pôs-se a andar pela grama, segurando as mãos atrás das costas e estalando os dedos".

Mas os pensamentos levavam-no "para onde ele, ao que parecia, havia fechado todas as portas".

Ele achava que ia para a morte, mas não foi o que ocorreu.

"Bom, fazer o quê? — pensou. — Morrer é fácil, viver é difícil... Eis o mérito de todos nós: entregar à pátria moribunda não

---

[9] Aleksei Tolstói (1883-1945) e Mikhail Shôlokhov (1905-1984), autores do realismo socialista soviético. Escreveram principalmente sobre o período das guerras travadas na jovem república socialista entre 1918 e 1921 e entre 1941 e 1945. (N. da T.)

apenas um saco vivo de carne e ossos, mas todos os meus 35 anos vividos, as afeições, as esperanças... e toda a minha pureza..."

Os pensamentos eram tão incômodos que ele gemeu alto. Era como se um uivo saísse de sua garganta. Eles realmente habitavam sua cabeça, embora não pudessem ser ouvidos por ninguém. Mas a tensão psíquica causada por esse fluxo de pensamentos refletia-se em suas ações. Ele não apenas foi incapaz de manter a conversa com Teplov sobre "os bolcheviques, que já saem de Moscou com suas maletas para Arkhángelsk", sobre "toda Moscou, coberta por minas" etc., como também quase levou um murro no rosto.

Em um dos momentos mais impressionantes, mais fortes do romance, Aleksei Tolstói faz com que Rôschin encontre-se com Telêguin, seu amigo mais próximo, sobre quem pensava constantemente, como se fosse um irmão, alguém muito caro. No entanto, agora, depois da revolução, eles se encontram em campos opostos: Rôschin com os brancos e Telêguin com os vermelhos.

Na estação, enquanto espera o trem para Ekaterinosláv, Rôschin senta-se num duro banco de madeira, "cobrindo os olhos com as palmas das mãos — permanecendo assim, imóvel por longas horas...".

Tolstói descreve como as pessoas iam e vinham, sentavam-se, até que de repente, "provavelmente por um longo tempo", alguém sentou-se ao seu lado e "começou a chacoalhar a perna, fazendo todo o banco balançar. Não saía e não parava de tremer". Rôschin, sem mudar a posição, pediu ao vizinho que parasse de balançar o banco.

"— Desculpe, é um hábito péssimo.
A voz do vizinho pareceu a Rôschin infinitamente familiar, e despertava nele lembranças nebulosas e caras.
Rôschin, sem tirar as mãos do rosto, olhando por entre os dedos, encarou o vizinho com um dos olhos. Era Telêguin."

Rôschin entendeu de cara que Telêguin só poderia estar ali como um agente da contrainteligência bolchevique. Rôschin seria obrigado a denunciá-lo imediatamente ao comandante. Mas em sua psique acontece uma luta cruel. Tolstói escreve que "o horror espremeu a garganta" de Rôschin, que ele começou a tremer por inteiro e se levantou do banco.

"Entregá-lo para que em uma hora o marido de Dasha, meu amigo, irmão de Kátia, seja jogado sem botas na pilha do lixo...

H) Exemplos de A. Tolstói e M. Shôlokhov

Que fazer? Levantar? Ir-me embora? Mas Telêguin poderia reconhecê-lo, dar bandeira. Como salvar a situação?"

Esses pensamentos ferviam-lhe o cérebro. Mas ambos permaneciam calados. Nem um som. Externamente, era como se nada acontecesse.

"Imóveis, como se estivessem dormentes, Rôschin e Ivan Ilitch sentavam-se próximos no banco de carvalho. A estação de trem esvaziava-se àquela hora. O guarda fechou as portas das plataformas. Então Telêguin falou, sem abrir os olhos:
— Obrigado, Vadim."

Em seguida Tolstói conta como Telêguin, calmamente, sem se voltar, vai embora e, atrás dele, Rôschin.

Tinha apenas um pensamento na cabeça: "Abraçá-lo, apenas abraçá-lo".

* * *

Mais um exemplo, agora de *Terra nova sob o arado* [*Podniatoi tselini*], de M. Shôlokhov.

No caminho da brigada de Dubtsóv, o velho Schúkar, inebriado pelo calor do meio-dia, estendeu o seu capote na sombra.

Mais uma vez, é como se nada acontecesse externamente. O velho estava com calor, deitou o capote na sombra e cochilou.

Mas Shôlokhov adentra uma esfera inacessível aos nossos olhos. Ele nos abre os pensamentos de Schúkar quando este está sozinho, quando pensa consigo mesmo. É impossível que a verdade viva da figura não nos impressione, pois Shôlokhov, ao criar seu Schúkar, sabe tudo sobre ele. Sabe o que ele faz, como fala e como se mexe; sabe sobre o que pensa nos diferentes momentos de sua vida.

"Deste luxo não me arrancam nem com uma broca, vou dormir até a noite. Aqueço meus velhos ossinhos ao sol e, depois, vou visitar Dubtsóv, filar um mingau. É só dizer que não consegui comer em casa, pela manhã, e na certa vão me alimentar. Vejo isso claro como o dia."

Os desejos de Schúkar passam do mingau para a carne, que há muito não provava.

"Até que não seria mal, pro almoço, traçar um pedacinho de cordeiro... Umas quatro librinhas! Melhor ainda se estiver bem assada, com aquela gordurinha... ou, pelo menos, ovos fritos com *salo*.[10] Mas por favor... tudo bem à vontade...

Depois, aos amados *varêniki*.

Varêniki com *smetána*[11] também é uma comida sagrada, a melhor comunhão de todas, mais ainda quando vêm muitos e muitos na tigela, mais ainda, e depois mexe-se bem para que o *smetána* vá até o fundão da tigela, para que cada um dos *varêniki* fique banhado nele dos pés à cabeça. Melhor ainda quando não botam toda essa comida num prato, mas num pote bem fundo, para que a colher tenha como fazer seu serviço."

O faminto, sempre faminto Schúkar... Seria possível entendê-lo sem conhecer esses desejos de comida, os sonhos onde ele "com toda a pressa, queimando-se com a comida quente, enche o bucho de macarrão com miúdos de ganso..." e, ao acordar, diz a si mesmo: "é cada coisa que a gente vê em sonho, vai saber de onde vem! Só gozação, nenhuma verdade: em sonho, por favor, alegre-se! Um macarrãozão destes de uma vez só, e eu como, como e não fico satisfeito. Mas na vida real a velha lhe enfia uma gororoba na cara, maldita seja três vezes essa gororoba do inferno!"

---

[10] *Salo* é uma comida típica dos povos eslavos, que consiste em um naco de gordura de porco defumada. (N. da T.)

[11] *Varêniki* são uma espécie de bolinhos de massa cozidos e recheados, geralmente com ricota e batatas ou com cerejas. *Smetána* é uma espécie de creme de leite azedo, muito utilizado na culinária russa. (N. da T.)

H) Exemplos de A. Tolstói e M. Shôlokhov

I)
CULPADOS SEM CULPA, DE A. OSTRÓVSKI

Tomemos um exemplo da peça de A. N. Ostróvski, *Culpados sem culpa*, e observemos no monólogo de um dos personagens da peça — Nil Stratónovitch Dudúkin — a lei da perspectiva.

A famosa atriz Elena Ivánovna Krutchínina chegou à cidade. Contaram-lhe sobre o escândalo, e que o ator Neznámov foi acusado de provocá-lo. Neznámov está em apuros. O governador pretende bani-lo da cidade. Neznámov comporta-se de forma provocativa, "além do mais, o seu passaporte não está regularizado". Krutchínina decide interferir no destino do jovem ator e pede ao governador que ajude Neznámov. O governador promete fazê-lo. Krutchínina retorna à casa após a visita ao governador e, encontrando Dudúkin, pede que lhe conte que tipo de pessoa é Neznámov. Dudúkin inicia o relato:

"Vou lhe contar sua breve biografia como ele mesmo me contou. [Aqui Ostróvski coloca o primeiro ponto, tendo em mente, ao que parece, uma pequena pausa em que Dudúkin lembra tudo o que lhe foi dito por Neznámov.]

Não se lembra nem do pai nem da mãe, sequer os conheceu, e foi educado num lugar muito distante, quase que na fronteira da Sibéria, na casa de um casal sem filhos, mas abastado, da classe dos funcionários públicos, e que considerou por muito tempo como seus pais. [Segundo ponto. Pela "lei da gradação", o tom desse ponto depende do lugar que a frase ocupa em todo o fragmento. Compreendemos que o relato sobre Neznámov está apenas começando, que Dudúkin quer transmitir a Krutchínina as lembranças mais antigas de Neznámov, lembranças de infância. Logo, o ponto aqui é apenas um pequeno acento referente ao fato de que naquele tempo distante a vida de Neznámov era boa — naquela época ele achava que tinha um pai e uma mãe.]

Gostavam dele, tratavam-no bem, mesmo que, num acesso de cólera, não deixassem de censurá-lo por sua origem bastarda. [Aqui o ponto é muito suave, já que a frase seguinte esclarecerá esta.]

É claro que ele não compreendia essas palavras, e foi perceber seu significado apenas mais tarde. [Aqui o ponto é um pouco mais longo, já que as palavras "mais tarde" trazem à tona, em Dudúkin, o quadro do futuro de Neznámov, que ele pretende revelar a Krutchínina pouco a pouco, em detalhes.]

Até lhe deram instrução: ia a um pensionato baratinho e recebeu uma educação considerável para um ator de província. [Esse ponto tem mais peso ainda, apesar desta última frase apenas completar o que já foi dito sobre a vida razoável de Neznámov, ela prepara a importante ideia que virá a seguir.]

Viveu assim até os quinze anos, aproximadamente, e depois começou o sofrimento, do qual não consegue se lembrar sem horror. [Esse ponto talvez esteja mais próximo de dois-pontos, pois, a partir deste momento, Dudúkin começa a narrar a história amarga dos sofrimentos de Neznámov.]

O funcionário morreu, e a viúva se casou com um topógrafo aposentado. Começaram a eterna bebedeira, as discussões e as brigas, e ele foi o primeiro a ser atingido. [Um ponto leve, bem leve, para que a frase seguinte revele o que significa "ser atingido".]

Foi expulso para a cozinha e passou a se alimentar junto da criadagem; muitas vezes, à noite, era posto para fora de casa e tinha que pernoitar ao relento. [Aqui o ponto é leve mas, mesmo assim, mais significativo que o anterior — na frase seguinte, Dudúkin já abordará o modo como Neznámov reagia às ofensas injustas.]

Às vezes, por causa das broncas e das surras, ele mesmo saía e sumia por uma semana, vivendo em qualquer lugar com trabalhadores diaristas, mendigos e todo tipo de vagabundos; desde então, não ouviu outra coisa das pessoas além de insultos infames. [Ponto necessário para destacar uma frase muito importante, que caracteriza o mundo interior de Neznámov.]

Nessa vida, foi ficando amargurado e selvagem, até começar a morder feito um animal. [Um ponto bastante longo, pois significa a conclusão de uma certa etapa da vida de Neznámov. Ainda assim, esse ponto envolve também a continuação do relato. Dudúkin como que se prepara para passar ao principal.]

Finalmente, numa bela manhã, foi expulso definitivamente de casa; juntou-se então com um grupo de teatro itinerante e viajou para uma outra cidade. [Um ponto que soa como reticências,

I) *Culpados sem culpa*, de A. Ostróvski

como uma frase não terminada. Ele de certo modo atiça o interesse para o que se tornou a vida de Neznámov neste novo campo — o teatro. E aí está a resposta.]

Dali, por não possuir um documento regularizado, foi mandado sob escolta de volta a sua residência. [Ponto que destaca o principal acontecimento da vida de Neznámov: ele não possui um "documento regularizado", não é um membro pleno da sociedade e depende dos caprichos da polícia... Mas isso ainda não é o ponto final, o relato continua. Nesta última frase, Dudúkin menciona apenas o primeiro golpe, o início das "viagens sob escolta" de Neznámov. Somente na frase seguinte ele terminará o relato.]

Verificou-se que seus documentos estavam perdidos; a coisa foi se arrastando, se arrastando, até que lhe deram uma cópia do boletim de perda do documento, com a qual começou a viajar com os empresários de teatro de uma cidade a outra, sempre com medo, pois a qualquer momento a polícia pode enviá-lo de novo para o lugar de onde veio." [Eis, finalmente, o ponto que termina o relato, o ponto depois do qual nem o parceiro, nem o espectador devem esperar que a frase continue. Ela foi terminada, foi "jogada bem ao fundo" através da entonação.]

J)
PEQUENOS BURGUESES, DE M. GÓRKI:
A LINHA DE BESSEMÊNOV

Proponho desmontar a linha de comportamento de Bessemênov na cena do segundo ato.

Na casa de Bessemênov as pessoas se reúnem para o almoço. Nil, sem aguardar o momento em que Pólia estará só, aproxima-se dela. Espera por sua resposta — se aceita ou não se casar com ele.

Bessemênov, que os escuta desconfiado, interfere na conversa e exige que lhe expliquem o que está acontecendo: que segredos podem ter Nil e Pólia? Pólia fica desconcertada com a interferência rude de Bessemênov na conversa e não sabe o que responder. Mas Nil anuncia calmamente que pediu Pólia em casamento e que lhe perguntava agora se ela aceitaria o pedido.

O tempo-ritmo interior, tenso, de quando Bessemênov está à espera da resposta que insiste em obter, muda bruscamente depois que ele a recebe.

Górki descreve numa extensa rubrica o efeito que têm as palavras de Nil sobre os presentes.

"Bessemênov olha surpreso para ele e Pólia, segurando a colher no ar. Akulina Ivánovna também fica imóvel. Tiéterev olha para a frente e pisca pesadamente. A palma de sua mão, apoiada sobre o joelho, estremece. Pólia abaixa a cabeça."

Como podemos ver, o autor imagina que esse acontecimento, ou seja, o pedido de casamento de Nil a Pólia, abala os Bessemênov e Tiéterev a ponto de eles se tornarem por algum tempo quase imóveis exteriormente. Bessemênov nem sequer nota que está segurando uma colher no ar. Sua atenção está completamente tomada pela inesperada notícia. Estava tão despreparado interiormente que precisa de tempo para se encontrar nas novas circunstâncias que se abatem sobre ele.

Como fazer para dominar corretamente o tempo-ritmo interior e exterior dessa cena?

O tempo-ritmo exterior foi ditado pelo autor. Bessemênov ficou petrificado na posição em que o encontraram as palavras de Nil.

Mas seu tempo-ritmo interior é carregado ao extremo. Em seu cérebro passa um furacão de pensamentos: "Deixei passar! Mas como assim? E Tatiana? Ela se sente atraída por Nil. Como ele pôde preferir a pobretona de Pólia à minha filha? E eu que vivia com a ideia de agraciá-lo, casando-o com Tatiana. Mas como se atreveu? Como os dois se atreveram? Ingratos! A vida inteira lhes dei de comer, de beber..." etc. etc.

Cada ator que fizer Bessemênov criará à sua maneira o "monólogo interior", caso contrário, não irá entender o que significa ser tomado pelo acontecimento a ponto de ficar quase imóvel por um determinado tempo.

"Ce-erto", diz finalmente Bessemênov e, seguindo Tiéterev, repete de forma quase automática as palavras do cantor do coro: "Realmente... muito simples!".

Bessemênov ainda não se recuperou da notícia que o abalou, não sabe como reagir, e, para ganhar tempo, usa seu procedimento habitual de se fazer passar por um sofredor ofendido por todos.

Ele ficará calado, não dirá uma palavra. Se seus conselhos não são necessários, não irá impô-los à força.

Mas a decisão de ficar calado está acima das forças de Bessemênov. A cada segundo, a mágoa e a raiva que quer abafar irrompem com mais força, até que ele não consegue mais evitar suas repreensões.

"Não é lá generoso esse seu jeito de agradecer a minha hospitalidade... Você vive à socapa...", diz.

Em resposta às palavras de Nil, que afirma que Bessemênov não tem motivo para repreendê-lo, pois sempre pagou com trabalho a hospitalidade de Bessemênov e continuará pagando, que jamais viveu à socapa, e sim abertamente, e que continuará vivendo assim, que há tempos ama Pólia e não escondeu isso de ninguém, Bessemênov, fazendo um enorme esforço sobre si mesmo para tentar se segurar, diz, ainda de forma contida, segundo a rubrica de Górki: "Sei, sei! Muito bem... Pois bem, casem-se. Não somos um empecilho para vocês". Em seguida, porém, novamente não consegue se abster de sua pergunta principal, a mais crucial a seu ver:

"— Mas com que dinheiro vão viver? Se não for segredo, digam.

— Vamos trabalhar — responde Nil. — Estou me transferindo para o pátio de trens... E ela... ela também vai trabalhar... O senhor continuará recebendo de mim trinta rublos por mês.

— Veremos. Prometer é fácil... — responde Bessemênov ainda contido, talvez ainda mais contido que antes".

O conflito entre o desejo de se conter e a crescente ira torna-se cada vez mais torturante.

"Deixe-me lhe dar uma promissória", Nil propõe de súbito, querendo mostrar a Bessemênov que compreende ser a promissória a única forma de garantia capaz de acalmá-lo. Está claro para Nil que Bessemênov não é capaz de se elevar a relações normais, onde a palavra de um ser humano, considerado pelo próprio Bessemênov seu filho adotivo, tenha valor.

A ideia da promissória deixa Tiéterev exultante.

"— Burguês! — exclama. — Pegue uma promissória com ele! Pegue!"

Bessemênov tenta fazê-lo parar, mas Tiéterev, entusiasmado pela perspectiva de desnudar até o fim a essência pequeno-burguesa de Bessemênov, continua: "Não, pegue. Não vai pegar, né? A consciência não deixa, não vai se atrever... Nil, dê a promissória: me obrigo, pois, a cada mês...".

Bessemênov compreende perfeitamente que, com a proposta da promissória, Nil, com desdém, o atinge em cheio, partindo das ideias daquela nova e odiada visão de mundo que descarta Bessemênov e todo o seu universo como um trapo velho sem utilidade que está no caminho da formação do novo homem.

"— Posso até pegar uma promissória... — diz, ainda contido. — Tenho bons motivos para isso, eu acho. Desde os seus dez anos lhe dei de comer, de beber, lhe dei roupa, sapato... até os 27... Pois sim..."

Nil tenta impedir o crescente escândalo, pois percebe, por trás da aparente calma de Bessemênov, a tempestade que se agita nele.

"— Não seria melhor deixarmos as contas para depois? — propõe.

— Podemos fazer depois — responde Bessemênov ainda contido."

E "de repente, chegando ao ponto de ebulição", como indica Górki em sua rubrica, "explode":

"— Mas lembre-se, Nil, a partir de hoje você e eu... eu e você somos inimigos! Não vou perdoar essa ofensa, não posso! Saiba disso!"

Daí em diante, como uma barragem que acaba de ceder, Bessemênov sai de si. Um sentimento de ódio e raiva impotente, há tempos contido, toma conta dele que, segundo a rubrica de Górki, "grita sem escutar":

"— Lembre-se! Debochar daquele que lhe deu de comer, de beber... Sem pedir permissão... sem pedir conselho... em segredo... Você! A sonsa! A mansa! Por que ficou acabrunhada? Ah! Não diz nada? Sabe que eu posso...".

Essa enxurrada de um sentimento há muito contido, um sentimento de vaidade de dono ofendido, em cujo cérebro não cabe a ideia de direito à liberdade e à independência — nem que seja na vida pessoal — é interrompida por Nil:

"— O senhor não pode nada! Chega de gritaria! Nessa casa eu também mando. Trabalhei dez anos e entreguei meu salário ao senhor. Aqui, bem

J) *Pequenos burgueses*, de M. Górki: a linha de Bessemênov

aqui *(bate com o pé no chão e abre o braço em um gesto largo)* não foi pouco o que eu pus! Dono é quem trabalha..."

Nesse ponto culminante da cena, Górki, com toda a potência de seu talento, faz colidirem o novo homem, representante do jovem proletariado, que sente com todas as forças da alma o direito à vida, ao futuro, e o proprietário, o burguês que tenta impedir o avanço da história com uma impotente raiva contra a vida que o varre.

Ao ouvir o que lhe parece o mais terrível, "Dono é quem trabalha...", Bessemênov, segundo a rubrica de Górki, "estupefato, arregala os olhos para Nil". Ele perde o único apoio que lhe parecia inabalável — a propriedade, o dinheiro, aquilo que lhe dá poder absoluto sobre as pessoas —, e pergunta, perplexo:

"— O quê-ee? Dono? Você?"

E depois da resposta de Nil: "Sim, dono é quem trabalha... Lembre-se disso!", Bessemênov compreende o quão terríveis são essas palavras pois, por trás de Nil, há milhares de outros, e ele, Bessemênov, não tem como confrontá-los senão através de ameaças. Ele está infinitamente só em sua luta, pois os outros têm atrás de si aquela nova força que o assusta, força que ele, por mais que o deseje, não é capaz de deter. Bessemênov, cedendo aos esforços da mulher, permite que ela o leve para o quarto, lançando ao sair:

"— Pois bem! Fique... dono! Vamos ver... quem é dono! Vamos ver!"

O desenvolvimento do tempo-ritmo dessa cena é complexo e diversificado.

Vemos que a principal dificuldade do ator ao passar para ela e ao definir o tempo-ritmo de Bessemênov está no conflito entre a comoção interior, com a notícia do casamento de Nil, e a contenção exterior, que exige uma enorme força de vontade.

O desenvolvimento do tempo-ritmo de Bessemênov nessa cena está construído sobre o fato de que a sua contenção desmorona sob a pressão da enxurrada, cada vez mais forte, de raiva e irritação.

O tempo-ritmo de Bessemênov, tanto o interior como o exterior, está ligado de forma orgânica à avaliação dos acontecimentos da cena, ao caráter, ao subtexto e ao "monólogo interior" do personagem.

Se observarmos a linha de comportamento de Bessemênov em todo o papel, se descobrirmos, segundo a exigência de Stanislávski, o tempo-ritmo interior e exterior nos papéis de todos os personagens em cada cena, em cada fragmento, compreenderemos que a peça está impregnada de uma luta apaixonada, e que no choque entre todo o mundo bessemenoviano, pequeno-burguês, e os homens novos, jovens, cheios de forças e altos ideais está contido o tema principal da peça, seu conflito nodal mais importante. Compreenderemos que o tempo-ritmo de toda a peça decorre inteiramente dessa luta apaixonada entre o velho e o novo, e que, com toda a sua diversificação, ele está totalmente ligado à ação transversal da peça.

Dessa forma, fica claro para nós que o tempo-ritmo está organicamente ligado às circunstâncias propostas, às tarefas, às ações e a todo o conteúdo conceitual-artístico interior da obra.

DIÁLOGO COM OS TRADUTORES FRANCESES[1]
A respeito do trabalho do diretor sobre si mesmo
no processo criativo da análise pela ação

Anatoli Vassíliev

> *Salão do restaurante Le Train Bleu na estação de trem de Lyon. Meio-
> -dia.*
> PRIMEIRO. SEGUNDO. TERCEIRO. QUARTO.

TERCEIRO — Humano! Difícil essa palavra: "humano".

PRIMEIRO — A palavra "humano"?

TERCEIRO — Sim. E por que de repente "a vida do corpo", e não só "do papel"...?

PRIMEIRO — Espere um pouco, senão você começa uma digressão filosófica... Por que não dá para traduzir "a vida do corpo humano"?

TERCEIRO — É claro que dá, mas...

PRIMEIRO — E "a vida do espírito humano", dá?

TERCEIRO — Me parece mais fácil...

PRIMEIRO — Por quê? Me explique, não sei o que fazer...

TERCEIRO — Acabei de chegar, espere... Deixe eu me concentrar, ainda não estou concentrado.

PRIMEIRO — Por que você está nervoso? Isto é só uma conversa com os tradutores sobre a utilidade da ação e a interpretação dos termos.

TERCEIRO — Não estou nervoso.

SEGUNDO — Para nós, o corpo é humano de qualquer jeito. Para que especificar? É chover no molhado. Ou não?...

TERCEIRO — Já que estamos falando de seres humanos, pode-se acrescentar "humano", é claro, mas... é como chover no molhado.

---

[1] Aqui estão algumas observações nascidas em discussões bastante acaloradas entre mim e os tradutores franceses. Sempre o mesmo lugar — a área para fumantes do restaurante Le Train Bleu na estação ferroviária de Lyon — e sempre o mesmo objetivo, talvez um tanto paradoxal — como usar as palavras, a língua, como usar todo esse aparato verbal para tentar capturar o processo do fazer teatral, aquela teoria de teatro que ainda está sendo criada; como capturar e apresentar a própria respiração dessa atividade criativa... para afinal encontrar aquele olhar que vem não do lado da plateia, mas de dentro, do lado daquele que pratica teatro.

SEGUNDO — Uma redundância.

TERCEIRO — Isso em francês soa tão pesado, e eu nem entendo bem para que acrescentar "humano".

SEGUNDO — Já adianto que gostaria de falar sobre os apêndices do livro e sobre as notas. Como explicar tudo isso ao leitor francês?

PRIMEIRO — Sabe, ao final, como resultado de uma tradução tão boa, tão compreensível, chegaremos a um outro livro. Ele será publicado, será lido em francês, mas neste de Maria Knebel não há nada disso. Vou explicar que, a princípio, a vida do corpo e a vida do corpo humano não são a mesma coisa! Apesar de em russo "corpo humano" soar bastante estranho, ninguém dá atenção a isso. Afinal, é um termo de teatro. Claro, um escritor como Dostoiévski ainda pode se permitir um "corpo humano", precisamente... Mas um fulano qualquer jamais escreverá isso. Para o fulano não existe "corpo humano", apesar de existir "corpo animal". No fim, ele escreverá "animal" querendo dizer corpo de animal, que é diferente do humano. Mas agora não estamos analisando a palavra e a literatura. Antes de mais nada, não estamos no território da literatura, e sim no território de uma literatura especializada. Apesar disso, em russo esse termo não é uma bobagem, mas parte de um contexto em que é usado com frequência! Vou dizer uma coisa da qual você não faz a menor ideia: esse problema é prático. E como você, obviamente, não passou pela escola teatral russa, pela tradição em que eu ainda fui educado, isso para você soa meio idiota.

SEGUNDO — Não soa idiota. É simplesmente estranho, não idiota.

PRIMEIRO — Não. Eu, pessoalmente, não acho que para você soe estranho. Mas não precisamos especificar: estranho ou idiota, que diferença faz?!... Quando falamos de maneira simples e grossa, podemos usar qualquer palavra. Então: um ser humano em cena pode ser humano ou não humano, entende? E isso o teatro francês desconhece. Toda vez que um ser humano entra em cena, o teatro francês já imagina que ele seja humano. Mas não é. Quero dizer, no teatro russo existe uma diferença muito grande entre o artificial e o natural. Já no teatro francês, entre o artificial e o natural não existe diferença alguma. No teatro russo se coloca acima de tudo a verdade realista, artística e verossímil. Aí estão o limite e a diferença. Por exemplo, quando os meus alunos diretores começaram a fazer exercícios sem palavras... Conselho ao tradutor: quando se faz *études* com palavras, o corpo obedece a elas, e as ações das palavras são fixadas pelos reflexos — assim, tudo fica mais ou menos orgânico. Esse é um dos objetivos do *étude*: o corpo obedece às palavras, e o ator não faz grandes movimentações não realistas, de convenção. Então, como eu dizia, quando meus alunos diretores foram fazer exercícios sem palavras, exercícios surrealistas, que contavam histórias anormais e paradoxais, de repente os participantes começaram a apresentar trabalhos extremamente tolos e artificiais. Uma noite eu fiquei assistindo aquilo e depois disse: "Sabem de uma coisa, agora precisamos conversar". Desacelerar um pouco e conversar! Eu disse: "Poderia haver, em cena, algo menor que o ser humano?". Os alunos disseram: "Bem, poderia haver um gato, é claro. Fora isso, não há nada em cena que possa ser menor que o ser humano". "E o que poderia ser maior que o ser humano em cena?" Eles pensaram um tempo e disseram: "Não pode haver nada maior". Isso significa que em cena o ser humano é a única medida do vivo. A única medida! Tudo o que existe em cena constitui-se a partir desse objeto vivo — o ser humano. E tudo deve ser inerente a esse ser humano ou, como dizem, orgânico... Mas o orgânico é entendido — não sei como você entende isso — como uma naturalidade física. Porém, o orgânico, antes de tudo, é uma naturalidade cênica, inclusive física. Tudo deve ser próprio e inerente ao ser humano. Você dirá: e o que fazer com o butô, com o balé clássico? O balé clássico é uma coisa artificial, uma linguagem artificial, mas tudo o que é gerado nele é inerente ao ser humano. É um processo de geração.

TERCEIRO — Perdão, eu tenho outras perguntas...

PRIMEIRO — Deixe-me terminar. O ator em cena pode assumir qualquer forma, digamos, não humana, qualquer uma... Mas a forma não humana deve ser preenchida com a naturalidade humana. Humanizar o artificial. E todos os exercícios, todos os *études* são desenvolvidos para isso, e isso é correto — um processo especial de como fazer isso, um caminho. Sem uma resposta "humana", a pergunta da vida do espírito, da vida do corpo, se perde sem resposta. Qual é a questão? A do ser humano em cena.

TERCEIRO — É preciso fazer uma segunda pergunta.

PRIMEIRO — A naturalidade humana, a aptidão ou a inaptidão humana para a coisa, tudo isso está ligado ao problema de como surge o movimento. Como o corpo constrói o seu movimento, como conduz vibração, transmite energia... Isso é bastante sério.

SEGUNDO — Então, a segunda pergunta: e quem decide?... Como decidir se esse movimento é humano ou...

PRIMEIRO — O artista decide. É o artista quem decide, e não uma fórmula exata. É o ser humano quem decide. O ser humano que tem a medida, a medida de tudo o que é cênico.

SEGUNDO — Mas isso será aquele...

PRIMEIRO — O ser humano sempre distingue. Às vezes, ele simplesmente ignora, mas se lhe for mostrada a inverdade, passará a distinguir. A ver-

Diálogo com os tradutores franceses

dade é sempre visível se o olho da alma estiver treinado. Decide aquele a quem foi dado o direito de decidir, aquele que sente a medida da vida. Porque hoje em dia nem todo mundo sente; agora que o computador botou a civilização inteira no seu caixote, perdemos a medida da vida!

SEGUNDO — Aqui está sublinhado: "a vida do corpo humano do papel" — existe também esse termo. Ele está ligado a um novo movimento humano?

PRIMEIRO — É o papel que agora tem corpo. É o corpo do papel. Não é o sentimento do papel — não se sente o papel, mas o corpo. E esse corpo do papel é verossímil a tudo o que é "humano".

TERCEIRO — Como expressar esses... termos dramáticos fugidios?!

PRIMEIRO — Eles devem ser introduzidos. Seria o correto. Destacar é correto. Na verdade, não se trata de interpretar, e sim de destacar.

SEGUNDO — Talvez possamos olhar as outras palavras que eu destaquei.

PRIMEIRO — Vejamos: "a vida do espírito humano". A locução é um tanto suspeita! Para quem entende o que é o espírito e tudo o mais... Em russo se diz "alma humana", mas não se diz "espírito humano". O teatro tem uma terminologia um pouco diferente. Ela se fixou a partir de Stanislávski, e é preciso deixá-la assim.

TERCEIRO — Em francês soa muito comum. Qual é o problema? É normal.

PRIMEIRO — Porque em francês alma e espírito não se distinguem. Aconteceu assim. Como uma estrutura não divina. Uma quebra do divino na mentalidade. O século XVIII francês é o ideal da equiparação do Iluminismo com a história universal. Não havia qualquer diferença entre o espírito e a alma, entre a moral e a espiritualidade. E é claro que a moral e a espiritualidade eram avacalhadas. Padre é padre, aqui ou na China.

TERCEIRO — É natural.

SEGUNDO — É natural que essa palavra tenha sido excluída. É claro que ela existe em francês, mas hoje em dia não se sabe claramente o que ela significa. E a palavra alma não tem adjetivos.

PRIMEIRO — "A vida do espírito humano" é usada constantemente na terminologia teatral soviética e russa. É a tradição, é o normal. Se for traduzido assim para o francês, ótimo. Não precisa ser discutido.

SEGUNDO — É assim e basta!

TERCEIRO — Se no texto francês ficar aparecendo o adjetivo *duchévni* [relativo à alma]...

SEGUNDO — Existem dificuldades com a palavra *duchévni*... Porque não existe um adjetivo assim em francês. O que fazer? Criar um neologismo?

PRIMEIRO — E o que substitui *duchévni*?

SEGUNDO — Psíquico.

PRIMEIRO — Porque em russo uma "conversa de alma" pode significar simplesmente uma conversa agradável.

SEGUNDO — Às vezes a palavra *duchévni* é contraposta à palavra "físico". Nesse caso, é claro, o "psíquico" cabe.

TERCEIRO — E quando se falar de "algo da alma"... no interior, na alma do ser humano... então diremos "alma".

SEGUNDO — Não, não há problemas com a palavra "alma", a confusão é com o adjetivo derivado dela, a palavra *duchévni*.

TERCEIRO — A minha questão é: quando usar a palavra "psíquico"?

PRIMEIRO — O teatro se desenvolve em três princípios, e toda a sua essência está apenas nesses três princípios: o físico, o psíquico e o verbal. Essas são as três palavras das quais vive a cena.

TERCEIRO — O senhor disse "verbal"?

PRIMEIRO — Sim, verbal, relativo à fala. São três palavras importantes, essenciais. Assim, tudo o que há ao redor ou é psíquico, ou é físico, ou é verbal. No nosso caso, os dois livros de Knebel são dedicados ao teatro realista, ou melhor, à superação do conservadorismo no teatro realista. Isso é nítido! Eles estudam o princípio físico. E o princípio verbal como um princípio metafísico, como o princípio do qual surge qualquer outro princípio.

TERCEIRO — Havia uma pergunta sobre uma outra palavra...

PRIMEIRO — Podemos continuar, não tem problema, pois aí está a fórmula, diria até o programa, a "linha de vida" e a concepção soviética do teatro... e da vida.

TERCEIRO — Está bem no início do livro... uma coisa tão importante... Talvez vocês queiram fazer as suas perguntas? Posso fazer as minhas, que não são poucas... A palavra "atuante" [*aktívni*] é usada com bastante frequência: buscas atuantes, isso atuante, aquilo atuante...

PRIMEIRO — Deixe-me ver.

TERCEIRO — No primeiro capítulo — "Princípios gerais da análise pela ação".

PRIMEIRO — Onde? Ache para mim... Achou?

TERCEIRO — Aqui, em algum lugar... É claro que eu entendo o que quer dizer "buscar de forma atuante"...

PRIMEIRO — Escuta só: "Uma delas era a crescente passividade do ator". A passividade eu entendo! A passividade do ator é a ausência de au-

Diálogo com os tradutores franceses

tonomia, é uma dependência rotineira em relação ao pedagogo e uma dependência total, escrava, em relação ao diretor, enfim, àquele que propõe. Ou seja, uma subordinação de executor, de soldado de regimento, de um ator-funcionário, e a crescente passividade criativa. Não é nem uma neutralidade, é simplesmente uma preguiça criativa, uma indiferença vital, entende? Quando Knebel fala "atividade atuante" [*aktívnost*], ela se refere àquela atividade inerente à criação. E, no final das contas, está se falando de uma atividade criativa; nesse caso específico, da capacidade criativa, por assim dizer... da atividade criativa do ator.

TERCEIRO — Para mim também essa palavra é muito importante.

PRIMEIRO — O importante é que não é algo simples! Não se trata de um entusiasmo, e sim de um certo... como dizer... de um ato de criação. Não de uma passividade criativa, mas de uma participação, de uma coparticipação criativa.

SEGUNDO — Você deve ter um problema com o "atuante" [*aktívni*], porque há também o "ativo" [*diéistvennii*]. Em francês essas duas palavras se fundem num único conceito.

PRIMEIRO — Que "atuante" e "ativo" se fundem, tudo bem. Mas é preciso então encontrar uma outra palavra para "ativo". Porque atuante é ativo em francês, mas ativo em russo não é atuante. Não é a mesma coisa.

SEGUNDO — E no nosso caso, em francês, o ativo é atuante, não? Mas o atuante pode não ser ativo?

PRIMEIRO — O atuante pode não ser ativo. Por exemplo, uma pessoa pode ser atuante e ser um zero absoluto, que não produz ação.

TERCEIRO — Mas é por isso que eu não gosto nada desta palavra, "atuante"... Acho que é uma palavra vazia e que não funciona como adjetivo.

PRIMEIRO — Então use "atuante" como ativo.

SEGUNDO — Como assim?

PRIMEIRO — Use o "atuante" no sentido de ativo. Se não, o que fazer? Como vocês podem substituir uma palavra vazia? Se "atuante" é um entusiasmo sem sentido, se "atuante" em francês tem essa conotação...

TERCEIRO — Perdão, vou interrompê-lo, para mim isso é chover no molhado. Quando alguém está agindo, por exemplo, está procurando, como pode agir de forma atuante? A pessoa está procurando e ponto...

PRIMEIRO — Vamos falar um pouquinho mais sobre isso. É verdade que Knebel tem muitos desses conceitos ambivalentes. Tem-se a impressão de que o livro inteiro está salpicado com essas duplicações. Por um lado, isso se explica pela época. Era necessário transmitir, entende? Isso é a primeira coisa

— a época. Por outro lado, a explicação está nas necessidades da própria pedagogia: para transmitir, ela prefere duplicar e triplicar a mesma coisa. Enquanto a linguagem literária, ao contrário, não duplica nem triplica, mas reduz. Porque é linguagem escrita... A literatura exige que se diga menos e de outra forma. Por sua vez, a linguagem oral russa tem um duplo sentido, não tem verbos. Assim, de um lado está a época soviética: para quem o mestre transmite e para quem duplica a fim de ser entendido. Do outro lado, estão a própria pedagogia e suas funções — é preciso transmitir. Por isso, pode-se sim "procurar" também de forma passiva: o que estou fazendo? Estou procurando. Mas um pouco assim, sem entusiasmo, passivamente... E pode-se procurar de forma atuante [*aktívno*]. Não me interrompa, vou explicar! Estamos sempre falando de uma certa autoria. Desde o início, este livro de Knebel iguala as posições do ator e do diretor. E mais, até aumenta o papel do ator na primeira etapa.

TERCEIRO — Este livro?

PRIMEIRO — Tanto este livro, como a prática em geral. Tanto na teoria, como na prática. A prática teatral comum russa e soviética, na primeira etapa dos ensaios, diminui a importância e o trabalho do diretor, aumentando os do ator. Se não, é impossível! O diretor jamais age na primeira etapa como aquele que ataca, de forma atuante. Caso contrário, o método do *étude* simplesmente deixará de funcionar. E isso vale até hoje!

SEGUNDO — Nesse capítulo há um parágrafo em que Knebel diz: "Os intérpretes ficam, às vezes, muito contentes quando o diretor, logo nos primeiros ensaios de mesa, interpreta por eles todos os papéis".

PRIMEIRO — Desde o início do século. Desde a pedagogia do próprio Stanislávski... Realmente, é muito difícil obrigar o ator dramático a trabalhar de forma atuante, ele não aguenta esse princípio "atuante". Não aguenta esse ritmo, esse ritmo e essa tensão. É desconfortável demais para a psique: uma criação artística cotidiana e ininterrupta. Ele tem todo tipo de impressões sobre si mesmo no teatro, sobre a direção, sobre qualquer coisa! Enxerga a si mesmo no teatro como... um Buda no jardim. No jardim de lilases está sentado um Buda que medita: o artista é livre. Depois o Buda vai ao mestre de teatro e diz: "O senhor sabe, estou com pressa de chegar ao jardim de lilases. Por que não fazemos uma bela festa para mim?!". Mas você, como um homem de teatro, tem uma profissão que não é nada lilás!... Tudo começa com trabalho suplementar, com os treinamentos: começam a evitar os treinamentos, a chegar atrasados, a faltar, dando desculpas engenhosas. E acaba que, de repente, uma pessoa com capacidades medianas se torna alguém com capacidades muito significativas, enquanto uma outra —

que à primeira vista parecia ter capacidades muito significativas — rapidamente se transforma numa nulidade.

TERCEIRO — Eu compreendo que "ação atuante" é uma ação de criação... um movimento, um movimento criativo dentro do ser humano.

PRIMEIRO — Sempre existe uma diferença, porque na nossa "não ação" a energia foi extirpada.

TERCEIRO — Perdão mais uma vez... Acho que em francês esse pensamento deve ser transmitido com muita delicadeza, precisamente porque ele é estranho para os franceses. E deve ser transmitido naquela língua refinada que os franceses adoram.

SEGUNDO — Se for em francês puro, então...

PRIMEIRO — Infelizmente conheço apenas a história do trabalho de Jerzy Grotówski com Georges Banu durante a tradução para francês de um texto de teatro. Grotówski espremeu o texto do tradutor, obrigando-o a tirar todo o refinamento. Para que a teoria do teatro de forma alguma fale de maneira refinada! Digamos, quando alguém traduz para o rádio, para palestras, para apresentações etc., não há problema. Mas quando passamos a um curso prático intensivo para atores ou diretores, eu exijo que a tradução esteja na língua rude e tosca de um mestre-artesão. Se não, a teoria não funciona... É preciso sempre encontrar um parágrafo em que se possa falar de um jeito não muito belo. Desse modo, haverá uma respiração no livro, ficará claro que ele não foi feito para a multidão: aqui a tradução traz o refinamento da língua francesa e aqui ela passa para uma língua mais rude, estrutural, e aqui volta de novo ao lirismo. Assim estará correto. O cerne do livro de Knebel, sua essência teórica é a prática da teoria. Não é a teoria da prática, mas a prática da teoria.

SEGUNDO — Vamos adiante.

TERCEIRO — Pelos montes e pelos vales...

SEGUNDO — E pelas perguntas... Aqui está: a linha, o conceito de "linha". Estamos pensando... um minutinho...

PRIMEIRO — Talvez se trate da ligação entre a vida física e a vida da alma?

SEGUNDO — Entre a vida física e a vida psíquica... É este texto.

PRIMEIRO — É verdade. "A linha da vida é a linha contínua das ações físicas". Olhe este desenho: um círculo e um ponto. Vemos a linha contínua da circunferência, andamos pelo círculo da linha contínua das ações físicas, pelo círculo contínuo das ações físicas. A vida em si está no centro, onde há o ponto, mas é pela circunferência que ela obtém forma física, torna-se linear e contínua. Se quebrarmos esse círculo, a linha será interrompida. Certo, não? É a mesma coisa com a linha... da vida. É a mesma coisa com o comportamento do ser humano — através do comportamento do corpo ou do comportamento da alma —, o comportamento da vida. É exatamente a mesma coisa! Este é o segundo desenho: uma espiral e uma flecha. É o desenho da vida. A espiral e o círculo são um plano e uma seção. A flecha é a linha da vida por si mesma. Todas as linhas devem seguir sem interrupções; qualquer linha rompida, assim como qualquer coisa partida, termina. É possível fazer uma versão mais complexa de montagem, ou seja, uma técnica mais complexa no que diz respeito à matéria interior. De todo modo, porém, o processo de transição na montagem deve obrigatoriamente ser preenchido com vida psíquica. O salto não pode ser uma mera convenção! Quando falamos sobre a linha da vida, do comportamento e das ações físicas, dizemos que, juntas, todas essas linhas formam a linha única geral do papel: todas as ações se organizam e, se seguirmos o percurso principal, dizemos que elas se organizam na "ação transversal do papel". Ou seja, tudo avança "através de". Tudo avança de forma contínua, linear e "através de". Por isso se fala em "linha da vida do corpo humano" — e não apenas em vida da alma! O corpo humano é uma certa substância à parte, enquanto a "vida do corpo humano" é uma categoria. E a linha da vida é, como dizer... é a ação dessa categoria no ser humano. Digamos assim: a vida do corpo humano age, ela age na alma, na linha contínua da vida humana.

SEGUNDO — Não tem como tirar "a linha do papel".

TERCEIRO — De qualquer forma, nessa passagem e... em outros capítulos essa palavra...

PRIMEIRO — Não tem como tirar, é impossível. Claro, se pode substituí-la, há outras frases que também são ótimas. Porém, quando discutimos o ofício, dizemos "a linha do papel", e quando simplesmente nos referimos ao ofício, dizemos "o papel". Quando analisamos pela ação, quando começamos a desmontar o papel, dizemos "a linha do papel", porque o papel se faz a partir da composição de muitos... pequenos detalhes e partes diversas, assim como uma árvore é feita de muitos ramos, de diversos galhos e folhas. Afinal, papel é crescimento! E esse crescimento é sempre diferente, ele acontece de vários jeitos e aí, é claro, na língua da arte profissional, falamos sobre a linha do papel. Ao analisar qualquer fragmento, temos o direito de dizer: olhe, você está cometendo um erro nesse fragmento! Você está agindo de forma incorreta por tais e tais motivos e indícios. Nós não falamos sobre o papel como algo genérico: "Ah, o papel! Que papel bom!".

TERCEIRO — E quando o senhor faz as marcações de cena, ao final do trabalho, quando tudo é concreto, o senhor insiste na verificação da linha?

Diálogo com os tradutores franceses

PRIMEIRO — Quando faço as marcações de cena já é tarde para falar sobre a linha, mas quando estou ensaiando, sem dúvida. Como não?!

TERCEIRO — O senhor diz ao ator: "Vamos verificar a linha"?

PRIMEIRO — Não, não falamos assim, não. Sabe... essa metodologia existe para ser cumprida e conhecida. Para que você a conheça como intérprete, e eu, como diretor. Depois... começamos a falar numa outra língua. Nossos pedagogos e mestres nos alertavam: evitem falar na língua da metodologia! Nisso consiste a arte dos ensaios: compreender um ao outro de forma metodológica e falar numa língua que não é a da metodologia. Para isso se reúne um *ensemble*, uma trupe, um teatro. Eu, por exemplo, não falo na língua de nenhuma metodologia, muitas vezes eu a evito, e os atores sabem que é assim... Uma vez que a metodologia diz respeito a algo tão verdadeiro e real, não é no burburinho ou na folha de papel que ela existe. Sabe-se sobre a teoria, ela é "trabalhada" nos cursos e nas universidades, às vezes nomeada, mas é mais comum que se evite as denominações e os termos. Os dois livros de Stanislávski sobre o trabalho do ator sobre si mesmo[2] parecem meio idiotas porque nas aulas de interpretação Tortsóv diz com demasiada frequência: "Vamos verificar a linha do papel", "Vamos verificar a ação transversal", "Senhores, vamos verificar a supertarefa". Claro, isso é a língua metodológica, mas ela facilmente se transforma em nomes cômicos, e isso somente porque, ao lermos, tomamos Tortsóv por um ser humano real. E de repente aparece esse vocabulário inumano! Entretanto... a pessoa que sabe do que se trata compreende que na realidade quem está falando é Stanislávski — então, ela descarta toda comicidade!

SEGUNDO — Temos um novo tema no programa: vamos falar sobre o sentir-a-si-mesmo, e depois da supertarefa... e sobre o ator-papel.

TERCEIRO — Talvez seja importante falar sobre... os acontecimentos maiores.

PRIMEIRO — Sobre que acontecimentos maiores? Sentir-a-si-mesmo — nossa! Você distingue o significado de duas palavras: *tchúvstvo* [sentimento, emoção] e *samotchúvstvie* [sentir-a-si-mesmo]?

TERCEIRO — Sim, distingo... de alguma forma eu distingo.

PRIMEIRO — E para você essa distinção consiste em quê? Desculpe a pergunta, mas eu...

TERCEIRO — Vou responder em francês. Eu entendo quase filosoficamente que o sentir-a-si-mesmo é como um espelho; não um espelho, mas "como se fosse" a compreensão pelo sujeito do próprio sentimento.

---

[2] Trata-se dos dois volumes do livro *O trabalho do ator sobre si mesmo*. (N. do O.)

PRIMEIRO — No vetor, a diferença está no vetor. O reflexo se dá no sentido contrário.

TERCEIRO — Ou seja... o reflexo em si é outro?

PRIMEIRO — Me parece que podemos distinguir o sentimento e o sentir-a-si-mesmo assim: o sentimento é estático, o sentir-a-si-mesmo é dinâmico. O sentimento pertence a alguém, o sentir-a-si-mesmo pertence a mim. Não é a mesma coisa, entende? Se digo, por exemplo, "eu sinto", isso é normal na lógica cotidiana. Eu sinto alguma coisa. Mas o "eu sinto" significa que você contou sobre o seu sentir-a-si-mesmo. Sim, é isso! Precisamente: "eu sinto" — olhei para dentro de mim, vi o que ocorre na minha alma e disse: "aí está, estou experienciando isso"; eu fixei esse sentimento. Mas isso não acontece com o sentir-a-si-mesmo. O sentir-a-si-mesmo é um certo processo... de um sentimento que se move, um processo do germinar do sentimento.

TERCEIRO — É algo subconsciente?

PRIMEIRO — Não só... A escola russa lutava contra o teatro de sentimentos. Lutava de forma categórica! Desde a sua fundação, o Teatro de Arte simplesmente odiava o teatro de sentimentos.

TERCEIRO — O que é isso? É um teatro de *páthos*?

PRIMEIRO — Não exatamente, embora se possa dizê-lo. Esse é o nome que se dá ao teatro sentimental. O teatro de sentimentos pode significar tanto o teatro sentimental, como os diversos gêneros desse tipo de teatro. A escola russa negava esse teatro de forma categórica, e com toda a razão. Em geral, o teatro de sentimentos é um teatro baseado num sentir-a-si-mesmo voltado ao resultado — eu colocaria assim. É um teatro de vivência estática, de uma vida estática, pode-se dizer até. O teatro de sentimentos é o teatro do melodrama. E o Teatro de Arte sempre contestou esse melodramatismo. Lembro-me muito bem de como nos censuravam e repreendiam pelos "sentimentos", pelo teatro de sentimentos. E nós, que o queríamos tanto... Para que não se passe — nem no vocabulário, nem na prática — ao território do teatro de sentimentos, define-se um conceito e cria-se uma palavra que nos leva facilmente a um novo "sentir", mas que, aí, já é o sentir-a-si-mesmo. O que é isso? Temos aqui um outro subtexto: quando, no dia a dia, dizemos que nos sentimos "assim", na realidade cênica isso significa que devemos *fazer* alguma coisa para que nos sintamos propriamente "assim"! É um processo de sentir-a-si-mesmo.

TERCEIRO — Não é aquilo que se costuma dizer... que o ator deve atingir um certo sentir-a-si-mesmo como se fosse um determinado estado. Desse "sentir-a-si-mesmo" tudo nasce, tudo deseja nascer.

Diálogo com os tradutores franceses

PRIMEIRO — Mas o próprio "sentir-a-si-mesmo" também é um nascimento! Digamos que o "sentir-a-si-mesmo" é uma palavra que designa um processo, e que se opõe ao sentimento.

TERCEIRO — O que é sentimento? Apenas um resultado.

PRIMEIRO — Um resultado. Enquanto o "sentir-a-si-mesmo" é um processo.

TERCEIRO — O "sentir-a-si-mesmo" é como um mar, e nele os sentimentos são como ondas, que aparecem e logo desaparecem. Mas, num teatro de sentimentos, em vez de ondas há uma única onda, congelada para sempre, como uma estátua. E aqui entra o "sentir-a-si-mesmo" e, é claro, quando...

PRIMEIRO — Quando há movimento: é como se fosse um oceano dinâmico de vivências em movimento, com ondas de "sentir-a-si-mesmo" em constante movimento.

TERCEIRO — E o senhor sabe de que é feito esse sentir-a-si-mesmo?

PRIMEIRO — De que é feito o sentir-a-si-mesmo enquanto tal? Já lhe digo. A vida psíquica, a psique, se expressa, se encontra no sentir-a-si-mesmo, e o sentir-a-si-mesmo gera uma resposta — é um processo psíquico... penso que seja assim.

TERCEIRO — Uma resposta assim... ampla.

PRIMEIRO — Qualquer um pode entender... Como o sentir-a-si-mesmo se encontra no território do movimento, ele jamais pode ser parado. Já a palavra "sentimento" se encontra no território da imobilidade. Aí está... E, por isso, se formos falar de forma bem grosseira, matar o sentimento significa criar uma situação propícia para o nascimento do sentir-a-si-mesmo.

TERCEIRO — É um certo estímulo para a vida.

SEGUNDO — Na época em que foi criado, "o sentir-a-si-mesmo" era um neologismo.

PRIMEIRO — E qual é a outra maneira de dizer "eu sinto a mim mesmo"?

SEGUNDO — A construção nesse caso não é paralela. Não é simétrica entre o russo e o francês.

TERCEIRO — Quem foi o primeiro a chamar o "sentir-a-si-mesmo" de "sentir-a-si-mesmo"? Por acaso não foram Dóbtchinski e Bóbtchinski?[3] Acho que foi Gógol quem disse isso!

PRIMEIRO — Talvez, talvez. Não é difícil inventar o sentir-a-si-mesmo...

"— Como você sente a si mesmo, meu caro? — disse o ator, numa noite muito fria de inverno, trajando um luxuoso casaco de pele, ao figurante,

---

[3] Dois personagens cômicos da peça O inspetor geral, de Gógol. (N. da T.)

que vestia uma leve jaqueta. — Como no verão, como no verão! — respondeu o figurante."

Você sabe, existe um certo processo: sinto a mim mesmo. Existe o sentimento, e existe o eu sinto a mim mesmo. É uma outra coisa, são certas inter-relações dinâmicas e ativas do sujeito com o seu próprio sentimento.

TERCEIRO — E isso é criado pelo ator.

PRIMEIRO — Isso se cria no processo. No processo de ensaios. Se formos falar de forma tradicional sobre o "se" mágico, o ator deve tomar completamente as situações e circunstâncias dos acontecimentos dramáticos. Grosseiramente falando... as situações e as circunstâncias como que magnetizam o ator; delas, surge um campo, e dentro desse "campo magnético" começa a existir um ser movente — esse ser se chama "sentir-a-si-mesmo", isto é, como eu mesmo me sinto. O processo é esse. No início da nossa conversa eu disse que o sentimento pertence a você, enquanto o sentir-a-si-mesmo pertence a mim. Eu não posso dizer que o sentimento me pertence, mas eu posso descrevê-lo: durante a noite toda, enquanto chovia, eu me sentia doente. Estou descrevendo, isso significa que esse sentimento não me pertence. O que me pertence é algo totalmente distinto. É a você que pertence o meu sentimento — quando você sente, você não é capaz de dizer nada sobre si mesmo. É surpreendente! O sentimento é um sentir-a-si-mesmo ao qual foi dada uma forma.

SEGUNDO — Usa-se, é claro, o termo *l'état* para traduzir o sentir-a-si--mesmo, mas isso já significa *estado*.

TERCEIRO — *L'état* não é um termo ruim. Já se traduziu muito assim.

SEGUNDO — Não, é uma coisa muito estática, um estado estático. Impossível.

TERCEIRO — Todos os tradutores franceses usam "*l'état*", um estado imóvel em cena.

PRIMEIRO — Eu não posso falar assim no ensaio, mas apenas na etapa final do trabalho, quando está tudo claro entre o ator e o papel. Porém, no processo de formação do papel, quando o ator o cultiva em si mesmo, é impossível. É um erro! Na verdade, estas são as duas principais categorias utilizadas no trabalho: a ação e o sentir-a-si-mesmo. Vocês conversaram entre si sobre a ação e o sentir-a-si-mesmo, sobre eles serem opostos? E se de repente vocês não entendem isso...?!

TERCEIRO — Entenderemos, se fizermos um esforço. O problema não é se compreendemos ou não isso em russo. O problema é como transmitir o conceito em francês!

Diálogo com os tradutores franceses   291

PRIMEIRO — Stanislávski não diz "a ação e o sentimento", ele diz "a ação e o sentir-a-si-mesmo"; Stanislávski não diz "atividade [*aktívnost*] e sentimento". Não é a mesma coisa!

SEGUNDO — Por que estamos dando voltas em torno desse assunto, procurando... aqui, acolá?!

TERCEIRO — Na verdade isso é pouco usado no livro, não é um problema. O problema é que o sentir-a-si-mesmo está muitas vezes em frases que já são complexas... Na tradução vira algo esdrúxulo, um composto de quatro palavras. Uma aglomeração gramatical, frases de quatro andares!

PRIMEIRO — Escutem, com uma boa tradução pode parecer, e isso seria maravilhoso, que os sentimentos nem existem... Aquilo que definimos como "sentimento existente" na realidade não existe. Porque existe apenas o sentir-a-si-mesmo. E aquilo que chamamos de sentimento só existe na percepção de outra pessoa. Porém, a própria pessoa que sente jamais o percebe como sentimento, e sim como sentir-a-si-mesmo. No momento da percepção ele realmente se torna sentimento, porque para. Mas o que nos interessa é o componente vital e móvel.

TERCEIRO — Vê-se que não é um conceito analítico.

SEGUNDO — E "emoção"?

TERCEIRO — É possível usar "emoção", mas isso significa um sentimento mais profundo.

PRIMEIRO — Nesse caso, o "sentir-a-si-mesmo" será transmitido como uma profunda sensação emocional. Não, isso não é bom. Eu acho que não se pode subtrair o "si mesmo" do "sentir-a-si-mesmo". Não está certo.

SEGUNDO — Acho que já falamos o suficiente, dá para traduzir...

TERCEIRO — Diga, para o senhor é imprescindível a palavra "si mesmo"?

PRIMEIRO — Sem o "sinto a mim mesmo" simplesmente não existe aquilo de que fala o texto *Sobre a análise ativa da peça e do papel*.

SEGUNDO — Agora está claro. É preciso buscar e pensar...

TERCEIRO — Pode ser até um neologismo.

SEGUNDO — É aí que vão se revelar as suas qualidades poéticas. Ache um neologismo para nós!

PRIMEIRO — Estamos falando de emoções. É estranho, de fato... Estamos falando sobre transmissão ativa — sobre como algo é feito e o que é feito — e sobre a base emocional. O processo da ação deve ser limitado quanto à emoção, deve ser não emocional. Quanto menos emocional for o processo de ação, melhor será a ação. A ação vive no "emocional", mas é apenas ação, enquanto o "emocional" já é algo independente por causa da sua própria emocionalidade. Essas duas essências, que dependem uma da outra, são idênticas a duas coisas: à ação e ao sentir-a-si-mesmo. No teatro, a emocionalidade é uma gueixa que todo mundo conhece, que se move e dança, mas que não tem matéria!

SEGUNDO — Então pronto, podemos passar ao próximo parágrafo.

PRIMEIRO — E os processos de surgimento das emoções também são distintos. Ou seja, ao atuar, posso mostrar emoções, fotografias de emoções, e isso será chamado de "sentimento". Ou posso, como dizer... provocar essa emoção. Convidar as emoções é um outro processo! Não a mostro... nunca a conheço... Apenas a chamo, mas não posso demonstrá-la, ela não existe, não sei nada sobre ela. Mas posso criá-la.

TERCEIRO — Criatividade total!

PRIMEIRO — Tudo está ligado à criação, absolutamente tudo, toda a prática, toda a teoria, tudo, tudo. À compreensão da matéria como uma vida que se cria constantemente, que nunca para, que sempre muda. E isso é uma coisa fundamental, é o fundamento da teoria de Stanislávski.

TERCEIRO — Eu não posso usar isso!

Pausa.

QUARTO — A terminologia e o texto!... Mas eu estarei em Moscou! Depois do dia dezoito ou vinte de dezembro. Por uma semana.

PRIMEIRO — Você vai para o Natal?

QUARTO — Não, fico até o Natal e depois volto para a França...

PRIMEIRO — Então vamos nos encontrar. Pode ser no dia dezoito em Paris, se for necessário. Podemos nos encontrar todos em Paris.

SEGUNDO — Eu queria que nos reuníssemos agora, que déssemos uma ordem à nossa conversa.

QUARTO — Sim, porque me enviaram um monte de... um monte de referências. Por exemplo...

PRIMEIRO — *Analyse-action* [análise-ação]... pode ser, é claro, mas não é muito preciso.

TERCEIRO — Tem que ser *analyse par action* [análise pela ação]!

PRIMEIRO — Sou contra *analyse-action*... Não está certo! Em russo eu não consigo justapor "análise" e "ação".

TERCEIRO — Em francês também soa um pouco estranho. Me parece que o sentido se perde... O que é *diéistvennii análiz* [análise pela ação, análise ativa]?

Diálogo com os tradutores franceses

PRIMEIRO — *Diéistvennii análiz* é *diéistvennii análiz*! *Diéistvennii* é um adjetivo derivado da palavra *diéistvie* [ação], mas *action* não é um adjetivo.

TERCEIRO — Eu já ouvi dizer que em francês às vezes se diz *analyse active* [análise ativa].

PRIMEIRO — Não, não, não... está completamente errado. Eu penso de outro modo... O título em francês do texto de Knebel, *De l'analyse par action de la pièce et du rôle*, corresponde à terminologia russa.

TERCEIRO — *Analyse-action* é um mistério, mas eu gosto.

SEGUNDO — Eu também — para a capa.

QUARTO — De novo esta palavra, *perejivánie* [vivência, experiência do vivo]. Uma palavra difícil de traduzir...

PRIMEIRO — Nenhuma palavra é difícil de traduzir. O difícil é explicar. A terminologia de teatro russa é como uma doutrina. Por exemplo: "Sobre a análise ativa"... Você sabe, para um leigo, se você não explica isso, não fica claro. O significado de "análise ativa" não é fácil e está oculto! Uma "análise excelente" é compreensível, uma "análise ruim" também, mas "ativa"... O que é "análise ativa"? Já no meu tempo de estudante, em 68, no curso de direção, a pergunta era a mesma. E também: como apreender isso?! Mas quando, na experiência do *étude*, você descobre que análise ativa e análise pela ação são a mesma coisa, tudo fica mais claro e alegre. É uma espécie de jogo! Tortsóv e seus alunos. Toda a nossa terminologia é *tortsovismo*. É cômico e terrivelmente certo!... Você entende?... E se o jogo for outro — em vez de análise ativa [*diéistvennii análiz*], "análise virginal" [*diévstvennii análiz*]?[4]

QUARTO — O que é "análise virginal"?

TERCEIRO — Senhor, a sua análise é virgem. Isso é *tortsovismo*.

PRIMEIRO — Uma moça se pôs a analisar. Um ser assim delicado, leigo, virginal... começou a analisar. Uma análise virginal. Uma virgem... E a análise ativa? É a própria ação... Se a "análise virginal" é uma moça virgem que começa a analisar, a "análise ativa", por sua vez, é a própria ação que começa a analisar. É isso! Análise pela ação ou ação que analisa — eis o que isso significa!

SEGUNDO — Knebel também usa "análise pela ação". É o segundo capítulo do livro *A palavra na arte do ator*.

PRIMEIRO — A ação começou a analisar — esse é o verdadeiro significado de "análise pela ação". A própria ação analisa. Certo! Porque no início

---

[4] Trocadilho feito a partir da proximidade acústica, em russo, das palavras *diéistvennii* [ativo] e *diévstvennii* [virginal]. (N. da T.)

era a ação, e a ação era teatro, e o teatro era ação — como se diz no livro de Stanislávski. Nenhuma palavra em francês será problema, se tudo for compreendido como movimento. A mentalidade cartesiana é organizada de forma estática e funciona através de manipulações de grandezas imóveis e constantes. Como traduzir *perejivánie* [vivência, experiência do vivo] se essa palavra não se transforma numa imagem viva?! Mas a vida... Como dizer isso? A vida como "experiência" é a vida em processo, como se fosse uma certa substância interior chamada "vida em movimento", "vivência". E ela nunca para porque a experiência não pode ser estática, não pode ter fim. A "experiência" é apenas a manifestação cênica da vida infinita que, é óbvio, termina cenicamente!

QUARTO — A constante migração da vida, a transformação da vida — e tudo o que era complicado vai para o lugar. Mas *perejivánie* é apenas uma palavra! Já surge um problema: o problema da língua, e também o da conformidade. Por isso, no meu caso, traduzo o termo russo *perejivánie* usando a palavra latina "emoção". Como se fosse uma vida emocional no mundo...

PRIMEIRO — Vida emocional em vez de experiência do vivo, de vivência — não, de forma alguma se pode fazer essa substituição! É um erro teórico colossal.

QUARTO — Mas fazer o quê, então?

PRIMEIRO — Não sei! Mas de forma alguma pode-se substituir "vivência" por "emoção". Escute, isso é um erro de primeira série do primário. A emoção diz respeito aos sentimentos, o que não é o caso da vivência. A vivência é como uma substância, em que o sentir-a-si-mesmo e a ação se fundem. Quando dizemos "emoção", isso diz respeito ao sentir-a-si-mesmo; quando dizemos "ação", trata-se de um ato de volição em movimento.

QUARTO — Em francês a palavra "emoção" não é tão técnica...

PRIMEIRO — Talvez você queira dizer que não é tão emocional. Mas, no fim das contas, existe a locução "sentir-a-si-mesmo". Se, por exemplo, um especialista diz que não se trata de emoção e sim de sentir-a-si-mesmo, ele deve saber o que diz.

QUARTO — Então eu não sei como traduzir...

TERCEIRO — Alguns tradutores traduzem por "reviver".

PRIMEIRO — Viver — reviver — sobreviver.

TERCEIRO — Não é a mesma coisa!... E se traduzirmos como "sensação"?

PRIMEIRO — Sensação e vivência não são a mesma coisa!

SEGUNDO — Reconheço o delírio de um russo na pátria francesa.

Diálogo com os tradutores franceses

QUARTO — Aí estão todas as possibilidades... Não sei mais o que inventar...

TERCEIRO — Afinal, as experiências estão ligadas aos sentimentos...

PRIMEIRO — Eu já disse que a vivência, a experiência do vivo, é a união da ação e do sentir-a-si-mesmo. Os dois juntos! Vêm juntos, sempre juntos. É preciso decompor a ação e o sentir-a-si-mesmo, e dessa forma provocar a vivência. A vivência é gerada pela ação e é acompanhada pelo sentir-a-si--mesmo, ou é gerada pelo sentir-a-si-mesmo e é acompanhada pela ação. Isso depende de seu próprio ato de nascimento.

O relógio marca onze e meia.

TERCEIRO — Eu não posso usar isso.

PRIMEIRO — Eu posso dizer mais uma vez a mesma coisa, mas será só para lhe agradar.

TERCEIRO — Ainda temos tempo?

SEGUNDO — Temos.

PRIMEIRO — Você não tem tempo?

TERCEIRO — Eu tenho tempo.

SEGUNDO — O trem é à uma, não?

PRIMEIRO — Ainda não sei.

TERCEIRO — Talvez possamos ir a um café e...

PRIMEIRO — Não preciso tomar nenhum trem agora. Posso tomá-lo à uma ou às duas.

SEGUNDO — Você realmente está interessado no café?

TERCEIRO — Não, estou realmente interessado no sentir-a-si-mesmo, mas...

SEGUNDO — Vá, tome um café, você vai sentir-a-si-mesmo melhor.

PRIMEIRO — Escute, você é capaz de falar sem café?

TERCEIRO — Sim, sou capaz até sem café, de tanto que sofro com o "sentir a mim mesmo".

PRIMEIRO — E que horas são?

SEGUNDO — Onze e meia.

PRIMEIRO — Devemos tomar o trem.

Lyon, abril-dezembro de 2005

SOBRE MARIA KNEBEL

Adolf Shapiro

Ao que parece, seu destino não passou despercebido à Providência divina. Não por acaso, quando perguntada sobre a existência do Criador, a professora Maria Knebel desviou-se ironicamente da aluna-inquisidora: "Não duvide".

Seu pai, que viera de uma pequenina cidade da Galícia,[1] filho de uma numerosa e quase miserável família judia, e que já era adulto quando aprendeu russo, tornou-se um grande conhecedor e disseminador da arte russa.

A luz de sua vida — digna de uma fábula hollywoodiana — se reflete sobre o caminho de sua filha Maria, cujo lugar na história do teatro adquire cada vez mais importância. Afinal, Maria causou uma enorme reviravolta na consciência de toda uma geração de diretores de teatro.

Nos anos 60 do século XIX, seu pai, ainda adolescente, deixava a casa dos pais com uma trouxa de roupa nas costas, em busca da felicidade. Viena. Ali, engraxou sapatos, passou fome e estudou: primeiro o ginásio, depois a faculdade de medicina e então o Instituto de Comércio. No tempo livre, entregava-se aos museus: adorava pintura.

Agora, atenção! Estamos no último dia de aula do Instituto de Comércio. Os estudantes, reunidos, brincam de adivinhar o futuro: onde cada um irá trabalhar? Entre os papeizinhos, com nomes de diversos lugares, um país exótico: Rússia. Eis a sorte que coube ao jovem Joseph Knebel. A gargalhada geral dos companheiros só se calaria com sua decisão de abraçar a sorte. Quebrando todos os argumentos dos colegas acerca do "delírio" de suas intenções, Joseph parte para Moscou sem um único tostão no bolso.

Claro, houve ainda uma infinidade de eventos desde o dia em que arrumou seu primeiro emprego, como vendedor numa livraria de livros alemães, até o dia em que fundou a Editora J. Knebel. Um deles, no entanto, seria determinante: o encontro com o colecionador de arte Pável Tretiakóv.[2]

---

[1] Região localizada entre a Polônia, a Ucrânia e a Alemanha. No século XIX, era parte do Império Austro-Húngaro. Hoje em dia, é parte da Ucrânia. (N. da T.)

[2] Pável Tretiakóv (1832-1898), vendeiro russo e industrial do ramo têxtil. Deixou sua

O pai de Maria Knebel encontrava-se num país selvagem num dos raros períodos em que este seguia determinadamente adiante. A Rússia nunca marcha em trote. Ou dispara a toda velocidade, ou tropeça e cai (e, ao levantar-se com dificuldade, põe-se a galope). Surpreender o mundo — eis uma de suas principais ocupações. Quem no Ocidente poderia imaginar, por exemplo, que a reforma do teatro partiria de Moscou? Naquela época, o país, que finalmente abolira a escravidão,[3] tentava recuperar o tempo perdido.

O estamento dos vendeiros,[4] consciente dos benefícios da instrução e das luzes, pusera-se ao trabalho com a grandiosidade que lhe é própria. Inauguram-se museus e galerias; não quaisquer museus, mas verdadeiros museus-modelo. Publicam enciclopédias, guias, dicionários. Criam sociedades de apoio aos artistas, fundos e bolsas. Trazem cantores da Europa.

É nessa época que os moscovitas começam a se orgulhar de sua orquestra sinfônica, da mesma forma que antes se orgulhavam de seu comércio. À frente da orquestra, possibilitando a consolidação da música nacional, estava o primo do prefeito, Konstantin Aleksêiev, um industrial. Aleksêiev, que nos círculos de teatro amador atuava sob o pseudônimo de Stanislávski, criou a Sociedade de Literatura e Arte. Mámontov, parente do ator (então ainda amador), reunia novos talentos em sua casa ao mesmo tempo em que unia os cantos mais selvagens do país com estradas de ferro. Descobriu, entre outros, Mússorgski e Rimski-Kórsakov; fomentou Chaliápin e construiu um pavilhão de exposições para os quadros de Vrúbel.

Moscou sem os comerciantes-mecenas seria o mesmo que Florença sem os Medici. Tretiakóv presenteou a cidade com uma galeria de arte nacional. Um dos irmãos Schúkin reunia telas impressionistas e expunha-as gratuitamente. O outro abriu um museu de antiguidades. Criou-se um museu do teatro, incentivou-se a publicação de livros.

Havendo dominado rapidamente aquela língua estrangeira (ao fim da vida conhecia catorze idiomas), Joseph Knebel foi tragado pelo furacão moscovita. Como estrangeiro, a particularidade do momento lhe era muito clara, muito mais do que aos "aborígenes" russos. Entusiasmado pela pintura

---

coleção de quadros de arte como presente para a cidade de Moscou, dando origem à Galeria Tretiakóv, até hoje a maior coleção de artes plásticas russas do mundo. (N. do O.)

[3] Trata-se da libertação dos servos da gleba, ocorrida em 1861. (N. do O.)

[4] Na Rússia tsarista, chamavam-se "estamento dos vendeiros" as organizações compostas de grandes comerciantes. (N. da T.)

de ícones e pelas modernas pesquisas dos artistas russos, não conseguia entender: como é que o mundo não os conhecia?

O entusiasmo e a incompreensão levaram-no a propor a Tretiakóv a edição de um livro com as reproduções dos quadros do acervo do colecionador. À pergunta "E de quanto capital você dispõe?", o entusiasta Joseph respondeu sincero: "Nenhum copeque". Mas disse que, se os quadros pudessem ser fotografados, convenceria os fotógrafos a trabalhar fiado, assim como conseguiria que lhe emprestassem papel e tipografia. Knebel não duvidava do sucesso, e propôs cem por cento do lucro a Tretiakóv.

— E você, quanto vai querer? — gargalhou o ricaço.

— Nada, mas quero cem por cento dos lucros da segunda edição.

Tretiakóv concluiu que, de duas, uma: ou estava diante de um homem de talento, ou de um louco. Mais provavelmente de um louco. Como não havia nada a perder, depois de pensar um pouco concordou que os quadros fossem fotografados. Estava decidido o destino de Knebel. Em pouco tempo, toda casa russa de respeito possuía álbuns, monografias, livros infantis, manuais de história da arquitetura e da moda publicados por Knebel. Esses livros eram objetos de orgulho para seus donos, já que eram obras de arte em si mesmos. A tipografia, as ilustrações e o papel vegetal entre as páginas eram testemunho do gosto requintado do editor e de sua consciente vocação iluminista.

O apartamento de Joseph Knebel (Óssip, depois do batismo ortodoxo) ficava no mesmo edifício de sua loja e editora, e muito rapidamente tornou-se um ponto de encontro de escritores, filósofos e artistas. Se elencássemos os nomes de todas as pessoas que passaram pela casa da pequena Macha Knebel... Quem a guiou ao mundo do Belo, diga-se de passagem, foi um dos amigos de seu pai, o autor de *História da arte russa*, Grabár.[5] Ele encenava quadros vivos com Macha, a irmã e o irmão, narrando histórias de obras famosas. A lembrança de Levitan, Rerich, Benois e Dobuzhínski,[6] de como se sentara no colo de Lev Tolstói para ouvir histórias, ajudariam a atriz, diretora e pedagoga Maria Knebel a resistir aos tempos difíceis pelos quais teria de passar.

---

[5] Ígor Grabár (1871-1960), pintor, restaurador e historiador de arte. Membro da sociedade *Mir Iskússtva* (Mundo da Arte). Antes da Primeira Guerra Mundial, escreveu uma série de monografias dedicadas aos artistas russos, publicadas pela editora do pai de Maria Knebel. Suas pesquisas sobre Répin foram publicadas em 1937. (N. do O.)

[6] Pintores-simbolistas e cenógrafos do teatro russo, pertencentes ao movimento artístico *Mir Iskússtva*. (N. do O.)

Sobre Maria Knebel

Dostoiévski disse, pela boca de AlióCha Karamázov: "Sabei que não há nada mais elevado, nem mais forte, nem mais saudável, nem doravante mais útil para a vida que uma boa lembrança, sobretudo aquela trazida ainda na infância, da casa paterna. [...] Se o homem traz consigo muitas destas lembranças para sua vida, está salvo pelo resto da existência".[7]

Maria Knebel foi salva antes de ter nascido.

Ela idolatrava o pai. Além disso, puxara dele traços de caráter dos quais podia se orgulhar: o amor à vida, a firmeza, a persistência em alcançar seus objetivos, a dose correta de aventura e a combinação do idealismo com uma sóbria capacidade de avaliar situações. E, também, o princípio iluminista, tão consoante com o ideal russo da predestinação messiânica da arte.

Foi provavelmente por isso que Maria Knebel descobriu-se pedagoga, função que exige do praticante uma compreensão muito clara de sua tarefa.

Maria dedicou à pedagogia toda a segunda metade de sua vida. Foi uma missão que ela mesma escolheu. Por incrível que pareça, as duas tarefas que Knebel perseguia se concretizaram, mesmo que a situação histórica — toda a bagunça russa — não tenha contribuído muito para isso. Não é difícil localizar essas duas tarefas em meio à grande variedade de interesses de Knebel.

Primeira: guardar para a posteridade a imagem e as descobertas de Mikhail Tchekhov,[8] cujo estúdio ela visitou ainda jovem, com dezenove anos, e graças a quem entendeu que "a personalidade criativa de um pedagogo possui uma força formadora descomunal". Tchekhov, ao contrário de todos os seus colegas, não se preocupava tanto com o resultado, e sim com a compreensão dos procedimentos da técnica interior e exterior do ator. Ele achava que o ator deveria dominar tais procedimentos, de modo que essas técnicas se tornassem *novas capacidades de sua alma.*

São famosas as palavras de Stanislávski em defesa de que seu sistema fosse estudado através de Mikhail Tchekhov, cuja maneira de atuar refletia-o completamente. No entanto, como um verdadeiro continuador, o ator

---

[7] Fiódor Dostoiévski, *Os irmãos Karamázkov*, tradução de Paulo Bezerra, São Paulo, Editora 34, 2008, p. 996. (N. da T.)

[8] Mikhail Tchekhov (1891-1955), filho de Aleksándr Tchekhov, irmão mais velho do escritor Anton Tchekhov. Com dezesseis anos de idade, Mikhail entra para o teatro de Suvórin em Petersburgo. Aos dezenove torna-se ator do Teatro Máli, e aos vinte entra para o Teatro de Arte de Moscou. Ator genial, muitos de seus papéis deixaram marcas indeléveis na história do teatro russo. Em 1928 emigra para a Alemanha, e em 1938 vai para os Estados Unidos. (N. do O.)

buscava suas próprias respostas aos enigmas do ofício. Tchekhov sente a necessidade de comunicação com os jovens de seu estúdio assim que deixa de subir ao palco por causa de uma convalescença psíquica.[9] Suas aulas mudariam os planos da estudante Maria Knebel, que até então queria dedicar a vida à matemática, atirando-a em direção ao teatro.

Uma escolha assim inesperada não agradou ao seu pai. No entanto, mesmo com toda a rigidez de sua própria educação, Joseph não criava obstáculos aos impulsos da alma dos filhos. Maria estava fascinada com o mistério envolvido no estúdio de Tchekhov.

Em seu livro de memórias *Toda a vida*, ela reconstrói com uma precisão invejável a atmosfera do estúdio, as buscas espirituais do artista, seu estilo de ensaiar. As divergências entre Tchekhov e Stanislávski, o que seriam? Sinal dos tempos? Elas são descritas como erros que levaram o fantástico ator à crise e à imigração. Por alguma razão, a fuga do ator é chamada de erro. No entanto, sabe-se que existia uma ordem de prisão contra ele.[10] Aguardava Tchekhov a mesma sorte de Meyerhold e de muitos outros, assassinados pelos bolcheviques.

Hoje me parece que a febre com que Knebel atirou-se ao trabalho para que a herança artística de Mikhail Tchekhov viesse à luz em sua própria pátria foi motivada também pelo desejo de superar o medo do Estado que o expulsara.

Maria acreditava que tinha o dever de trazer seu primeiro professor de volta à Rússia, mesmo que em forma de livros. Dizia que não podia, que não deveria morrer enquanto não cumprisse a tarefa. A palavra "dever", aliás, era uma das mais utilizadas por Knebel.

Gastou muita energia tentando convencer homens estúpidos de alta patente sobre a necessidade de publicar os livros de seu professor. Mas, ao final das intermináveis conversas, a argumentação resumia-se a um único ponto: Tchekhov, aquele seguidor das ideias de Steiner? Impossível! Nunca, por nada! E então Maria passou a se encontrar com alguns professores marxistas,

---

[9] Sobre isso, ver o texto "Aluna de Mikhail Tchekhov", neste volume. (N. do O.)

[10] Não há, no entanto, confirmação da autenticidade historiográfica desta informação. Mikhail Tchekhov emigrou em 1920, ou seja, no ápice do reconhecimento de Meyerhold como diretor teatral soviético. Em suas duas autobiografias, *Put aktiôra* (O caminho do ator) e *Zhizn i vstrétchi* (Vida e encontros), Tchekhov conta que Meyerhold e Zinaida Reich (sua esposa) teriam insistido muito para que Tchekhov voltasse à URSS ainda na década de 1930, quando o prestígio de Meyerhold era colossal. (N. da T.)

na esperança de vislumbrar uma brecha na impenetrável parede do materialismo por onde a antroposofia de Tchekhov pudesse passar.

Certamente o pobre Joseph Knebel tivera muito mais facilidade para falar com o milionário Pável Tretiákov. Se estivesse vivo, no entanto, se orgulharia muito da filha. Ela enfim conquistou o que almejava: viveu até a publicação do primeiro tomo dos trabalhos de Mikhail Tchekhov. Infelizmente não chegou a ver o segundo impresso. Nunca soube, afinal, que a censura proibiu sua publicação, julgando ser um erro político o prefácio que escrevera, excessivamente idealista. Acho até bom, aliás, que ela não tenha tomado conhecimento disso tudo — deixou o mundo com o sentimento de dever cumprido para com seu mestre. Sentimento merecido.

A segunda tarefa que Knebel se propôs foi disseminar o método da análise ativa, que lhe fora transmitido diretamente pelo próprio Stanislávski.

Maria chegara ao TAM através do segundo estúdio de Stanislávski, onde os atores desenvolviam a independência criativa e adquiriam mais iniciativa. Ela repetiria frequentemente a palavra de ordem pela qual se apaixonara naqueles tempos: "É impossível ensinar, é possível aprender".

Foi precisamente aí que surgiu seu interesse pela direção. Mas ela ainda não pensava seriamente sobre isso, apesar de nossa vontade de ver algum sinal no fato de que a primeira vez que a estudante Knebel subiu aos palcos do teatro foi no papel da filha do doutor Stockmann, interpretado por Stanislávski.

Então... a vida de Maria seguiu seu curso sob o fascínio da personalidade do criador do Teatro de Arte e da inabalável fidelidade à sua figura. Ao ver Knebel em *O sonho do titio*,[11] Meyerhold aproximou-se dela na coxia e disse: "O que você vai ficar fazendo aqui no Teatro de Arte? Quando é que vai ganhar um papel construído sobre a excentricidade? Venha para o meu teatro. Aqui não há futuro para você". Segundo Maria, ela nem chegou a cogitar na proposta.

A tentação, claro, era enorme. Nos anos 1920, o teatro de vanguarda estava na crista da onda revolucionária, e o TAM — teatro da *intelligentsia* russa — debatia-se desesperadamente, tentando sobreviver. Era impossível saber se sobreviveria, se seria capaz de encontrar o caminho da salvação em meio aos tempestuosos acontecimentos daqueles anos malditos, que atraíam a juventude artística cada vez mais à esquerda, à esquerda...

---

[11] Adaptação da novela *Diáduchkin son*, de Fiódor Dostoiévski, para o teatro. O espetáculo a que Knebel se refere estreou em janeiro de 1927 no Teatro de Arte, sob direção de Nemirôvitch-Dântchenko. (N. da T.)

A jovem atriz mantinha-se firme e não se deixava levar de um lado para outro. A ética e a estética do Teatro de Arte correspondiam tanto ao gosto que lhe fora ensinado na casa paterna, quanto ao que ela mesma havia educado em si mesma no estúdio de Mikhail Tchekhov. As palavras de Meyerhold, no entanto, se tornariam proféticas.

O destino de Maria no Teatro de Arte foi infeliz, principalmente depois que este, agraciado pelo Estado, transformou-se em uma instituição-modelo. Depois da morte dos fundadores do teatro, Knebel passaria por muita dificuldade. Ainda assim, ela manteve o sentimento apostólico, pois vivia daquele Teatro de Arte, considerado a medida-padrão da atuação sutil. Vivia de Stanislávski, o experimentador excêntrico que buscou, até o último de seus dias, o "pássaro azul" da verdade.

A imagem soviética de Stanislávski — uma espécie de Stálin do teatro — é um blefe. Os burocratas, sufocando a cultura com um refinamento jesuíta, canonizaram o diretor para que pudessem usar seu nome na luta contra o pensamento divergente.

Talvez vissem no próprio conceito de "sistema" algo de totalizante, com ajuda do qual seria possível implantar a ordem mesmo no que existe de mais caótico — a criação.

Stanislávski convidou Maria a dar aulas em seu estúdio quando ele mesmo já não era capaz de fazê-lo e, ao que tudo indica, quando já não queria mais pertencer ao TAM. A proximidade da morte fortalecia o desejo de transmitir o método de trabalho que descobrira àqueles em quem confiava. Propôs a Knebel que ela fizesse o mesmo que ele: "ensinar aprendendo".

No estúdio, localizado na casa de Stanislávski, Maria era o braço direito do mestre. A distância do burburinho e das exigências práticas do teatro concentrava a atenção no estudo da teoria. O diretor sempre tivera dificuldade para realizar ideias novas em "condições fabris". Agora, apressava-se em transmitir suas últimas pesquisas, prevendo que poderiam elevar o nível de qualidade do teatro.

Os problemas da "palavra artística" e da "ação verbal", sobre os quais propôs que Maria se concentrasse, eram parte da abordagem inovadora da criação do espetáculo, que repousa sobre a análise do texto *em ação*.

Knebel entregou anos de sua vida à interpretação dessa descoberta, às formas de sua realização no processo de ensaios. O cerne dessa experiência está transmitido com tanta profundidade em seus livros, que eles se tornaram verdadeiros manuais para todos aqueles que trabalham com teatro.

Os dois livros requerem uma leitura atenta. É inútil apenas enumerar os postulados do método que libertou o ator da estagnação e ampliou suas

Sobre Maria Knebel

possibilidades cênicas. Impossível escrever melhor do que ela escreve. Notemos apenas: na base de tudo está o espírito genial da improvisação, espírito que conquistou Maria ainda no estúdio de seu primeiro mestre: Mikhail Tchekhov.

A terceira tarefa de Knebel — unir os ensinamentos de Stanislávski ao legado teórico do outro fundador do TAM, Nemirôvitch-Dântchenko[12] — foi a mais complexa e de mais difícil resolução. Mesmo após se conscientizar disso, ela jamais deixou de buscar uma saída, prosseguindo nesse caminho tanto quanto fosse possível, enquanto houvesse base para o projeto. Sua persistência explicava-se pelo fato de que ela era um dos poucos artistas do Teatro de Arte que conseguiam manter boas relações criativas com ambos os líderes, que há muito tempo tinham caído num estado de amizade inimiga. Maria encontrava-se acima da violenta briga entre clãs dentro do teatro. Seu segredo estava em um dom, o mesmo que a definiria no campo da pedagogia: a habilidade de ler as pessoas.

Quando lhe perguntavam sobre Stanislávski, respondia sem pestanejar: "Gênio".

Sobre Nemirôvitch-Dântchenko, seu terceiro professor, escolhia cuidadosamente palavras que transmitissem a grandeza e a tragicidade de sua personalidade. "Segundo plano", "monólogo interior" e "natureza da atenção e do pensamento do personagem" são conceitos inseparáveis do *métier* da arte do TAM, e Nemirôvitch-Dântchenko os incutia na consciência dos atores a cada ensaio.

Knebel não se conformava com o fato de que a experiência e os desdobramentos das teorias de Nemirôvitch-Dântchenko não recebessem atenção suficiente e fossem mal estudados. Tinha certeza de que o legado desse mestre era imprescindível para o ensino dos jovens. Assim, fazia de tudo para que os estudantes sentissem a atmosfera viva que experienciara nos ensaios do mestre. Disso resultou o livro *A escola de direção de Nemirôvitch-Dântchenko*, o melhor já escrito sobre esse grande diretor.

A distância entre nosso tempo e o de Maria Knebel ajuda-nos a separar o essencial do secundário, a tecer elogios a certas coisas e duvidar de outras. E, com isso, vem à tona a confusão de sentimentos que fazia parte da fuga-

---

[12] Vladímir Nemirôvitch-Dântchenko (1858-1943), escritor e um dos diretores-fundadores do TAM, junto com Stanislávski. A relação entre os dois diretores, que nada tinha de simples, atravessou toda a história desse teatro. Embora fosse menos conhecido fora da Rússia do que Stanislávski, Nemirôvitch-Dântchenko deixou importantes obras literárias e um legado teórico próprio. (N. do O.)

cidade de cada dia. O casual é posto nas sombras e o mais importante ilumina-se com a luz clara que mata todos os semitons e nuances.

Entretanto, basta relembrar alguns casos do passado para que sejamos inundados por uma maré morna e aconchegante, que nos leva para a profundeza dos anos idos e nos afasta das frias conclusões racionais. Quando Maria dissera a seu pai que queria ser atriz, ele a colocou diante do espelho, pedindo que olhasse para o próprio reflexo e pensasse: "seria possível, com toda essa feiura, desejar o palco?". Ou então quando percebemos, na admiração que ela sentia por Mikhail Tchekhov, o jovem fervor que havia em seu coração. Lá, no passado, podemos sentir o fluxo fervilhante daqueles dias.

Seria uma pena se alguém, ao ler Knebel, a imaginasse como um gélido mentor acadêmico. Poderia uma mulher assim atrair centenas de discípulos?

Em sua feiura, que existia apenas à primeira vista, Maria era contagiantemente encantadora. Ousada, era inteligente como o diabo, astuta e divertida. Os olhos vivos e ágeis, o sorriso confiante e as reações espontâneas. Alguém uma vez a comparou a um ratinho, mas não... Parecia-se muito mais com um macaquinho, zombando daqueles que se achavam capazes de entendê-la melhor do que ela mesma.

Olhando para os cabelos brancos de Knebel, era fácil imaginar como interpretara, algum dia, a Charlotta do *Jardim das cerejeiras*. Possuía tantas características contraditórias — a força de espírito e a falta de praticidade cotidiana; a curiosidade em relação a tudo e a discrição; a disposição para lidar com as reviravoltas do destino e a criança indefesa que aparentava ser. Seus alunos, que disputavam entre si para acompanhá-la até o carro que a levava do GITIS[13] até o metrô Studiêntcheskaia, ou mesmo para levá-la em casa, poderiam exclamar, em coro, com o administrador gordo de uma certa peça de Tchekhov: "Ah, feiticeira, estou simplesmente apaixonado". Habitava nela o micróbio do jogo cênico. Ainda jovem, adorava interpretar velhas. Amava a caracterização, adorava um papel bem desenhado, de excentricidade audaciosa (é só lembrarmos as aulas de Mikhail Tchekhov e o convite de Meyerhold).

O pai, ao vê-la em cena pela primeira vez, disse: "Se com vinte anos de idade você já está fazendo uma velha, quando fará uma jovem? Isso, para mim, é muito triste".

Ele não via o fenômeno essencial da vida de Maria: ela rejuvenescia com o passar dos anos.

---

[13] Ver nota 1 do texto "Para começar", p. 13 deste volume. (N. da T.)

Sobre Maria Knebel

Ficava até mais bonita. Talvez porque, ao lidar com a juventude, eletrizava-se com sua energia. Ou mesmo porque, como o pai, nos momentos mais difíceis da vida trazia uma rara força de vontade, que a mantinha fiel aos princípios que escolhera. Não corria atrás de riqueza material, não entrava em brigas fanáticas contra seus inimigos — sabia que, para o vitorioso, nada era pior do que herdar os defeitos dos derrotados.

Os traços irregulares de seu rosto eram cada vez mais transfigurados pela típica luz interior que irradia dos escolhidos, que têm a felicidade de encontrar o objetivo e o sentido de sua existência na Terra.

Um de seus colegas de trabalho, com quem nem de longe mantinha relações idílicas, apelidara-a de "Madre Teresa da Faculdade de Direção".

O livro *Poesia da pedagogia*, título que expressa a essência daquilo que a movia, começa com as seguintes palavras: "A pedagogia requer do ser humano qualidades parecidas com as maternas".

Maria não teve filhos. Um deles morreu ainda recém-nascido, outro, ao nascer. É tudo o que se pode falar sobre um drama que, claro, não passou incólume. Como não gostava muito de se abrir, mantinha para si tudo o que era pessoal. Apenas por frases soltas, frequentemente carregadas de humor, as pessoas que lhe eram mais próximas podiam supor que atrás dela havia uma complexa e rica vida feminina.

Uma vez, quando uma conhecida em comum dividia suas amarguras com ela, Maria, rindo, disse: "Eu sei como é isso... Veja, eu tive três maridos".

Também preferia não fazer alarde sobre suas desventuras teatrais. Falava quando necessário, e ainda assim contra a própria vontade, sem agitação. Educação! Menos sobre si mesma, sobre os próprios sentimentos, e mais sobre os dos outros. Em suas memórias, há muita ternura pelas pessoas. Todo o resto foi mandado para a periferia da consciência. Não, da consciência não — do *livro*. Não queria e não conseguia falar sobre esse "resto". Às vezes deixava escapar uma coisa ou outra. Em *Toda a vida* há apenas uma parte de toda a vida. Um pequeno quinhão daquilo que viveu.

Permitimo-nos supor que o capítulo que trata dos ensaios do espetáculo sobre Lênin, chefe do proletariado, seria mais curto se o livro tivesse sido publicado após o desaparecimento da censura atroz e do Estado que a criara — ainda que Maria se sentisse em débito com o herói da peça. Depois da revolução, quando tomaram de seu pai tudo o que ele adquirira com seu próprio trabalho e talento, o líder não o aniquilou, mas propôs que deixasse o negócio editorial "nos trilhos". Ou seja: salvou-o da fome e do fuzilamento.

E quase com certeza se falaria com mais detalhes e com menos medo sobre a falta de direitos e a humilhação a que se submetiam os artistas no "país mais livre de todos".

A questão não está no fato de que assentavam numerosas famílias, uma atrás da outra, no confortável apartamento onde Knebel vivia com seu segundo marido, deixando-os por fim com um pequeno quarto, separado da sala de estar por um fino biombo feito de compensado de madeira. Não está também no fato de que, para sobreviver e se alimentar, Maria, atriz do primeiro teatro do país, teve de trabalhar como guia turístico na mesma Galeria Tretiakóv onde começara a ascensão de seu pai. Não está nem mesmo no fato de ter sido obrigada a vender o que possuía de mais precioso: os álbuns do pai. Maria Knebel, modesta, superava estoicamente todos os percalços, com calma e dignidade, sem enfurecer-se, sem descontar nos outros seus próprios problemas.

Ela de fato pertencia ao grupo de pessoas com quem dividia tempo e espaço. Quando começaram a mandar seus vizinhos para os *gulags*, Knebel apoiou os familiares, ajudando como podia.

Do mal não se escapava. Logo, diante de seus próprios olhos, dos olhos de sua mãe e de sua irmã, o amado irmão Nikolai caiu preso.

Tudo indicava que ela seria a próxima. Nemirôvitch-Dântchenko fez um juramento: enquanto ele estivesse no teatro, Maria trabalharia com ele. Mas os colegas a evitavam, fugiam quando a encontravam nos corredores, na coxia. Todos esses fatos eram muito conhecidos na realidade stalinista. Como se diz, havia coisas piores. O irmão de Maria teve sorte — voltou de onde poucos voltavam. Falo, no entanto, de outra coisa, falo da força que devia ser necessária para não desistir, para continuar o trabalho com o teatro e com a metodologia da arte do ator.

Uma vez, um de seus mais teimosos estudantes perguntou-lhe, de supetão:

— Como continuar num mundo louco como este, como seguir adiante com a vida?

Ao que Knebel respondeu:

— Se autoaperfeiçoando.

— Mas a senhora, que viu e sentiu tanta coisa na própria pele, tanta coisa que não desejamos nem aos nossos piores inimigos, onde a senhora encontra forças para continuar?

— Eu me autoaperfeiçoo — respondeu, com um sorriso.

Envolver os alunos nesse processo de salvação era o objetivo de sua pedagogia.

Sobre Maria Knebel

Ela seguia os ensinamentos de seu mestre. Perguntaram a Stanislávski, no dia da grande celebração de seus setenta anos: onde está a felicidade neste mundo? Ele então rasgou um pedaço de papel do embrulho das flores que ganhara e, com a mão fraca, escreveu a seguinte frase: "No conhecimento. Na arte e no trabalho... na compreensão...".

O interesse pelo que acontecia com si mesma, pelos segredos do sentir-a-si-mesmo criativo e pelo modo de obtê-lo empurraram Knebel ao caminho da direção.

Naqueles anos, a ideia de que a direção teatral não era para mulheres estava enraizada. Maria encontrou o único caminho possível para a superação do preconceito: não imitar as qualidades masculinas, mas usar as suas próprias, aquelas que lhe conferiam superioridade: a flexibilidade, a plasticidade, o cuidado e a ternura no trabalho com os caprichosos atores.

Ela entendia que podia "fundir-se" ao ator, entrar em sua alma, sentir o que acontecia com ele durante a gestação do papel. O ator, por sua vez, aceitava a ajuda quando percebia que sua instabilidade e tormento eram compreendidos.

"A parteira que ajuda no nascimento do espetáculo" é uma das metáforas encontradas por Stanislávski ainda nos primeiros anos de seu trabalho para definir as funções do diretor. Pode-se definir assim a Knebel da época em que começou a dirigir.

Maria não se tornou uma encenadora genial. Mas seu conhecimento de pintura, escultura e de todos os gêneros das artes plásticas, somado a seu gosto refinado, ajudaram-na a dominar a técnica da encenação (tanto quanto esta lhe interessava).

Assim, convidaram-na a fazer parte do Estúdio Ermólova.[14] Em seguida, um colega da época do estúdio de Stanislávski, Nikolai Khmelióv,[15] que se tornara o melhor ator do Teatro de Arte daquela geração e que possuía seu próprio estúdio, propôs-lhe que fundassem um teatro juntos.

Não há melhor lugar do que um estúdio[16] para a formação de um diretor!

---

[14] Fundado em 1925, o Estúdio Ermólova, cujo nome homenageia a grande atriz do Teatro Máli, fundiu-se em 1937 ao Estúdio de N. Khmelióv, que se tornou seu diretor artístico. Mais tarde, esse estúdio se transformaria no Teatro Ermólova. (N. do O.)

[15] Nikolai Khmelióv (1901-1945), ator e diretor do Teatro de Arte de Moscou. (N. do O.)

[16] Na Rússia, "estúdio" é uma estrutura teatral relativamente livre, algo entre o labo-

Ali não há lugar para inércia ou ceticismo. No estúdio, o momento é curto e frutífero, quando a própria vontade de desvendar os segredos da profissão é mais forte do que a consciência de que aquilo que se deseja alcançar pode ser relativo; é a fase em que os solistas ainda querem cantar no coro; quando o teatro, tentando compreender a vida, começa a se situar nessa bagunça geral, em busca de si mesmo.

No estúdio, onde o medo do erro e do fracasso não existe, Maria Knebel pôde verificar na prática o método da análise ativa. Esse método requer uma organização particular dos ensaios: é necessário direcionar os olhos do ser humano para dentro de si, é necessário despertar a natureza improvisacional dormente em cada ator.

Foi onde Maria começou a ensaiar através de *études*[17] e passou a acreditar no método. Dali em diante jamais o traiu, acontecesse o que tivesse de acontecer. Não copiava seus professores, mas inventava novos exercícios, procurava seus próprios caminhos, tentando fazer com que os artistas se apaixonassem pelo método de ensaiar, ainda pouco conhecido.

Isso foi possível graças à atenção que dava à individualidade de cada aluno. Pedagoga pela graça divina, corrigia os alunos de acordo com as particularidades da natureza artística de cada um. Não escondia as dificuldades que surgiam quando atores já acostumados a ensaiar segundo o modo antigo tentavam o novo método. Era o que a diferenciava dos diretores "certinhos" da época, que implementavam o "sistema" à força.

O pai lhe mostrara o quadro de Súrikov *A boiarda Morôzova*.[18] Ainda menina, Macha olhou atentamente para a mulher que preferira o exílio à resignação. Desafiando a proibição de fazer o sinal da cruz com dois dedos, a boiarda os levanta para o alto com orgulho. "Pelo que ela luta, pai?" "Por sua fé." Maria não tinha uma estatura impressionante, olhos fervorosos, gestos afetados. Era pequena, engraçadinha e desengonçada, meio indefesa... Ah! Mas era invulnerável quanto às convicções e às paixões, e não deixava que ninguém alterasse a essência dos princípios fundadores da escola. Carregou sua fé ao longo de anos de provações — somente a vida, afinal, pode tirar algo de nós. E então Maria tornou-se Mestra.

---

ratório e a sala de aula, e que reúne jovens ao redor de um ator ou diretor com o propósito de realizar trabalho pedagógico e experimental. (N. do O.)

[17] O significado teatral do termo *étude* desenvolve-se durante a prática e os textos de Maria Knebel. (N. do O.)

[18] O famoso quadro de Súrikov está exposto na Galeria Tretiakóv, em Moscou (para mais informações, ver o Anexo A, neste volume). (N. do O.)

No entanto, o infortúnio aguardava o Estúdio Ermólova. Inesperadamente, dois de seus diretores deixam este mundo: Terechkóvitch e Azárin. Eis o que escreveu Knebel sobre isso:

"Conversei com Khmelióv a noite toda. Era preciso juntar os estúdios, não havia outra saída. Muita coisa nos unia, já tínhamos pensado e vivido muita coisa juntos. A morte dos dois diretores dava prosseguimento às catástrofes daquele trágico 1937 — perdíamos um ator após o outro. Naquela noite, falamos sobre tudo isso. E sobre o fato de que era preciso enfrentar o que acontecia juntos, criando uma unidade humana e artística entre nós... e falamos de nossas crenças mais íntimas..."

Não se diz diretamente, mas essa conversa noturna aconteceu no auge das repressões stalinistas. O amargo destino do estúdio pode ser atribuído àquele trágico ano. Se lermos com atenção "perdíamos um ator após o outro", "crenças mais íntimas" etc., cada palavra e frase denota o verdadeiro sentido do que está dito.

Maria estava protegida sob as asas de Khmelióv, e os espetáculos que eles montaram obrigaram os inimigos e os misóginos a aceitá-la como diretora. Os atores eram interessantes e possuíam ótima formação. Toda Moscou compareceu à comédia shakespeariana *Como lhe aprouver*. Naqueles tempos difíceis, celebrar a alegria de viver era uma concepção, algo digno de admiração. Não são todos os que encontram coragem para elevar-se acima da efemeridade dos dias.

O espetáculo, que alternava trágico e cômico, nascera de improvisações. Era precisamente isso que definia a leve respiração dos atores, o estilo refinado que misturava o natural e o fantástico. Nele, viam-se as melhores qualidades de um teatro verdadeiro, de arte. Não se tratava apenas de um espetáculo de sucesso, mas da continuação de um caminho através do qual era possível seguir adiante.

Knebel entendia: os atores do estúdio deveriam enxergar em perspectiva. Mas nem Stanislávski, nem Nemirôvitch-Dântchenko apreciavam o trabalho da assistente fora do teatro. E para ela o Teatro de Arte era como uma casa. Havia algo maior que os interesses do Teatro? Depois, quando a guerra estourou e o Teatro foi transferido para Sarátov, Maria ficou o tempo todo junto à trupe.

Não conseguia se imaginar fora do Teatro de Arte. No entanto, nem tudo ia bem com seu querido Khmelióv. Mesmo com todo o respeito que

310   Adolf Shapiro

nutria por Maria, o ator tinha ciúme de seus alunos. Excessivamente melindroso e desconfiado, não era fácil preservar a dignidade das relações, relações que hoje em dia se tornaram lendárias.

Khmelióv "brigava silenciosamente" com quem expressasse opiniões diferentes das suas. O grande ator, como de praxe, era egocêntrico e queria estar o tempo todo no centro das atenções. Isso manifestava-se de forma tão ativa que, durante uma visita ao Louvre, um de seus amigos observou: "Kólia, o que viemos ver aqui? Você ou Mona Lisa?".

Mesmo sua morte precoce teve traços de uma teatralidade maligna. Ela o alcançou quando vivia Ivan, o Terrível, no ensaio geral da peça *Anos difíceis*.[19]

1949. Não havia mais Stanislávski, não havia mais Nemirôvitch-Dântchenko. Não havia mais Khmelióv. Havia um país que vencera o fascismo, apenas não em seu próprio território.

Sob o *slogan* da luta contra os "cosmopolitas apátridas", começou-se a perseguir a *intelligentsia*, especialmente a de origem judaica. Knebel não considerava que fosse este o motivo de sua expulsão do Teatro de Arte, mas era um deles. Ela fazia de conta que não ouvia, sentindo-se desconfortável com aqueles que resolviam entrar nessa dança.

Maria era cristã, mas o grupo dos antissemitas não se voltava contra a fé, e sim contra a herança sanguínea dos cidadãos.

No Comitê das Artes avisaram-na, com muito constrangimento, que o novo diretor artístico do teatro desejava trabalhar apenas com seus discípulos.

O Teatro de Arte era o oxigênio que Maria respirava desde jovem. Agora, ela sentia-se num vácuo. As propostas de trabalho que se seguiram rapidamente eram desfeitas assim que ela preenchia o questionário para a vaga.

1949. Já não havia mais Stanislávski, não havia mais Nemirôvitch-Dântchenko. Não havia mais Khmelióv.

E, mesmo assim, ela tinha uma sorte excepcional para encontrar pessoas. Quem sabe qual seria o futuro de Knebel, se não estivesse ao seu lado Aleksei Popóv,[20] pessoa de consciência e uma das figuras mais vívidas do teatro russo do período soviético?

---

[19] Trata-se da segunda parte da peça *Ivan, o Terrível*, de Aleksei Tolstói (1883-1945), escrita em 1943. (N. do O.)

[20] Aleksei Popóv (1892-1961), ator, diretor e pedagogo; colega de Maria Knebel na cátedra de direção. De 1935 a 1960 dirigiu o Teatro do Exército Soviético. (N. do O.)

Ator de talento, Popóv — como Meyerhold — fora atraído pela direção e partira rumo à província para disseminar as ideias do Teatro de Arte. Ao voltar, montou espetáculos nos quais se revelou um encenador temperamental e um mestre-de-atores. O interesse pela teoria e pelos problemas da metodologia haveriam de aproximá-lo de Knebel.

Dali em diante, do momento em que se encontraram, trabalhando conjuntamente no espetáculo que se tornara fatal para Khmelióv, a simpatia mútua transformou-se numa amizade que nenhuma peripécia da vida foi capaz de abalar.

Mas os cavaleiros do teatro estavam fadados a viver em tempos nada cavalheirescos. Essa triste condição fez com que Knebel e Popóv se agarrassem um ao outro. Ele sofria por não dispor de meios para ajudar a amiga quando ela foi expulsa do Teatro de Arte. Knebel, por sua vez, não sabia como minimizar o golpe desferido em Popóv quando lhe tomaram, afinal, o teatro do Exército.

Os dois estavam desamparados, mas, no fim, a infelicidade acabou ajudando.

Popóv havia muito chamara Maria para a cátedra de direção do instituto teatral, o GITIS. Pois a cátedra, agora, tornava-se o principal lugar onde aplicariam suas forças, depois de longas andanças. A saída inesperada da difícil situação em que se encontravam transformou-se em algo positivo para os dois, e numa sorte excepcional para o Teatro Russo.

A cátedra, dirigida por Popóv (e depois por Knebel), transformou-se numa verdadeira escola de direção. Existe outra, similar, no mundo? A pergunta é retórica. A partir da cátedra, muitos compreenderiam que o processo de formação do diretor define o futuro do teatro.

No curso de Popóv e Knebel aconteceu algo sem precedentes. Foi criado um centro de investigação onde se desenvolviam ideias que não podiam ser realizadas dentro dos teatros. Elaborou-se um programa de formação de diretores. De *formação*, e não de ensino.

O objetivo desse programa era formar a *individualidade* do diretor. O método da análise ativa da peça (Knebel apresentara-o a Popóv) era proposto aos estudantes como um instrumento que poderiam usar caso não desejassem "marcar" os atores em cena, mas criar espetáculos.

A direção é uma profissão jovem. Um século e meio atrás, o organizador do espetáculo não tinha importância alguma. O público ia ao teatro pelos atores, e não desejava saber quem os havia preparado para entrar em cena. Imaginem! Quem diria que o nome do diretor se tornaria um chamariz, hoje em dia muito maior do que os nomes dos atores? Quem diria que a pergunta "quem é o diretor?" seria um dia crucial para responder à pergunta "ir ou não ir ao teatro?".

Quem diria que esses mestres-artesãos seriam respeitados como os cientistas e generais? Mas basta perguntar o que faz um diretor, e as respostas serão as mais inesperadas. Em geral, dividem-se entre as que captam a essência poética da profissão através de imagens e as que enfatizam seu caráter organizador.

Knebel focava o olhar no autor presente em cada diretor. No criador, inspirador, no poeta que escreve um poema cênico. Porém, não é possível educar um poeta com prosa.

Tenho vontade de escrever sobre como ela montava Tchekhov ou *O sonho do titio*, de Dostoiévski... Mas acho que é melhor falar sobre o Teatro Central Infantil,[21] sem o qual seria impossível imaginar sua vida. Knebel, que entrara no teatro por acaso, disse: "Antes não havia um teatro infantil, e, quando eu era pequena, me levavam para ver Maeterlinck no TAM.[22] Mas agora que cresci...".

Ela notara que no "arquipélago do teatro soviético" haviam aparecido ilhotas que viviam de outros interesses. Os teatros acadêmicos eram como mastodontes. Já nos teatros infantis, compostos em sua maioria por jovens, sentia-se o espírito da liberdade de pensamento.

Pequenos e dinâmicos, esses teatros reagiam rapidamente aos caprichos do clima teatral, assim como as canoas sentem momentaneamente uma onda que se forma, enquanto as escunas a sentem apenas quando a tempestade se aproxima, e os transatlânticos, apenas quando o convés já está inundado. Os diretores jovens remavam a canoa dos teatros infantis.

Ali, nas rebarbas do império teatral, estavam os que haviam sido expelidos pelo centro. Pessoas fora do campo de visão. Não eram esses os teatros frequentados pelos figurões oficiais, não se esperava desses teatros nenhum presente nos aniversários do partido. No entanto, neles amadureciam as forças capazes de agitar a calmaria teatral, que parecia ter se instalado definitivamente.

---

[21] Fundado por Natália Sats em 1921, o teatro recebeu o nome de Teatro Central Infantil em 1937. Nos anos 1950 e 1960, trabalhariam neste teatro os diretores M. Knebel, A. Éfros, G. Tovstonógov, O. Efrêmov. Hoje em dia, chama-se Teatro da Juventude (Molodiôjni Teátr). (N. do O.)

[22] Referência à famosa montagem da peça *O pássaro azul*, de Maeterlinck, dirigida por Stanislávski em 1908. (N. do O.)

Sobre Maria Knebel

Maria não fazia ideia das consequências que seu trabalho no Teatro Infantil teria. A intuição, no entanto, é capaz de levar o artista muito além das tarefas que ele mesmo se coloca, e, naquele momento, terminou por ser mais significativa que o mais meticuloso dos planos.

O diretor Anatoli Vassíliev, que recebeu de Knebel não a letra, mas o espírito de seu trabalho, acertadamente considera que o "degelo" do teatro soviético teve início com sua mestra, com a chegada de Maria Knebel ao Teatro Central Infantil.

Naquela época, a paisagem teatral compunha um espetáculo repulsivo. O estilo era o imperial: a monumentalidade, as poses de estátua, os cenários suntuosos, a música triunfal e a fala afetada. Além disso, a orgia do naturalismo. A isso tudo somou-se a implementação administrativa de Stanislávski. A interpretação vulgarizante do "sistema" conferira-lhe a repugnância de um dogma, e a face experimentadora de Konstantin Serguêievitch foi logo deformada até a monstruosidade. A juventude, entretanto, já não acreditava em tudo o que lhe diziam.

Era essa juventude, aliás, que formava o Teatro Infantil. Knebel, pela primeira vez desde sua saída do Teatro de Arte, voltava a sentir algo de que passara a duvidar: que era necessária. Acima de tudo, Maria ocupava-se em fazer com que os atores se apropriassem da metodologia. O que é a criação de um teatro, senão a busca por uma linguagem artística comum a um determinado grupo de atores? O que é a criação de um teatro, senão a beleza da unidade?

Não era em espetáculos de turnês ou nas assistências de direção que Knebel experimentava o método da análise ativa, mas em seu próprio teatro, por sua conta e risco.

O resultado superou as expectativas. Os atores se animavam cada vez mais com os *études*, e com audácia apropriavam-se das sutilezas no novo método de trabalho. Mais importante: tornava-se claro que o método proposto era vital para o teatro. Não apenas alforriava a natureza improvisacional dos atores, descobria sua individualidade e varria o pó das "peças clássicas", como também transformava a vida do coletivo teatral, tornando-a irreconhecível.

Surgia assim o clima que cortou pela raiz os narizes empinados, as contações de vantagem e as conversas de bastidores. Stanislávski sabia que o espírito do escritório e da chapelaria[23] podia facilmente contaminar todos os

---

[23] Chama-se de "espírito de chapelaria" as intrigas realizadas entre o pessoal de um

outros cantos do teatro, especialmente o palco. Mas o oposto também era possível. O que acontecia nas aulas de Maria começou a definir a vida do teatro. Anton Tchekhov, ao ser apresentado à primeira trupe do Teatro de Arte, surpreendeu-se: "Mas que coisa! São pessoas cultas!". E eis os resultados dos esforços de Knebel.

Chegara ao teatro um leve alento, suave, um bom humor. Como se a energia da infância, a espera — própria da juventude — de milagres, tivesse arrebatado os artistas que criavam para os pequenos. Hoje em dia, acredito que *Em busca da felicidade* não era apenas o nome de um dos espetáculos de maior sucesso do Teatro Central Infantil, mas o *leitmotiv* de sua existência. "O autêntico segredo de se acreditar no milagre está em buscar os movimentos psicológicos que levem o espectador a acreditar na possibilidade do milagre, mais do que a acreditar na necessidade desse milagre." A frase de Knebel sobre o espectador pode ser igualmente aplicada aos membros do teatro.

Ela inspirava aqueles que viam o teatro não apenas como um refúgio contra a escolástica e os desmandos ideológicos, mas também como um meio de se opor a eles. Efrêmov,[24] organizador do Sovremênnik e diretor do Teatro de Arte, e Éfros,[25] um diretor de raro talento, ambos se encontraram graças aos esforços de Knebel. Ela conseguiu adivinhar a singularidade de cada um deles, e começou a protegê-las e ampará-las. Gostava de descobrir a ainda incipiente concepção do outro, ajudar que se revelasse e brilhasse.

Junto a seus trabalhos, que impressionavam pela altivez da tradição, apareciam também os espetáculos de Anatoli Éfros, cheios de agilidade interior, elásticos e iridescentes como o mercúrio. A vida cênica, desculpem-me a tautologia, era vivida. Tornara-se óbvia a monstruosidade dos teatros de

---

determinado teatro. A expressão foi cunhada por serem os chapeleiros, que ficam longe da criação artística e que guardam os casacos do público durante o espetáculo, os que propagam as fofocas sobre todos. O próprio Stanislávski, lutando contra este tipo de comportamento, obrigava os chapeleiros a assistirem aos ensaios, para que compreendessem a delicadeza da criação teatral. (N. da T.)

[24] Oleg Efrêmov (1927-2000), ator, diretor e fundador do teatro Sovremênnik [Contemporâneo], tornou-se em 1970 o diretor artístico do Teatro de Arte de Moscou. Ele e sua trupe simbolizavam a materialização da renovação teatral dos anos 1950 e 1960. (N. do O.)

[25] Anatoli Éfros (1925-1987), diretor e pedagogo, indubitavelmente um dos maiores diretores soviéticos da última geração e um dos maiores inovadores do teatro da época. (N. do O.)

conforto estático, onde as ideias comunistas rapidamente entremeavam-se com as ideias burguesas. O gelo rachava.

Derretia, revolvia-se, fluía. A correnteza tomou o país. Circulava, permitindo a renovação de ideias já conhecidas e o aparecimento de novas. Renasceu o interesse pelas descobertas de Stanislávski e por aqueles que estavam umbilicalmente ligados a ele: Mikhail Tchekhov, Meyerhold, Vakhtângov.

O teatro de Knebel tornou-se efetivamente central. Não como antes, na hierarquia do Ministério, mas pelo lugar que ocupava no contexto cultural do país. Ao assistir aos espetáculos, impressionando-se com a liberdade da presença dos atores em cena, Popóv disse: "Só cachorros poderiam ser mais orgânicos".

Dramaturgos jovens batiam às portas do teatro. Ali, eram acalentados e alimentados; e muitos, no futuro, ficariam famosos. Mas eis algo digno de nota: montavam-se espetáculos fabulosos inclusive a partir de peças um tanto fracas, o que testemunhava o domínio que a trupe possuía da arte do subtexto, do segundo plano, da análise feita não através das palavras, mas da ação; testemunhava o domínio sobre a mesma técnica que levara o Teatro de Arte a salvaguardar a arte do ator quando montava textos da época do realismo socialista.

Maria realizara um feito de salvação para o teatro nacional — instaurara uma ligação profissional e espiritual entre seus próprios mestres e a nova geração.

As palavras do poeta poderiam servir de epígrafe a um relato sobre como, após dez anos de trabalho, Knebel foi obrigada a deixar o Teatro Central Infantil. Mas valeria a pena descrever a astúcia dos que tiveram seus nomes inscritos na história ao criar condições insuportáveis para a brilhante pedagoga? O escárnio do talento pela mediocridade é velho como o mundo.

Quando olhado à distância, tudo parece obra do acaso. Mas notemos: a linha do "determinado" é composta por nada menos que muitos pontos de "acaso". E relembremos a célebre confissão de Púchkin: "Fui nascer com inteligência e talento, logo na Rússia".

Cheguei a Maria assim que ela foi convidada — por pessoas que reconheciam a importância do tesouro que guardava — para conduzir um laboratório junto aos diretores dos Teatros Juvenis da URSS, ligados à Sociedade Teatral.

Na época, Knebel estava angustiada, sem o seu grupo. Frustrada, seu instinto natural de unir as pessoas a levava ao desespero. Mas eis que surge a possibilidade de continuar o que havia começado, a possibilidade de transmitir sua metodologia a diretores e, através deles, influir na vida teatral do país.

O degelo da época de Khruschev fora interrompido. O inverno voltara. A mesquinhez dos dirigentes burocratas não conhecia limites. O pensamento vivo não teve outra saída, senão esconder-se no subsolo. O refrão de uma das canções do bardo Bulat Okúdzhava — "demo-nos os braços, amigos, para não cairmos sozinhos" — adquiria tons programáticos.

Para além das muitas declarações, apenas o método da análise ativa da peça poderia se tornar o fator necessário para juntar o não juntável: os diretores. O método transformava-se em uma "isca", com a ajuda da qual começou a tomar forma um *ensemble*...[26] de diretores.

Alguém um dia ainda escreverá sobre um curioso fenômeno: as cozinhas moscovitas durante o declínio do poder soviético. Ali, o calor da comunicação humana permanecia intacto. Ali, discutiam-se espetáculos e decidia-se o melhor modo de viver, quando viver era insuportável. Maria transformara sua última oficina numa cozinha desse tipo, uma cozinha ampliada de modo a abranger toda a União Soviética.

O grupo que a frequentava causava espanto. Entre os jovens diretores, um ou outro já tinha nome, reputação, prêmios. Um deles parecia uma árvore de Natal, de tantas medalhas penduradas no peito. Mas ele também queria saber; estava ali para entender: o que era aquela tal de Knebel? O que ela fazia? E ela aceitava todos... quanta tolerância! Knebel sabia ser dura, sabia "quebrar as pernas" de um aluno sem levantar a voz, apenas com uma frase irônica. Era capaz de fazer desaparecer a autoconfiança excessiva só com um sorriso, e tinha uma paciência... Impossível saber se essa qualidade vinha do berço, se fora transmitida pelo sangue ou se ela mesma se educara assim. Sabia ouvir mesmo quando não havia nada a ser ouvido.

Certa vez, enquanto escutávamos um orador agitado, Maria pegou meu caderno, escreveu algo e me devolveu. Com espanto, li: "Ele me parece um idiota completo". Em seguida, quando fizemos uma pausa, perguntei-lhe: "Então por que estamos perdendo tempo? A senhora já o escutou por uma hora, e depois ainda fez perguntas!". Ela me lançou um olhar intrigado: "Mas e se, de repente, ele disser algo bom?".

Knebel, claro, gostava dos inteligentes e talentosos, mas interessava-se por todos. Sabia extrair tudo das pessoas com quem conversava, inclusive

---

[26] O termo *ensemble* denota a fusão de todos os atores de uma trupe em uma união artística. Um exemplo de *ensemble* ideal era a trupe do Teatro de Arte de Moscou da época de Stanislávski. (N. do O.)

coisas que o entrevistado às vezes preferia não revelar. Quando me lembro dela, lembro-me dela ouvindo.

Quando soube que eu vinha da Letônia (eu dirigia um teatro em Riga), seu rosto se iluminou: "Meu pai nos levava todos os verões para lá, para o mar". Eu quis fazer perguntas, atrás de mais detalhes. Mas ela soube virar a conversa de um jeito que, um minuto depois, já era eu quem falava sobre mim mesmo, com detalhes que raramente compartilhava.

Cheguei a ela conscientemente, entendendo o porquê e o para quê. No início, quando se estuda, estuda-se porque é necessário. Depois, por causa dos pais. Mais tarde, estuda-se para conseguir o direito à independência. Mas estuda-se de maneira consciente apenas quando é preciso entender a si mesmo. Aí, então, os estudos se enchem da doce emoção de entrar em contato com a tradição cultural.

Eu queria, através de Knebel, descobrir os segredos do teatro psicológico e apropriar-me de seu método. Logo, no entanto, tornou-se claro o quanto esse teatro estava ligado às buscas dos artistas daquela época, quando nasceram as formas de arte do século urbanista. A "busca da vida do espírito humano", definição que causa estranhamento por sua solenidade pomposa, expressa, de fato, o sentido dessas buscas.

No final das contas, o desejo de entender a excepcionalidade e a fugacidade do momento por que passa o teatro e os quadros impressionistas são etapas no desenvolvimento da mesma ideia artística. De certa forma, Knebel unia aquilo que o teatro possuía de mais atraente em sua faceta de espetáculo à presença do ator em cena. Revelava a natureza da criação do ator.

Maria afinava, cuidadosa e delicadamente, nossa visão interior. Os *études*, a análise do texto, a análise de diferentes quadros — tudo era feito para desenvolver em nós a imunidade contra o provincianismo, o primitivismo e o tosco, para desenvolver a capacidade (quase o reflexo) de distinguir o autêntico do supérfluo, quaisquer que fossem as tendências da "moda".

Sim, eu chegara até Knebel conscientemente, mas com uma certa malícia. Achava, na época, o teatro psicológico bastante entediante. A interpretação pervertida dos ensinamentos de Stanislávski cumpria seu papel. Entrei como um espião, com o objetivo de conhecer os segredos do inimigo. Como resultado, fui surpreendido: tornei-me partidário das linhas inimigas. Se certos axiomas daquela época hoje deixaram de existir, não importa. O importante é ter algo para recusar. De outra maneira, como um diretor pode se desenvolver?

Maria nos entregava esperançosa o que tinha de mais íntimo — o método de trabalho — sem exigir em troca juramentos de fidelidade. "Experimentem", "decidam", dizia. Ela sabia que o mais importante para um aluno era ele se sentir como o primeiro desbravador, participante de um experimento. Compartilhando conosco as tarefas do laboratório, Knebel disse, no primeiro encontro: "Vamos pesquisar, verificar e analisar a metodologia da análise ativa". O "pesquisar" colocado no primeiro lugar nos tirava imediatamente da posição de alunos da primeira série, estudando o bê-á-bá, e nos punha na atraente posição de pesquisadores.

Ela criava condições para que qualquer opinião, pensamento incompleto ou ideia inacabada tivesse o direito de ser discutida. E cada diretor (inclusive os premiados) parecia um pouco mais talentoso do que era de fato.

Ninguém é tão perigoso para o mestre quanto seus intérpretes (a dupla Stanislávski-Knebel é uma exceção). Nós todos, uma hora ou outra, chegávamos à mesma convicção: "sou o único a entender Maria".

Muitos mantêm esse sentimento ainda hoje. Como ela conseguiu eliminar os disparates quando nós começamos a aplicar o método do *étude* em nossos próprios teatros? Além do desejo de apropriar-se do método, era preciso que o talento natural do aluno coincidisse com o princípio artístico que estava posto na base da metodologia. Entretanto, o que unira o grupo foi a base profissional.

Knebel voltava nosso olhar para dentro de nós mesmos. Os laboratoristas pararam de se gabar da profissão, e passaram a estimá-la. Isso nos levou a tocar a ciência do teatro. Mais ainda, respirávamos o perfume inebriante de uma cultura anterior, que nenhum de nós respirara. Tudo isso começou a se espalhar pelos teatros, a definir suas vidas.

Maria queria proteger os diretores da confusão diante da realidade, desenvolver neles a defesa contra seus pesadelos. Por isso, sempre pedia que contássemos sobre o que ocorria à nossa volta. Uma vez, chamou um famoso dramaturgo para nos contar de sua viagem aos Estados Unidos. Ele se animou e começou a falar sobre as universidades, sobre o *striptease*, sobre os encontros oficiais. Quando chegou a hora de fazer perguntas, Knebel foi a primeira: "Com licença, por favor, mas o que é Departamento de Estado?". Recebíamos dela conselhos práticos sobre como contornar a censura e a burocracia imperante. Eu, inclusive, suspeito que ela também analisasse os burocratas através dos acontecimentos, das ações...

O laboratório ia até as cidades onde os laboratoristas trabalhavam. Isso se tornava um acontecimento, tanto na biografia dos que nos recebiam como na de seus teatros. As aulas enchiam-se de críticos literários, críticos de teatro e dramaturgos, ocorriam encontros com atores... Lembrando-nos disso, revela-se o verdadeiro sentido da concepção da pedagogia.

Sobre Maria Knebel

A oficina de Knebel tornou-se nosso Liceu de Tsárskoe Seló.[27]

Em 1983 Knebel me escrevia: "Sempre penso que o laboratório teve um papel muito complexo nos nossos destinos. Dedicado à metodologia, forjava entre nós relações significativamente mais profundas e mais delicadas do que podíamos supor!".

Isso, antes de mais nada; pois o que Knebel queria nos transmitir, em primeiro lugar, era isto: que o teatro consiste no interesse pela vida e nos encontros entre pessoas.

Ela se via predestinada a revelar o estilo próprio de seus alunos. Alegrava-se observando como um aluno formava sua assinatura. Não cortava as asas de ninguém; ao contrário, dava a todos o direito de voar.

Quando as asas se fortaleciam, o aluno levantava voo. Voávamos para fundar novos teatros, para experimentar em outros palcos. E o voo rasante dos que cresceram com Knebel dava mais uma indicação sobre o ninho de onde vieram.

— O que a senhora escreveu? — perguntou-lhe uma vez a atendente de um hotel, olhando para a ficha de entrada de Knebel. — O que a senhora escreveu? — disse novamente, mostrando a data de nascimento 1898.

— É isso mesmo — respondeu Knebel.

Vi Maria pela última vez no hospital. Deitada, lia Stanislávski. Convidou-me para tomar um café.

— Mas a senhora pode?

— Agora eu posso tudo.

Não quero pôr um ponto final. Acho que o mais importante ainda não foi dito. É assim. O mais importante está nos livros de Maria Knebel. Ela me disse, certa vez: "O primeiro mandamento do pedagogo é não esperar gratidão de um aluno".

Agora, Vassíliev reuniu e apresenta ao leitor ocidental os trabalhos de nossa mestra. Atrevi-me a escrever este artigo.

---

[27] Liceu imperial onde Púchkin estudou, foi berço de grandes poetas e pensadores russos do século XIX. (N. do O.)

SOBRE A AUTORA

Pedagoga teatral, atriz e diretora, Maria Knebel nasceu em Moscou no ano de 1898. Começou a estudar teatro em 1921, no Estúdio dirigido por Mikhail Tchekhov, e em seguida foi aceita como atriz no Teatro de Arte de Moscou, sob direção de Vladímir Nemirôvitch-Dântchenko. Em 1935 passa a trabalhar como pedagoga de "Palavra Artística" no Estúdio de Ópera e Arte Dramática, que Stanislávski manteve em sua casa até 1938, ano de sua morte. Foi então diretora do Teatro Central Infantil, onde coordenou, junto com Aleksei Popóv, o curso de direção do Instituto Estatal de Artes Teatrais (GITIS). Knebel é reconhecida por sistematizar e manter viva a pedagogia da Análise Ativa, objeto de inúmeros artigos e livros ao longo de sua vida, e também por seu trabalho como pedagoga, pelo qual foi reconhecida com o título de Artista do Povo da Rússia. Entre seus alunos estão alguns dos mais importantes diretores da segunda metade do século XX, como Anatoli Efros, Anatoli Vassíliev, Adolf Shapiro e Leonid Kheifits. Faleceu em 1985, em Moscou.

SOBRE O ORGANIZADOR

Nascido em 1942, Anatoli Vassíliev se formou na faculdade de química em Rostov-do-Don. Em 1968, após servir na Marinha, entrou no curso de direção do Instituto Estatal de Artes Teatrais (GITIS), onde estudou com Andrei Popóv e Maria Knebel. Em 1987 abriu seu próprio teatro, a Escola de Arte Dramática, com o espetáculo *Seis personagens em busca de um autor*, de Luigi Pirandello. O teatro logo se transforma em um verdadeiro laboratório de experimentação e os espetáculos de Vassíliev rodam os países da Europa e do mundo, participando de diversos festivais internacionais (Avignon, Holland Festival e Hellenic Festival, entre outros). Vassíliev realizou encenações na França, Alemanha, Hungria, Grécia etc., e conduziu oficinas e workshops em várias partes do mundo. Em 2005, tornou-se o diretor artístico da faculdade de direção no instituto teatral ENSATT, em Lyon. Em 2006, após desentendimentos com a administração de Moscou, é expulso da Rússia e continua suas atividades na Europa. Seu espetáculo mais recente foi *La Musica, La Musica deuxième*, baseado na peça de Marguerite Duras e encenado na Comédie Française em 2016. É autor de diversos livros publicados na França, Itália, Alemanha e Hungria. Foi vencedor dos prêmios Stanislávski, Golden Mask e Ubu, este o maior prêmio teatral italiano. Na França, foi condecorado com os títulos de Comendador da Ordem das Artes e das Letras e Cavaleiro da Ordem das Palmas Acadêmicas.

SOBRE OS TRADUTORES

Marina Tenório nasceu em Moscou, numa família russo-brasileira, e passou a infância e a adolescência entre os dois países. Graduou-se em direito pela USP e estudou teatro em Moscou, onde se formou com o diretor Anatoli Vassíliev. Mais tarde, concluiu o mestrado em coreografia pela HZT, em Berlim. Atua como diretora e coreógrafa, dedica-se à tradução literária e faz parte do grupo de teatro Companhia da Memória. Para a Editora 34 traduziu diretamente do russo a novela *O duelo*, de A. P. Tchekhov (2014), e seis contos de Varlam Chalámov para o volume *A ressurreição do lariço (Contos de Kolimá 5)* (2016).

Diego Moschkovich é diretor de teatro, pedagogo teatral e tradutor. É formado em Artes Cênicas pela Academia Estatal de Artes Cênicas de São Petersburgo (LGITMiK) e é mestre em Literatura e Cultura Russa pela Universidade de São Paulo (FFLCH-USP). Pesquisa as heranças históricas de Stanislávski e Meyerhold. Traduziu e publicou a primeira tradução do russo de *Do teatro*, de Vsévolod Meyerhold (Iluminuras, 2012); *Stanislávski ensaia*, de Vassíli Toporkov (É Realizações, 2016); *Análise-ação*, de Maria Knebel (Editora 34, 2016, com Marina Tenório); e *Stanislávski e o yoga*, de Serguei Tcherkásski (É Realizações, 2019). Foi bolsista, assistente de direção e tradutor no projeto *Masters in Residence*, do Instituto Grotowski (Wroclaw, Polônia, 2011-2012), sob a direção de Anatoli Vassíliev. Como diretor, estreou: *Caixa*, de Stephen Belber; *Dezembro, Neva* e *Villa*, de Guillermo Calderón; *Huis Clos: a portas fechadas*, de Jean-Paul Sartre; e *O corpo que o rio levou* e *As 3 uiaras de SP City*, de Ave Terrena Alves. Coordena o Laboratório de Técnica Dramática, grupo de estudos e pesquisa sobre a metodologia da Análise Ativa.

Este livro foi composto em Sabon, pela Bracher & Malta, com CTP da New Print e impressão da Graphium em papel Pólen Soft 80 g/m² da Cia. Suzano de Papel e Celulose para a Editora 34, em fevereiro de 2020.